汉学菁华

The Lore of Cathay

or

The Intellect of China

[美] 丁韪良 著

沈　弘 译

学林出版社

丁韪良博士

《汉学菁华》首版译者序 [①]

沈　弘

　　平时逛书店，我总会对介绍海外汉学的这一类书籍快速浏览一下。令人遗憾的是，在《海外汉学史》这一类书中一般很难见到丁韪良的名字，似乎他并不在汉学家之列；即使偶尔被提及，也往往是在"美国早期传教士汉学家"这样一个篇幅很短的章节里一闪而过。至于丁韪良的著作，人们最常提到的也只是《万国公法》《花甲忆记》等较为知名的作品，而《汉学菁华》则几乎无人会提及。在很长一段时间里，丁韪良的这本书就像美国旅行家盖洛考察中国的那四本著作（《中国长城》《中国五岳》《中国十八省府》和《扬子江上的美国人》），或德国建筑师柏石曼考察中国古建筑的那六部著作（《普陀山》《祠堂》《中国建筑》《建筑与景观》《中国的建筑陶瓷》和《中国宝塔》）一样，湮没在历史的灰尘之中，被世人所遗忘。

　　然而，假如我们翻开 19 世纪末和 20 世纪初西方人写中国的许多书籍，丁韪良却是最频繁被提及的"中国通"或汉学家之一。尤其是当时来中国考察或旅行的美国人，到了北京之后，有一件重要的事情就是去拜访住在西山的丁韪良。因为他是最早向西方，特别是美国，介绍中国文学和文化的学者之一。而且他在中国的经历确实非常独特和丰富：当过传教士、外交翻译、北京崇实馆的校长、京师同文馆和京师大学堂的总教习，甚至还被中国的皇帝赐予二品

① 丁韪良：《汉学菁华》，沈弘等译，香港：中华书局，2007 年，381—390 页。

顶戴。光凭他在中国生活的那六十二个年头，相信就无人可以与之比肩。

那么，丁韪良的《汉学菁华》之所以被人遗忘，是因为书中的内容过时，不再令人感兴趣了吗？答案显然是否定的：因为书中所讨论的许多问题在21世纪的今天仍然是热门的话题。而且有许多现在听来似乎还振聋发聩的观点，丁韪良早在一百多年以前就已提出来了，可惜一直没有能引起人们的注意。

我最早接触到这本书是在1999年。当时我因指导北京大学英语系一位二年级本科生做一个有关丁韪良与北大校史的科研项目，所以将北大图书馆所藏跟丁韪良有关的西文书和报刊文章都翻阅了一遍。当时看到《汉学菁华》这本书中一些颇为超前的观点，也曾眼前一亮，但毕竟当时的关注点还是在于搜寻老照片，以及丁韪良与京师大学堂早期历史之间的关系，所以那时还没有真正意识到这本书的重要性。

之后不久，中国便在全国范围内展开了有关应试教育的弊病、素质教育以及创新思维重要性的大讨论。几年过去了，关于这个话题的讨论仍方兴未艾。但是令我感到失望的是，应试教育有理的论调不仅没有消失，反而正在逐渐占据上风，因为实践证明，在作为应试教育指挥棒的全国统一高考尚未得以改造或取消的情况下，素质教育的调子唱得再高，也是难以真正实行的。一方面，鼓吹应试教育有理的人至今还在振振有辞地诘问：中国一千多年涌现的这么多优秀人才，哪个不是应试教育的功劳？另一方面，北大、清华、同济等名校的校长们也无可奈何地承认，高考制度尽管不甚理想，但也是目前唯一可行的办法。就连教育部长周济也不得不承认，"应试教育愈演愈烈，素质教育难以推广"。这不得不令人想起在中国办了一辈子教育的丁韪良一百多年前就已指出的中国教育制度中弊病的症结所在，以及他有关应试教育的观念扎根于中国传统的思维模式，难以轻易改变的远见卓识：

> 在其他国家，哪怕是一个启蒙课程的教师，也会给随机应变和原创性留出空间。对于那些不喜欢学习的人，老师会通过教授"符合学生兴趣爱好的知识"来激发学生对学习的热爱；迟钝的理解力必须要用引人注目和恰如其分的例子来唤醒它；而对于那些热切和勤勉的学生，"通往帕纳塞斯山① 之路"虽然并不平坦，但老师至少会把道路指得非常明确，以便学生们在攀登时不会因为走错路而白费力气。在中国却没有任何这样的情况。在这个以整齐划一而著称的国度中，艺术和文学的所有过程都采取固定的模式，就像他们的衣服样式和梳头的方式那样。学生们全都沿着他们的祖先在一千年前所走过的道路，而这条路也并没有因为有这么多人曾经走过而变得更为平坦。（《汉学菁华》第十六章）

尽管中国人的衣服式样和梳头方式目前已经发生了变化，但是应试教育的传统观念却依然如故，且在可以预见的将来仍难以改变。

正如丁韪良在《汉学菁华》的"前言"中所强调指出的那样，关于国际法的基本观念最早萌芽于古代中国的春秋战国时代这一理论是他具有原创性的发现。关于这一点，恐怕没有人会提出质疑，因为在这一领域他已经是公认的权威。

---

① 帕纳塞斯山（Parnassus）位于希腊中部，传说是太阳神和文艺女神们的灵地，因而经常成为诗歌艺术的代名词。——译者注

早在 1858 年，丁韪良就将美国法学家惠顿的国际法著作译成了汉语，并把它呈送给了清政府的总理衙门，后者甚至还依据该书打赢了一场跨国官司。1869 年，丁韪良在被聘为京师同文馆总教习的同时，也同时被聘为该馆的国际法教习。为了提高自己在这方面的专业水平，丁韪良还专门趁休假的机会回到美国，在当时被公认为西方国际法权威的耶鲁大学校长指导下完成了一篇有关国际法的博士论文。估计本书最后两个章节的内容就跟他的那篇博士论文有关。丁韪良在那两个章节中所提出的观点是：中国在战国时期就有了比较完备的国际法基础，并且十分注重和平的外交手段和技巧，当时的苏秦、张仪、公孙衍等纵横家在当时的诸侯国之间的政治和外交活动中发挥了十分重大的影响。但是到了近代，这些国际法惯例和外交手法都已经被人遗忘。他因此得出了如下的结论：

> 尽管中国人的外交天赋为世人所公认，但下列事实知道的人却并不多，即中国与外国列强的冲突大多数都是起源于中国缺乏外交手腕。中国人与外界的长期隔绝和由一位皇帝统治广袤帝国的方式导致了他们蔑视其他的国家，而且在与其他国家发生争执时往往诉诸武力，而非外交。
>
> 中国需要在逆境这所学校中重新学习。

这样的结论，中国人未必能接受。但是这并不等于它们完全没有任何可以引起我们反思的价值。

丁韪良谈论汉学的一个有利条件就是他本身在西学和汉学这两个不同领域均具备深厚功底，因而能够在这两个领域之间游刃有余。无论讨论什么问题，他都能把汉学置于西学的视角下进行审视，因此他的评论也就更具批判性和客观性。例如他对于中国的火药、指南针、印刷术和丝绸等科学和技术发明如数家珍，尤其是他把现代化学的前身——即西方的炼金术——追溯到古代中国的炼丹术的分析读起来很有说服力。因为丁韪良本身在格致学这方面就颇有造诣，早在京师同文馆时期，他就亲自编纂了《格物入门》《增订格物入门》《格物测算》等中国最早介绍力学、水学、气学、火学、电学、化学、测算举隅等数理化学科的教科书。后来，他还编辑过专门介绍西方近代自然科学理论和新型工艺技术，以及中国学者近代科学研究成果的杂志《中西闻见录》，在京师大学堂时期又继续刊印了《重增格物入门》。所以，他来介绍和研究中国的科技发展史，完全就像一个驾轻就熟的行家里手。

在介绍儒家经典时，丁韪良首先要考证其文本的真伪，这种做法也从一个侧面反映了他的学养和做学术研究的严谨态度。在论述中国文学作品时，他会首先将中文的语法特点和行文特征跟英文进行对比，并由此总结出中文注重简洁、对仗和用典等主要特点，还提请读者注意区分文言文和白话文，公文、私人信函和八股文等不同文体之间的风格差异。这不仅对于一个初涉汉学的外国人是很好的入门指南，就是对于中国读者来说，也富有启迪意义。

读丁韪良的《汉学菁华》，其感受与读一部刻板的教科书截然不同，这主要是因为作者充分利用了自己的广博学识和丰富阅历，运用众多的典故和故事来作为例证，并且能举一反三，通过跨学科的联想和比较分析来扩展读者的视野，所举的例子亦能跟书中的整个语境融为一体。例如在第八章中介绍中文书信体的风格特点时，丁韪良列举了苏东坡和黄庭坚的《苏黄尺牍》以及袁枚的《随园尺牍》来说明尺牍的两种不同风格，但他最感兴趣，用了很大篇幅来介绍的却是一部 1879 年在北京刊印的四卷本《滋园粤游尺牍》，其作者刘家柱是广东巡抚衙门的一位师爷，后者所写下的这一组私人信函不仅语言生动，更重要的是涉及了当时中国社会的真实历史背景。信中所描述的日常生活和言谈的种种细节栩栩如生地再现了作者的个性、为人处世的方式、亲身经历的大小历史事件，以及在特定社会环境下对于各种事物的看法和评论。就这样，丁韪良就把对一种特殊文体风格的分析与对中国的社会学调查和历史学研究糅合在一起，使作品读起来令人兴趣盎然。

要想透彻地介绍一个民族的文学和文化，首先得精通对象国的语言。在这一方面，丁韪良有着得天独厚的优势，因为他具有语言方面的天才和在中国长期居住的经历。1850 年刚来中国的时候，丁韪良这位 23 岁的美国传教士就已经掌握了拉丁语、希腊语和希伯来语等西方古典语言。来到宁波后，他主动要求不跟别的传教士一起住在城外的传教士团驻地，而是单独住到城里，以便能跟当地中国人打成一片。时间不长，他就基本掌握了当地的方言，可以用宁波方言来布道，并且独创了一套宁波方言的拼音文字，反过来教当地人来读用宁波方言翻译的圣经。他很快又掌握了官话、文言文，并且花了九年的业余时间通读了几乎所有重要的中文典籍。所以在《汉学菁华》的前言中，他可以自豪地宣称："书中所引用的材料完全取自中文典籍的文本，而且是作者原创性研究的成果。"

纵观全书，我们发现作者的阅读面之广确实是令人惊叹的：除了儒家传统的十三经之外，还有《老子》《庄子》《荀子》《管子》《列子》《谭子》等诸子的著作，外加《孔子家语》等伪作；在文学方面，他还引用了贾谊的《鹏鸟赋》、苏武的《留别妻》、班婕妤的《怨歌行》、李白的《长干行》《月下独酌》，《千家诗》等一些他亲自翻译介绍过的诗歌作品，以及《聊斋志异》、韩愈的《原道》、柳宗元的《捕蛇者说》、刘基的《卖柑者言》等散文作品。要知道，在 19 世纪末，中国文学作品，尤其是诗歌，被介绍到西方去的寥寥无几。丁韪良在这方面做了一些开拓性的翻译工作。丁韪良所引用的说教性的作品有《明心宝鉴》《名贤记》《朱柏庐治家格言》《弟子规》《三字经》《圣谕广训》《玉历钞传》《感应篇》《阴骘文》《二十四孝故事》《菜根谭》等。有关宗教和哲学方面的书就更多了，在这儿只能简单提及《普曜经》《六言杂字》《观音经》《吕祖九品经》《高上玉皇心印妙经》《化书》《悟真篇》《抱朴子内篇》《格致镜原》《文昌帝君阴骘文》《周敦颐集》等作品。还有《皇朝词林典故》《二十四史》，等等。这还仅仅是中文的书籍，作者在书中所引的西文资料范围可能更加广泛。应该指出，在当代的西方汉学家中，目前已经很难找到像丁韪良对于汉语和中文的各种形态如此精通，对于中文典籍和通俗作品如此熟悉，对于中国的社会生活现实如此了解，以及西学根底如此深厚的人了。从这个意义上来说，他的《汉学菁华》不失为一本有价值的好书。

当然，还需要指出的是，《汉学菁华》一书的插图中包含了一些有重要历史价值的老照片，其中有丁韪良在担任京师大学堂总教习时所拍摄的肖像照片，丁韪良率领全体西教习和副教习们，以及管学大臣孙家鼐率领全体提调和中教习们在京师大学堂藏书楼前的合影，以及丁韪良与京师大学堂学生们在一起的照片。这最后一张照片在过去的好些书中曾被说成是丁韪良与同文馆的学生在一起。这种说法是错误的，因为这本于 1901 年出版的书，其语境是京师大学堂，而不是同文馆。在 1896 年出版的《花甲忆记》中，丁韪良曾用了整整两个章节的篇幅来介绍同文馆，并且用了多幅同文馆的照片作为插图。本书中的插图还有几张丁韪良亲自考察北京贡院时拍摄的照片。这些照片本身对于汉学研究来说就具有很重要的意义。

丁韪良的《汉学菁华》一书以前并没有中文译本。但是我最近查到，在台北中华书局于 1981 年出版的刘伯骥《丁韪良遗著选萃》一书中含有该书第四部分"中国教育"中几个章节的译文（我所看到的是第 16、17 和 19 章译文的复印件）。但是刘伯骥先生所依据的原文跟我们有所不同。因为《汉学菁华》中的一些章节，丁韪良此前曾发表在一些杂志和《翰林论丛》（*Hanlin Papers*）一书中，刘先生所依据的正是早先的文本，跟《汉学菁华》专著的文本略有不同。经过比对，我觉得我们的译文在质量上还是有优势的，刘先生的译文尽管也不错，但是总的说来，他的译句结构比较西化，读起来不太顺口；有些作者引用的原文他没有花费时间去查找。

《汉学菁华》这本书的翻译前后历经三年，其中的艰辛外人是难以理解的。在翻译过程中，译者们不得不根据英译文来逐一查找丁韪良在书中所引作品的原文。由于在 20 世纪初的西文书中还没有严格的注释体例，所以作者往往在引用时并不提供确切的出处，在很多情况下读者甚至连被引用作品的名称都不知道。所以我们每译出一段疑难的引语，背后几乎都有一个曲折离奇的侦探故事。好在我们把寻找原文的艰难过程看作是补习国学的必要经历，所以每当找到原文，完成了翻译工作之后，总能体验到辛勤劳动所带来收获的快乐。

在查找原文的过程中，中国科学院的韩琦先生、中国社会科学院的李华川先生和邸永君先生、北京大学英语系的外籍客座教授 Thomas Rendall 先生提供了宝贵的意见，北京大学的博士生姚彬和孙继成两位同学帮助查找和复印了资料。还有一些我现在说不出名字的人为我们查找资料也花费了宝贵的时间和精力。本书初版编辑吕爱军女士为查找资料和纠正译文中的错误也做出了很大贡献。在此特一并表示感谢。

尽管译者们已经尽力，但我相信本书的译文中肯定还存在着各种各样的错误，希望读者发现之后，不吝赐教，以便改正。

2007 年 7 月 16 日凌晨
于台北辅仁大学文德客房

英文版前言

《汉学菁华》与《花甲忆记》实际上是互为补充的姊妹篇。《花甲忆记》忠实记述了作者丰富的长期在华生活经历中亲身感受到的中国社会外部生活，《汉学菁华》则反映了作者在长期与中国文人学者密切交往中所观察注意到的中国人内在的精神生活和学识，以及中国教育的定位。

本书的内容包括经过了修改和扩充并增加了许多新素材的《翰林论文集》。书中所引用的材料完全取自中文典籍的文本，而且是作者原创性研究的成果。作者在书中详尽地论述了从中国教育到中国炼丹术的一系列不同题目；并冒昧地相信自己对于东方文学、科学和哲学的某些领域具有一些新的见解。此外，作者还可以毫不过分地宣称，古代中国的国际法和外交是他独自发现的一个研究领域。

《三国志》中有一个说法已经得到了历史的印证，并被视为国家事务中的一个基本法则，那就是"合久必分，分久必合"。目前，那些离心的力量正表现得异常活跃。即使它们最终导致中国的分裂，这种分裂状态也不可能是永久性的，尽管它也许会使中国人民加速获得西方的文明。在新生活的刺激之下，中国人民必将重建中华，使其成为文明世界列强中的一员。

除了光绪之外，清朝统治者在不情愿地对西方列强做出让步的同时，总是处心积虑地使中国人民在心中对列强保持着一种潜在的敌意。然而奇怪的是，这种敌意随着大清帝国一次次被外国列强打败而降低，而在甲午战争之后光绪皇帝所发动的戊戌变法中几乎消失了。

为了防止暴行再次发生，有必要在中国倡导一种与世界上其他国家和谐相处的气氛。正如马汉舰长① 所说："对处于目前状况的亚洲，欧洲已经认识到，由于它与亚洲之间所存在的利益共同体，有必要将亚洲人民接纳到基督教民族大家庭的范围中来。他们必将坚持东西方思想之间的交换媒介——即在中国领土上与中国人自由地交流思想。商业和思想互动中的开放门户应该成为我们在中国每一个地方的目标。"

这种思想互动的一个基本条件就是相互间的思想理解。假如中国要成为文明国家中的一员，西方人就必须理解作为中国历史和生活基础原则的中国思想。作者将《汉学菁华》一书奉献给英语世界的公众，也正是出于推进这种理解的希望。

丁韪良

北京，1901 年 7 月 1 日

---

① 马汉舰长（Captain A. T. Mahan, 1840—1914），美国海军军官和历史学家，美国海军大学教官。——译者注

目　录

序篇　中国的觉醒 ································· 1

第一卷　中国对于技艺和科学的贡献

第一章　中国人的发现 ························· 15

第二章　中国人在哲学和科学领域里的冥思 ··········· 25

第三章　中国的炼金术；化学的起源 ··············· 36

第二卷　中国文学

第四章　中国的诗人和诗歌 ····················· 63

第五章　儒家伪经 ··························· 72

第六章　孔子与柏拉图：一个偶然的巧合 ············· 89

第七章　中国的散文作品 ······················ 93

第八章　中国的书信写作 ····················· 107

第九章　中国的寓言 ························· 118

第十章　中国本土的说教作品 ··················· 121

第三卷　中国人的宗教和哲学

第十一章　三教，或中国的三大宗教 ·············· 137

第十二章　中国人的伦理哲学 ·················· 173

第十三章　中国人有关灵感的看法 ··············· 195

第十四章　为基督教做准备的佛教 ··············· 210

第十五章　中国人的祭祖 ··· 224

第四卷　中国的教育

第十六章　学校和家庭训练 ··· 239

第十七章　科举考试 ··· 262

第十八章　翰林院 ··· 279

第十九章　中国一所古老的大学 ·· 311

第五卷　历史

第 二 十 章　中国历史研究 ··· 325

第二十一章　古代中国的鞑靼人 ·· 345

第二十二章　古代中国的国际法 ·· 361

第二十三章　古代中国的外交 ··· 381

插 图 目 录

丁韪良博士 ·············· 1

丁韪良总教习与京师大学堂全体教职员合影 ·········· 10

丁韪良博士和他的几位学生 ········· 26

孔子的神龛和寺庙 ··········· 73

天坛 ············· 139

圜丘 ············· 140

孔子的牌坊和寺庙 ·········· 167

大学图 ············· 174

心图 ············· 175

操存图 ············· 176

省察图 ············· 177

雍和宫的牌坊 ·········· 202

北海的佛塔 ·········· 216

帝王庙 ············· 233

位于北京贡院内的望楼 ········· 267

北京贡院内的烧纸炉 ········· 268

贡院内成排的号舍 ·········· 277

国子监的辟雍 ·········· 313

明朝最后一个皇帝自缢身亡的景山 ······ 313

长期以来，中国这个东方巨人都一直在擦拭着自己的眼睛。每一次与外国列强发生冲突都会使他更意识到自己的无助状态，并更想在新的一天到来之际睁开眼帘。

这位巨人从来也没有比甲午战争之后的那几年里更清醒，当时，年轻的光绪皇帝试图将他的统治变成一个改革的时代。慈禧太后发起的反动政变①，以及由此引起的全球震惊，证明了改革运动的力量和现实。所以，这个运动远没有被彻底消灭，而动乱的效果将会是唤起新的行动。可以预见，中国人民将会以前所未有的急切心情去迎接新的思想。

有些人可能会不相信这种说法，因为他们对于人类进步的信条持怀疑态度；另外一些人会对这种说法提出疑问；还有许多人习惯于认为中国人的心灵已无可救药地充满了古老的偏见，他们也不会很乐意地接受上述观点。

从来也没有一个伟大的民族受到过比这更大的误解。中国人被指责为缺乏热情，因为我们没有一个足够透明的媒介可以把我们的

---

① 由于我在《北京之围》一书中已经论述过这一事件，所以在这儿没有必要再对它进行详细的描述。

思想传递给他们，或是把他们的想法传递给我们。中国人还被诬蔑为野蛮人，因为我们缺乏广阔的胸襟，无法理解一个与我们截然不同的文明。中国人被描述成毫无独创性的模仿者，尽管他们借用别人的东西要比任何其他民族都要少。中国人也被说成缺乏创造力，尽管世界上一系列最有用的发明创造都受惠于他们。中国人还被认为死抱住传统观念不放，尽管在他们的历史中曾经发生过许多次深刻的变革。

说到中国没有能力改革，我们首先来看一下第一次中英战争①之前在中国人头脑中发生的那些变化。然后我们来回顾一下在随后五十年内中国所采取的改革步骤。最后，我们将简略描述一下在光绪皇帝领导之下的改革运动。这次戊戌变法更有权被视为真正代表了中国人心目中的态度。

中国人并不像人们一般所认为的那样，在其漫长的民族生活中是停滞不前的。中国人的民族心态也随着时代的变更在不断前进，尽管并不总是直线前进，但我们认为每一个朝代都记录了确凿无疑的进步。就像北极的黎明那样，东方天际的第一抹曙光会消失好几个小时，但随之而来的是更为明亮的曙光，就这样周而复始，在经过了几个黑暗的轮回之后，日出的时刻渐渐来临。

在这样一个国度居然还存在着民族心态这么一种东西，这件事本身就是一个证据，说明中国还是易于改变的。与此同时，它也为中国社会制度的相对稳定性提供了保证。它证明中国并非是一个庞大的珊瑚虫堆积体，其中每一条珊瑚虫都躲在它狭窄的杯形座里；中国也不是一个工场和一个坟墓，在那儿所有的人都在辛苦地劳作，既无共有的同情心作为激励，也无思想的灵光碰撞。它证明中

---

① 即 1840 年爆发的第一次鸦片战争。——译者注

国并不像非洲和土著人的美洲，甚至不像作为英国殖民地的印度那样，只是集合在一起的一群部落，后者之间几乎没有共同的感受。中国是一个整体，公共生活的强大潮流席卷了它所有的成员。

在这个蓬勃发展的进程中，中国吸收了许多成分混杂的因素，后者总是被一股显示出中华文明惊人能量的同化力转变成中国自身的材料。由于外部和内部影响的结果，中国也经历了许多变革；虽然这种转变过程经常是十分缓慢的，但这些作用力总是会扩展到整个国家。在中国本土的范围内，从来没有发生过佛教和道教的浪潮被局限在某一特定省份的事例，也没有任何地区对于帝国依靠共同语言和共同情感而产生的巨大心脏搏动不做出迅速反应的。

然而这种大一统和同理心的存在，这种在一系列可能的范围内带来大规模调整的民族心态，必然会在它们加快完善的道路上造成障碍。由于建立在深厚的古代基础之上，国土辽阔无垠，而且对自身的伟大有着骄傲的认识，中国人自然反对变化。因此，在中国，无论是政治、宗教或思想上的重大革命，其实现过程总是缓慢的。与某些西方国家中实现此类革命的便利程度相比较，它们就像是太阳系边缘上的那些庞大行星一样旋转缓慢，它们要花费比一个人的一生更长的时间才能绕太阳一周，而小小的水星围着太阳系的中心转上一圈也只要三个月。

一个社会在解体时期和重建时期所发生的巨大动态变化通常需要一至三代人的时间才能够完成，而那些由重大变革所造成的宗教或哲学的勃兴和发展则必须用世纪来计算。

对中华文明进程中所发生的某些引人注目的变化进行一个简略的回顾，将会使我们更好地理解现在正在发生的这场思想运动的本质。

首先来看一下政治观念的发展。中国人民并没有一成不变地生活在一个暴虐政府的统治之下，而是经历了许多像古罗马或现代法国那样的政府形式。当古罗马人经历了从国王到执政官，再到皇帝的统治时，中国的统治者也经历了从"帝"到"王"，再到"皇帝"的过程。而且正如法国经历了封建集权的帝制、军事暴君统治和共和国等各种不同阶段那样，中国文官政府的形式也显示出了同等的多样性。

当历史之手在公元纪年两千多年前最初拉起帷幕时，它向我们显露了一个由选举产生的帝制，人民的声音被视为表达了天意。作为古代圣君的尧是由贵族们推举到帝位上去的，尧的哥哥因行为不端而被撇在一边。尧本人也没有选择自己的儿子作为继承人，而是让贵族们提名一个继承人，结果舜被选中继位。舜后来又越过不成器的儿子，把皇位传给了一位能干的侍臣大禹。

虽然大禹是一个好君主，但他背离了这些著名贤君的做法，因此被后人批评为"将帝国变成了一个家族的产业"。世袭制度从那时起便固定下来。帝王家族的分支都被分配到了部分的国土，他们的后代继承了他们的封邑，封建制度得到了巩固。

这就是中国一种经典的政府形式，但它在两千年以前被历史上记载的一次规模最大的革命所彻底推翻。从那时起，中国就一直采用了一种与世隔绝的帝王制，没有邻国，也没有国际交往的概念。这成了中国与来自西方和东方强大民族发生矛盾的深厚来源。

在汉代，即公元初年，一种更为重要的变革，即一种民主的因素，被引入帝国的政体之中，官员的任命不再完全依赖于帝王及其宠臣的心血来潮。这就是通过科举考试来测试候选人的能力；这种制度如此地成功，以至于它不仅被采纳，而且还在后续的朝代中得以大大改善，并沿用到今天。如果真的能像中国这样拥有如此崇高的科举考试制度，使公共职务成为对文学成就的奖赏，并使得每一个人都有通过自己努力而出人头地的机会，美国人也会马上就放弃他们的选票箱的。

中国人对于宗教思想领域中的变化也并不生疏。公元 6 世纪以来，中华帝国的竞技场上已经出现了三种宗教制度鼎立、相互争夺支配地位的局面。儒教在秦代受到了迫害，道教和佛教则交替扮演了迫害者和受害者的角色，其矛盾延续了许多个世纪，并且在历代君王中都有各自的信徒。而最后出现的佛教，其根源是在国外，它的广泛流行在很大程度上使得人们后来更易于接受从国外引进的宗教思想，而且它也是一个明证，证明了中国人皈依一种外国信仰的可能性。中国一位杰出的政治家①曾经引用这个例子来表明皇帝不应反对基督教在中国的传播。"自秦汉以降，"他说，"儒教衰微。佛教兴盛。佛教乃源自印度，……罗马天主教之信仰源于西方，但西方有些国家却采纳了新教，并以此来反对罗马天主教的信仰。因此，我们可以看到，其他宗教随着时代的变更而兴衰，唯有儒教经万世而犹存。"②曾国藩出言谨慎，丝毫没有透露他对于基督教所抱有的同情，而且他绝不会提倡接纳基督教，但他希望让皇帝陛下放心：只要人民仍然坚信他们那位古代圣人的基本教义，即使基督教成功地取代了佛教，也没有什么可担心的。杰出人物承认时代变化的可能性是一件大好事，即便这种变化只是以假设的形式出现。

除了这些宗教革命之外，还有若干思想觉醒的时期，这构成了文学史上几个非常突出的阶段。

---

① 南京总督曾国藩。（即两江总督，因驻地在南京，故丁韪良称为"南京总督"。——编者注）
② 译文为译者据英文直译，曾国藩原文为："自秦汉以后，周礼之道稍晦，而佛教渐行。然佛教兴于印度，今日之印度，则多从回教，而反疏佛教。天主教兴于泰西，今日之泰西，而另立耶苏教，而又力攻天主教。可见异端之教，时废时兴，惟周礼之道，万古不磨。"（见《曾国藩全集·奏稿九》，第 582 页）——编者注

第一个这样的阶段是由孔子的教诲造成的。另一个阶段处于一个世纪以后孟子的时代，当时儒教的伦理基础经历了一番彻底的修正，人们围绕着人性本善或是人性本恶的问题展开了激烈的论战。第三个，也是更为重要的觉醒过程是在被嬴政①烧掉的典籍如凤凰般在灰烬中重生之时，或者更准确地说，是当它们像密涅瓦②那样完整无缺地从那些早在孩童时代就对经典倒背如流的德高望重的学者们博闻强记的头脑里蹦出来时发生的。

这是一个批评的时代，唤醒了民族心态的环境本身也将这种努力导向了古代记载文本的确立。但它并没有停止在那儿，竹简、木牍等笨重的古书材料被麻布、丝绸和纸所取代。材料的便利和优雅对于促进书籍大量印制和刺激文学创作做出了贡献。

然而对振兴学术影响最大的莫过于印刷术被发明后的那个时期。在上面所说的这个时代，即公元177年左右，皇帝下诏令将修订过的经典文本刻在石碑上，作为防范，以保护其免受再次焚毁的危险。肯定有人从这些石碑上拓取了印本，印刷术就这样在有限的范围之内得到了早期的应用；但直到公元8世纪，它才被广泛用于生产书籍。

这一时期的标志性事件并非书籍生产率的增长，而是原创文学的提升。这是一个以诗歌而著称的时代；李太白、杜甫和一大群亮度稍逊的星辰升起在地平线上。唐代的诗歌至今仍然被公认为标准诗歌的教材。

随之而来的是宋朝的统治（960—1279），中国的心智在当时有了一个新的发展。它开始着迷于哲学的冥想，并且试图阐释本体论

---

① 即秦始皇。——译者注

② 密涅瓦（Minerva）是古罗马神话中主管智慧、艺术、发明和武艺的女神。根据神话传说，她一诞生就已经是成人，并且是全副武装地从她父亲朱庇特的头脑里蹦出来的。——译者注

中最为深奥的问题。周子①、程子，还有著名的朱熹，均以辨析入微和大胆探求而闻名于世。虽然口头上是在阐释古代哲学，他们实际上创立了一门新的哲学——即泛神论的唯物主义学派，它至今仍在中国占有举足轻重的地位。

在以往的两个朝代②中，思想成果也是层出不穷。的确，中国人心智的丰富性似乎是难以穷尽的。虽然没有像宋代那么具有大胆的原创性，但每一个朝代都具有各自的崭新风格——明朝的作家以粗犷的文风为特征，而大清的作家们则以清新优雅的风格取胜。

以上所述足以说明中国人并没有自古以来都保持那种外人所认为的"铸铁般的"一成不变性。他们当然是古代文化的崇拜者，并且思想倾向极其保守，但是他们并不像人们所通常认为的那样，满足于把古代圣贤那一小部分最精华的思想一代又一代地传下去，而不去增加或修正这些思想。中华文明的精髓，就像任何其他文明的精髓一样，并非必须放在一个匣子里加以珍藏的宝石，而是必须加以培植和改良的种子。事实上，这种修正已经在广泛的范围内发生，外来的因素不时地被嫁接到土生土长的树木之上，而且中国的文人在回顾历史发展的进程时，也没有发现任何一成不变的东西，只有一些最基本的原则除外。被提升到宗教虔诚这一高度的孝道，作为家庭联系和社会秩序的基础，就像一根金线那样贯穿了所有的时代；通过用一个人作为天子来加以实行的君权神授原则，受到"民意即天意"这一对应原则的制约，也见诸每一个时期，被作为

---

① 即周敦颐，宋代理学的开山鼻祖，著有《周子全书》（又名《周濂溪先生全集》）。——译者注

② 从上下文来看，丁韪良所指的应该是明朝和清朝，他显然没有将由蒙古人统治的元朝列入他讨论的范围。——译者注

文官政权的基础。

虽然它不像那些飘忽不定的对应物那样反复多变，但中华文明内部经久不变的因素确实很少，而不断在变化的因素却很多。回溯漫长的中国历史，在各个时期都可以看到大胆的改革和激进的革命。了解到这一点，我们也可以预期同样的事情会在未来发生。有了这些先例和这种思想活动的特征，中国人在跟基督教文明接触和碰撞时，几乎不可能不受到后者之深刻影响。

实际上，这种影响确实是非常深刻的，尽管它并不是马上就能显现出来。半个多世纪以来，西方一直在对中国施加军事、商业、宗教和科学的综合影响。其中有一些影响在更早的时期就已经开始施加，而且其效果是相当明显的。但近年来，所有这些影响加在一起，就像是用氢氧吹管来煽风点火，其热度足以熔化一座金刚石的大山。半个世纪以前，中国由于闭关锁国，自然不会受到西方太大的影响。西方列国离中国太遥远，不足以引起中国人的担忧。但是当轮船和地峡的运河将它们拉近的时候，当它们在两次战争中显示了能够在每一次战役中都能打败中国人的能力之后，它们给了中国一个教训。如果没有这样的教训，任何想要给中国人带来益处的企图，都会被证明像是从山脚扬水来浇灌山坡上的草木那么困难。

效果是立竿见影的。中国人首次确信他们可以从西方人那儿学到一些东西。在 1860 年结束敌对状态后的一年内，人们可以看到有大量的中国军队在外国教官的率领下，在他们刚刚被打败的战场上学习外国军队的战术操练；在四个重要的战略要点建起了军火库，里面堆满了从外国进口的军事武器；在两个主要的海港建起了海军造船厂，中国本地的机械师们在那儿学习如何制造由蒸汽机驱动的炮舰。

中国的军事工业进展神速，以至于他们自认为已经可以对付第一流的军事强国，直到甲午战争最终打破了他们的幻想。

其他方面的教育也没有受到忽视。广东建立起了一所专门训练翻译员的学校，京师也建起了一所同类型的学校。这两所学校的学生都是从满人或那些在清初就已被满人同化的汉人家庭中挑选出来的，这足以反映统治阶层的心态。清朝政府并不想把新式教育所带来的好处扩展到那些汉族臣民。当时有一位满族政治家颇具远见卓识——那就是总理衙门的首领文祥。他促使皇上将同文馆的大门向获得举人和进士头衔的汉人开放，但那些傲慢的举人和进士们拒绝去同文馆学习。帝师倭仁则谴责这个提议，认为让博学的举人、进士们去当外国人的学生有损中国的尊严。作为翰林院的首领，他鼓励翰林们都去反对这一改革。由于不能说服学历高的文人来同文馆学习，文祥只能退而求其次，从学历较低的人中选拔学生。获奖学金的学生人数从三十个增加到了一百二十个，课程表也得以扩充，除了外语之外，还包括了理科和文科的课程。同文馆成为帮助推动进步事业的一个重要因素。

有的同文馆毕业生在学校和军火库找到了工作，还有许多毕业生作为随员被派到了外国公使馆，有两位毕业生更荣幸地成了尚未成年的皇帝陛下的英文教师。他们被要求向这位身为皇上的学生提供字迹娟秀的手抄本课文，而不是印刷的书籍。他们每次都把这些手抄本先拿来给我看，以免出错。我也可以在这儿提一下，我在同文馆得到的第一个教职就是教一个班的十名男孩英文。没教多长时间，我就提交了辞呈。一位年长的总理衙门大臣对于同文馆的前途富有远见，他问我辞职的理由，我告诉他，这个教职对于我来说显得太微不足道了。

"不要以为它微不足道，"他说，"你的学生中有的也许会成为

丁韪良总教习与京师大学堂全体教职员合影

皇帝的老师。"

毋庸赘言，这个说法彻底打消了我辞职的念头。不仅他的预言后来变成了现实，他自己也为实现这个预言贡献了许多。而且在同文馆进一步扩大时，我还被任命为总教习兼国际法教授。这个双重的教职我担任了二十五年，直到我因身体不好而辞职为止。

我们的学生在赴驻外公使馆工作之后，有的做了译员，有的做了文书，一些做了领事和副领事，还有一两个人甚至被提升为尊贵的特命全权公使，其中最著名的就是前驻法国公使庆常。①

那些公使馆本身不应该被视为一个教育机构而不受重视。每一位公使及其随员都自认为是在执行一项探索的使命。有时一位公使会将他的观察和评论写成厚厚的好几卷。在更多的情况下，他的随员们会将自己的游记刊印成书。这些出版物不会像公使的正式报告那样被束之高阁，而是具有能唤醒读书阶层的效果。

当时最引人注目的一件事就是耶鲁大学毕业的法学博士容闳先生所倡导的海外留学。通过他和他的后继者，大约有三百名经过精心挑选的幼童被带到了美国的赫特福德市，接受各种专业的训练，以便使他们变成对国家有用的人。正如我在别处所讲述过的那样，这些留学生最终被召回，因为人们认为这些男孩子们学到的东西太多了。

在那之前，派学生出国留学主要还是官方行为，其目的是为清政府培养人才。与甲午战争之后所掀起的留学运动相比，早期选派留学生的力度还是不够的。中国战败的第一个影响就是促使人们去认真地思考造成中国屈辱的原因。那些曾经蔑视同文馆的傲慢学

_____

① 前驻英国公使曾纪泽侯爷虽然并不是同文馆的学生，但我曾经私下给他授过课，他对我总是执弟子之礼。

者，即翰林们，现在终于明白日本人胜利的原因是新式教育给日本人提供了一种新的力量源泉。他们开始在京师组织强学会等改革俱乐部，这些组织很快就传遍了全国许多地区。他们向林乐知博士、李提摩太神父和李佳白神父等传教士们征求意见。他们受到了总督和巡抚们的鼓励。湖广总督张之洞还专门出了一本书来引领这次运动，他认为改变教育制度的基础是"中国唯一的希望"。

1897 年，著名的广东学者康有为来到京师参加会试。通过博取皇帝的信赖，他为自己赢得了一个更加引人注目的地位。他深信中国若想要保证自身的安全，就必须仿效日本这个榜样。他的一番话使皇帝充满了激情，想要率领臣民走改革的道路。

皇帝发布了一系列的诏令，所有这些诏令都经过了深思熟虑，但又充满了革新精神。他提出，在通过科举考试为政府选择人才时，不应该只比较书法的漂亮与否和作诗的好坏，而应考察科学和实学的能力。基于这一观点，他命令各省清理各类祠庙，并将它们改造成为普通的学校，这一敕令被他的臣民们视为无异于没收财产。他也命令在各省成立中小学和高等学堂，并在京师设立大学堂，以聚集各省高等学堂的毕业生，将他们训练成有用的人才。本书作者被任命为京师大学堂的总教习。这个京师大学堂开办了两年，共有十名西人教习和十二名中国人副教习，后者大多数是教会学校的基督徒毕业生，直到义和团运动的爆发使得它不得不停办。

这场运动的短暂疯狂表现在焚烧翰林院藏书楼，将京师最丰富的图书收藏付之一炬，以及将京师大学堂藏书楼的藏书投入水中浸泡毁坏。这种疯狂的后果肯定会给教育改革的事业带来一种新的推动力。

第一卷

中国对于技艺和科学的贡献

第一章
中国人的发现

作为一个历史与埃及人同样悠久，而因被异邦征服造成连续性被打乱的时间短得多的民族，中国人曾经有许多有用的发现。这一事实本身并不令人感到奇怪。奇怪的倒是居然没有人肯花一点精力来指出远东古代文明给西方人带去的巨大影响。在很多情况下，西方人所受到的这类影响都是可以得到证明的。即便在另外一些证据并不非常充分的情况下，根据排序而得出的推定也是对中国人有利的。传播文明的渠道也许并不容易查明，但毋庸置疑的是，这种传播早在有历史记载之前就已经存在，正如大海的潮起潮落享有一个共同的脉搏，遥远的海岸线之间有暗流相牵一样。

也许很难显示中国人具有出众的创新才能，但是像他们那么聪明和注重实际的民族，在漫长的岁月中不可避免地会积累大量的技艺和科学基础知识。他们并不缺乏原创性。当西方人在历史的黎明与他们初次相遇时，中国的政治和社会制度显然是土生土长的。甚至在今天，西方旅行家也会因他所看到的一些中国人特有的方法而感到吃惊。正是这些独特的东西构成了中国人的物质文明。

本书中我们主要是（并非全是）想提醒人们注意这些已经流传到西方世界的发现和发明。

《聊斋》是一部大约两百年前的通俗故事集，它的作者描绘了一种可以把口述信息带去远方的管子，人们只需取下管子上的封条，便可以听到这些话语。我并不是想通过支持蒋先生，来反对爱迪生作为留声机发明者的说法。他对于这种管子的说明太少，也过于模糊，肯定通不过美国专利局的检验。正如其他国家的文学中许多预测未来的暗示那样，上述充满想象力的描述似乎只是指明了人们对于这一需求的意识，而不是为了显示解决问题的方法。

我们将抛开想象，只列举那些具有坚实基础的东西，并在证实中国人具有在两三个重要领域的发现之后，再简略介绍一下他们在不那么熟悉的科学领域的成就。

1. a) 火药与印刷术一起被詹姆斯·麦金托什爵士视为抵御野蛮民族再次入侵的保证。在我看来，火药应该算是中国人的发明。英国人、德国人、阿拉伯人和印度人都在争夺这一荣誉，他们各自独立做出这一发明也并非完全不可能。硫磺、硝石和碳粉等火药的成分，炼金术士们一直在使用，所以这种化学混合体的爆炸力不可避免地会被发现，即使是偶然发现——尤其是火药中的这些成分并不需要固定的比例搭配。最早碰上这种机遇的就是中国人，因为他们是最早涉足炼金术[①] 这个领域的。

关于施瓦茨和罗杰·培根自称发明火药一事不必在此加以评论，因为他们生活的年代离现在相对较近。至于阿拉伯人，他们只是火药的传播者，而非发明者。唯一可以认真地跟中国人竞争的是印度人。他们对于火药的知识当然是非常古老的，但是究竟有多古老很难确定，所以在对有关排名的证据进行平衡后，似乎对于中国人比较有利。

---

① 参见本书第三章。

在这个问题上，最有分量的文件之一是大约二十年前京师会试时的一张试卷。考生们的答案几乎没有什么价值，但是试卷题目中所陈述或假定的事实却有很大的价值，因为它们出自主考官的笔下，而后者是全帝国最博学的人。

> 最早的火器是周朝（公元前 1122—公元前 255 年）人所使用的火箭——在哪一本书中最早出现我们目前用来描述火炮的"炮"字？
>
> 开封府抵御蒙古人一战（公元 1232 年）是不是使用火炮的最早记载？
>
> 宋朝（公元 960—1278 年）有好几种小型的火炮——它们的优点是什么？①

这三个问题全都跟火器有关。而火器则暗示炸药，然而这种炸药并不总是用来抛掷弹头的。实际上火箭所指的那个容器就不能被称为弹头，因为它被用作一种信号或喜庆焰火，而非战争武器。第二个问题所提及的那次著名的防御战比欧洲人首次确凿无疑地使用火炮（公元 1338 年）早了整整一百多年。

假如我们转向对于发明这个题目最有权威性的《格致镜原》，就可以对于从信号火箭到真正意义上的火器的过渡略微有些了解。该书作者引用了一本古书的说法，断言在公元 998 年，有一个叫唐福的人制造出了一种带铁箭镞的新型火箭，这说明它不仅仅是作为信号或是焰火。他还引用了另一本书，提到在公元 1131 年的时候，

----

① 原作者对于中国历史年代的论述因受他所生活的年代及当时西方对中国研究的总体水平所限，可能存在一些偏误，请读者留意辨析。——编者注

扬子江上的一支水寇船队被一颗秘密送到船上的"雷弹"所炸毁。据他所说,这颗用纸做成的炸弹装满了硫磺和生石灰。由于它是随着一声巨响而升入空中的,所以一定是借助火药的力量从一门臼炮中发射出去的。

他接着又引用了一个说法,即在一个比开封府那场恶战更早的时候,古都西安的城墙上就装备了一种火炮,开炮时所发出的巨响在三十英里之外都可以听见,而从炮筒喷出的火焰可以覆盖半英亩大小的区域。这些大炮所使用的弹丸或炮弹都是用铁做的,但有时也用陶瓷作为替代品。

波瑟亚引用古贝尔的说法,声称抛石炮被用于公元 767 年的太原防御战,而且当时还使用了地雷。他说地方志的作者并没有提到火药,因为它的存在已经尽人皆知。

b) 中国人发明航海罗盘是毋庸置疑的事实。在很早的时候希腊人和埃及人就已经知道了磁石,前者给它起了名字,而后者——根据普鲁塔克的说法——把它看作一个好人的标志,即它不仅能够吸引别人,而且还具有把自己的美德传给别人的能力。然而最早观察到磁石导向特质的却是中国人。他们远在公元纪年之前就已经利用罗盘上的指针来辨别方向了。有些中文书上说,早在公元前 2600 年,罗盘就被用来指引战车穿越戈壁滩,但这里所说的战争是传说,所以这一断言是没有根据的。更可信的是他们一成不变的说法,即罗盘曾于公元前 1100 年被送给来自某个南方国家的使臣们,以帮助他们找到回家的道路。那些使臣们是从陆路来的,由于罗盘的使用,这些马车后来被称为"指南车"。作为指南针这一原始运用的奇特例证,人们几乎在任何一天都能看到,在清朝官员的轿子或马车里就悬挂着一个小小的罗盘。

指南针被用于海上航行是水到渠成的事。中国人早在公元 5 世纪就将它用于沿海地区的航行，很可能中国人的平地帆船和陆上马车早在那个日期之前就已经用上了罗盘。罗盘的使用在欧洲可以追溯到 12 世纪，也许更早。与所有民族都混杂在一起的十字军东征官兵实际上扮演了传播东方技艺的角色——但东方技艺成为时尚的过程却来得非常缓慢。三个世纪以后，勇敢无畏的哥伦布手中的那个罗盘指向了一个新的世界。然而达·伽马① 在 1497 年前往印度的航行中却几乎没有使用罗盘，他的航行实际上一路都是紧贴着海岸线的。卡蒙斯② 在长诗《卢济塔尼亚人之歌》中尽管称颂了星盘，并似乎一直在寻找奇妙和陌生的东西，但却没有提到指南针。

c) 几乎可以肯定，谷登堡发明活字印刷，是受到了中国也存在类似印刷术这一看法的影响。印刷术在中国已经被发明了七百多年，中国人并不像谷登堡和福斯图斯那样，需要偷偷地干，而是将印刷术发展成一个非常受欢迎的产业。印刷术的起源非常神奇。有一位暴君下决心要铲除儒家的教义，他烧掉了圣人所写下的书籍。③ 这些书籍部分是凭借记忆复原的，部分是依靠偷藏在一座院墙里且带有瑕疵的文本来修复的。唐太宗（公元 627 年）决心不让这个神圣的遗产再被焚毁，所以他让人把所有这些经书都铭刻成了碑文。这个碑林至今依然存在。在西安府，人们还可以看到承载这些碑文的一百七十块花岗岩石碑，它们的另一套现代复制品保存在北京的国子监。

---

① 伽马（Vasco da Gama，约 1460—1524），葡萄牙著名航海家，曾开拓从欧洲绕好望角到印度的航线。——译者注
② 卡蒙斯（Luis de Camoes，1524—1580），葡萄牙诗人和作家，著有长篇史诗《卢济塔尼亚人之歌》，该作品描写了达·伽马前往印度的探险旅行。——译者注
③ 指秦始皇焚书。——编者注

这套御刻的碑文完成之后，人们就想通过拓片的方法让全国各地的文人都能看到这些经典。这就是印刷术。在随后的一千年中，中国印刷术的形式并没有发生多大的改变。木板取代了石板，凸起的阳文取代了凹下去的阴文，页面从黑色变成了白色，但还是采用软刷子来制造拓片，并没有采用印刷机。

从发明雕版印刷到采用可以分开的活字来印刷并没有相隔很长的时间，但是中国人没有以此取代原始的印刷方法，他们没有幸运地发现那种被用来制作"印刷工铅字"的合金材料。没有必要去假设中国的木活字、铜活字和陶瓷活字曾经流传到美因茨①，只要作为陶瓷花瓶包装的一小张印刷字纸或是一匹丝绸就足以向谷登堡暗示整个活字印刷术的细节了。

d) 顾名思义，陶瓷（china）的生产技艺源于中国，"陶瓷"这个词在英文中迄今仍意味着"中国的器皿"。②

e) 丝绸的生产也是同样的情况。丝绸的名称跟中国虽说有点区别，但"silk"（丝绸）这个词显然是从拉丁语中指"中国人"的"Seres"一词演变而来的，因为它的形容词"sericum"去掉后缀就成了"serie"（即英文的"silk"），即"中国货"。我不需要进一步争辩说"ser"就是中文中"蚕"的发音，尽管这种说法也是可以说得通的。在造纸方面，中国人不仅比我们要先进得多，而且在用木头来生产纸浆这一特定技艺上也走在了西方人的前面。纸在中国是公元纪年初期发明的，而在此前的许多个世纪里，中国人的书籍是

---

① 美因茨是欧洲活字印刷术创始人谷登堡的故乡和印刷工场所在地。——译者注
② 在英文中，"陶瓷"和"中国"（China）是同一个词。——译者注

用铁笔的尖端刻在竹简上的。

一个奇怪的事实就是，源于中国的技艺似乎需要经过移植才能获得高度发展。见证一下火药、印刷术和航海罗盘在应用上所取得的巨大改进就可以证明这一点。这也许是因为一种内在的保守性使得中国人不愿意改变他们祖先所定下的方法。

2. 同样的评论也可用于中国人在科学领域的探索上。在中国本土一直发育不良和发育畸形的思想观念，在一个更为宜人的环境里就会结出丰硕的果实。

a) 最明显的例子就是炼金术，它在西方世界已经发展成一个庞大的科学领域，在很大程度上实现了将贱金属变成黄金的目标。但在其发明地中国，它仍然是一门神秘的技艺，充满了各种中世纪的迷信。

除此之外，西方没有一门别的科学是仰仗中国的，但是有许多门科学在中国已经开展的时候，欧洲仍然处于蛮荒状态。

b) 占星术。中国在公元前2200年左右就已经有了占星术。中国古代就设置了司天的灵台，并且配备了专职的博士，他们中有两位曾因工作失误而招致杀身之祸。有人认为他们没有能够预报日食；但另有人认为他们的过失在于出现日食时没有举行相应的仪式。

在那个时代，中国人所制定的一年时长要比努马① 执政时代的

---

① 努马（Numa）是古代罗马七王执政的王政时代的第二代国王（公元前715—公元前673年），在位期间曾创立宗教历法。——译者注

罗马人更为精确。在中国后来的天文学中，印度人和巴比伦人的影响越来越明显，我们无法给予中国人太高的评价，只能说他们是很好的天文观察家。

c) 数学。十进位的算术据说是阿拉伯人带到欧洲来的。阿拉伯人从印度人那儿学到了十进位制，这一点无庸置疑，但它是否发源于印度？究竟它是从中国传到印度，还是从印度传到中国，这一点很难确定。不过中国人在公元前 2600 年的编年计算中显然就已经包含了十进位制，在这么早的时候就向印度借鉴似乎不太可能。中国最早的《周髀算经》中就有了十进位制，而该书的内容，正如其书名所指出的那样，至少有一部分是源自公元前 1125 年的周朝。

令人感到十分惊奇的是，这部古书中有一篇专门论述直角三角形的论文，署名为开创周王室的周公。在欧洲流行的三角几何来源于印度人，但在印度，三角几何又来源于希腊人的入侵，是在希腊几何学的基础上发展起来的。至于代数，中国人有一种叫做"天元"的原始形式。虽然在公元 1247 年以后的算学论著中才能够找到"天元"这种形式，但有很多迹象表明，它是在中国土生土长的。"天"和"元"就相当于"x"和"y"，都代表一个未知数。

d) 物理。近来作为一个必不可少的公设而引起西方哲学家关注的神秘物质以太，中国人在一千年以前就已经知道了。正如洛奇教授所说："人的心智所能够想到的有关宇宙的最简单概念，即一个充满所有空间的连续介质，能够像光那样振动，可以被分解为正负极电，在旋转或涡流的状态下便构成物质，它以连续性而非碰撞来传递物质所能够产生的每一个作用力和反作用力——这就是对于以太及其功能的现代观念。"

正如我将在下一个章节里所显示的那样，这个概念对于中国的哲学家们来说并不是新的。很难确定它最早是在哪个年代出现的——也许是公元前 11 世纪，即当有关自然力的最早推测都被收录在《易经》这本书里之时。在公元前 11 世纪的好几本论著中，有关以太的理论已经十分完备，作者们不仅谈到了一种类以太的媒介，而且还列举了它所具有的上述各种特质，只是没有提及它能产生电。

"Ether"（以太）这个词是希腊语，但是我们将它应用于科学却主要是受了中国人的影响。我并不是断言西方人从中国借用了这个概念，但是我们很容易指出它传播到欧洲的一条途径。提出以太现代理论的作者是笛卡尔。他是在法国拉弗莱舍耶稣会神学院所受的教育，谁又能证明他没有在那儿看到过耶稣会传教士有关中国哲学论著残篇的记述呢？

e) 假如说中国人在笛卡尔之前就有了笛卡尔哲学，那么一个同样真实的事实就是：他们在培根出世之前就理解了培根的方法。他们了解它只是为了摈弃它，就像笛卡尔后来所做的那样。就连那些诸如生物进化、能量守恒的普通观念，中国人似乎也懂得非常透彻，但他们从未花功夫用细致的系统归纳这一过程来支持这些观念。孟子说：

> 天下之言性也，则故而已矣。故者以利为本。所恶于智者，为其凿也。如智者若禹之行水也，则无恶于智矣。禹之行水也，行其所无事也。如智者亦行其所无事，则智亦大矣。天之高也，星辰之远也，苟求其故，千岁之日至，可坐而致也。[1]

---

[1]　本段引自《孟子·离娄下》。——译者注

在公元前400年所说的这段话中，孟子显示出他知道该如何去研究自然。若是把他关于"利"是自然界基本法则这一理论说成是在《物种起源》一书作者之前提出了进化论，也许有点过分，但假如做进一步分析和阐释的话，这句意义含混的暗示很可能是会导致达尔文提出进化论的。

由于本章的各个要点都会在下一章中作进一步的讨论，我就不再将它们在这儿逐一列举，而是要提出一个问题：中国人为什么没有从他们的发现中获得教益？答案是简短而又明白无误的：遵循祖先脚印的奴性积习阻碍了各种技艺的改进。在科学领域内，由于国家教育体系将古代经典作为公共教育的唯一基础，所以进步也几乎是没有可能的。

第二章
中国人在哲学和科学领域里的冥思

　　思辨哲学① 这个术语听起来有一点含义模糊；然而它包含的内容的确也很宽泛。它代表了物理科学问世之前的一种早期哲学思想——或许我们还应该补充说，是在逻辑学问世之前，且基本上忽视了逻辑学，而后者的职责就是分析推理的过程，并且确定知识的范围。

　　虽然思辨哲学在大多数国家里都显得不规则和有随意性，但用生意场上的"投机"② 这个词来形容它倒还是比较贴切的。为什么在股票市场里的投机者可以像掷骰子那样，获得巨大的财富或招致破产？难道不就是因为他无法控制未知事物和可变事物等因素吗？然而正是不确定的因素给他的风险投资带来了最大的乐趣。对于那些致力于阐释存在之奥秘的早期思想家来说，不也正是如此吗？

　　当他们所要寻找的地极区域被冰冻的海洋所包围时，他们不懈

————

① 虽然在小标题上有"哲学"字样，但本章是包括在科学这一大标题之下的，因为它主要是指对于自然的研究。

② "思辨哲学"（speculative philosophy）中的"思辨"（speculation）一词在英文中也有"投机"的意思。——译者注

丁韪良博士和他的几位学生

的努力没有得到完全的成功又有什么可奇怪的呢？然而他们在这些地区和各个历史时期对于真理的追求被恰如其分地视为人类最崇高的职业。它也并非毫无成果。如果发现在这些高纬度地区的中国探险家们将他们的旗帜插在比其他民族的探险家们离地极更近的地方时，人们会感到奇怪吗？

　　为了显示中国人已经获得的成就，我认为不必将中国哲学追溯到思辨的黎明，而应选择一个中国思辨哲学最活跃的时期，而且要选在当今占支配地位的哲学已经形成的时期。在中华帝国有历史记载的四十个世纪中，仅有一个世纪可以被选为最典型的哲学时代。这是在宋朝（公元 1020—1120 年）的初期，当时的欧洲正被笼罩在一片黑暗之中，而西方世界正受到十字军的强烈震撼。宋之前的几个朝代都以思想活动的各种形态而著称——其中有个秦朝发明了政治制度，另一个汉朝以历史著作而闻名遐迩，第三个唐朝以诗歌和戏剧等作品而流芳百世——但是一直到了宋朝，中国人的心智才表露出想要质询天地间一切事物的性情。在重振信仰和知识的基础这项工作中，有五个人成了领军人物，他们的姓（其中有两人是兄弟）奇特地形成了一个只有四个音节的头韵诗行——Chou, Chang, Cheng, Chu（周、张、程、朱）[①]——这些名字全都是那么如雷贯耳，以至于他们可以与昴星团中的七颗明星相媲美（这样的明星能有许多吗？），后者的光芒还未曾到达西方的海岸线上。上面最后提到的朱姓哲学家鹤立鸡群。他并不比别人更富有原创性，但是他结合了一个勤奋学者和一个敏锐思想家的品质，而且知道如何将前人零散的光芒聚集在一起。虽然他部分借助了从别人那儿借来的光

---

① 这五位宋代思想领袖分别是周敦颐、张载、程颢、程颐、朱熹。——译者注

芒，但朱熹就像法罗斯岛的灯塔① 那样耸立在海上，在中国人民的伟大先师中占据了第三的位置（前两位分别是孔子和孟子）。宋代的这五位思想领袖全都是儒家的文人，但毫无疑问，他们的思想活动及其发展方向都受到了佛教和道教作家思辨的刺激和制约。他们的著作因下列事实而变得非常重要，即自从御版的《诸子百家》刊行之后的五百年中，他们的思想被政府接受为标准的正统思想，每一个想要参加科举考试，以此来获得功名的人都被指望要顺从这些思想。因此他们的观点就是当今中国文人的观点。

在哲学思维方式上，他们更像是笛卡尔，而非培根。他们的方法是先验的，而且正如那位读过培根，却又摈弃了他的理论的伟大法国哲学家那样，他们之所以采纳他们的方法，并不是由于对实验的方法一无所知，而是出于自己的选择。孔夫子本人就曾经有一句格言："学而时习之，不亦乐乎。"这句格言在他的书中显得有些突兀，正如一位古代哲人的名言夹在柏拉图的箴言中间显得是那么的格格不入："实验使得世界能按科学的方法进步；没有实验，则以偶然的方式进步。"（*ἐμπειρία ποιεῖ τόν αἰώνα ἡμῶν ορεύε όθαι κατά τέχνηνά, πειρία δέ κατά τύχην.* ）②

中国人宣称他们的圣人曾经写过一部有关通过实验来研究自然的论著，但是那本书已经佚失。他们提出这个事实，以解释中国在科学领域为何如此落后。笛卡尔之所以选择演绎的方法，是因为他具有数学天才。而对于中国人来说，却是出自一种想要遵循他们所

---

① 法罗斯岛的灯塔（pharos）是古代世界的七大奇迹之一，它位于埃及的亚历山大港。——译者注

② 实验（或经验，在希腊语和法语中，这两个意思都包含在同一个词中）使得世界能按科学的方法进步；没有实验，则以偶然的方式进步。——高尔吉亚（Gorgias，483？—376？，古希腊哲学家）

认为的自然秩序的愿望。两者都把这种演绎的方法尊崇为最合理的方法，就像斯坦利在刚果探险时所做的那样——他在丛林深处选择随溪流而下，并沿着它一直走到大海——而培根则恰恰相反，他会选择从这条溪流的入海口开始，溯流匍匐而上。哪一种方法更为大胆，哪一种方法更为可靠，就没有必要在此挑明了。比较这两种不同的方法，并为各自的范畴下定义，这些并不是我们在本章中所要做的工作。无须赘言，其中某一种方法的倡导者也会不时地采用另一种方法。当培根的门徒得出一条伟大的原理时，他肯定会运用这条原理去推算事情的后果；另一方面，笛卡尔的门徒也不会完全忽视实验。对于前者来说，实验先于发现；对于后者，实验则被用来证明推理所得出的结论。

世人都以为中国人务实，所以当他们看到中国哲学家们在研究自然时没有大量使用归纳法的时候便显得大为诧异。其实，中国哲学家们对于归纳法的熟悉可以从程颢和程颐作品的问答中窥见一斑：

> 或问："格物须物物格之，还只格一物而万理皆知？"
>
> 曰："怎生便会该通？若只格一物便通众理，虽颜子亦不敢如此道。须是今日可知一件，明日又格一件，积习既多，然后脱然自有贯通处。"

面对着宋代理学名著中这言简意赅的一问一答，谁又能否认中国人早在培根之前五百年对于归纳法就已经有了一个清晰的概念呢？但是，正如钱宁[①]所说："伟人之间的区别往往并不在

---

① 钱宁（Edward Channing, 1856—1931），哈佛大学历史学教授，著有六卷本《美国史》。——译者注

于思想观念的不同，而在于对同一思想观念上留下痕迹的程度不同。"与之相对比的是在宋代五位思想领袖中名列第二的张载的一段话：

> 世人知道之自然，未始识自然之为体尔。有天德，然后天地之道可一言而尽。贞明不为日月所眩，贞观不为天地所迁。

二程的说法并没有给中国人的理智留下任何的印象，而张载的话却被大家奉为至理名言。假如中国的思想家们不去走捷径寻找"天地之道"，而是满足于研究一个个具体的问题，"然后脱然自有贯通处"的话，那么世界的历史又该发生多么大的变化啊。

按照以上言之凿凿的"天地之道"，张载及其后继者（也包括他的前辈）都把他们的主要任务放在解决天体演化的难题上，相信这样做就能够破解"万理之源"。关于这方面的推测和阐释已经汗牛充栋，实在没有必要在这儿一一列举。然而他们天马行空所得出的结果，假如可以称得上是结果的话，却是乏善可陈，尽管它们已经形成了中国文人的哲学信条。

如前所述，中国人的思想受到了佛教和道教理论的激励，但是他们却小心翼翼地没有遵循它们中的任何一个种理论，而是竭力通过采纳中庸之道来抵制这些宗教派别的影响。对于佛教来说，理智是唯一的实体，而物质只是骗人的凭空想象；对于道教来说，物质是唯一的实质，而理智只是它的产物。各自的理论都灌输一种一元论。宋代的思想家们结合了这些片面的概念，大胆地指出了自然的二元论，并且将"理"和"气"，即力和物质，视作宇宙的基本要素或原理。①

中国人在这么早的时候就偶尔发现了一条在西方人看来似乎是现代科学结晶的基本原理，这难道不令人颇感吃惊吗？然而当我们更深入地了解中国哲学时就会看到，中国人利用不科学的推测而提前获得现代科学的理论并非只有这么一个例子。

上述对偶公式中的两个术语都需要进一步的阐释。在两个基本要素中，一个是运动的，另一个是静止的。我把"理"解释为"力"，即因为它是运动的，但它不仅仅是力。这个词表示一种秩序原则，一种自然法则。"理"跟"道"是同义词，相当于古希腊语中的"逻格斯"（logos）。当朱熹说"天是理"的时候，他显然指"理"是宇宙间最基本的力。这正是道家所坚持的立场，尽管他们用"道"这个词，而非"理"，来表达这个观念。对于儒和道这两家来说，这个"理"（假如我们可以这么称呼的话）与其说是理智本身，还不如说是理智的属性。无论儒家还是道家都否认"理"的个性，但他们都没有意识到属性即暗示物质，而这儿的物质就是指理智。

公式中的第二个术语"气"是静止的要素，所以指物质。然而在普通用法中，该词只是指一种气体形态；但在宋代理学中，它是指一种最原始的物质。让我们来听一下理学家们是怎么解释的。

在一部题为《正蒙》的论著中，张载以中国人所特有的彻底性，开门见山地提到了宇宙的本源："太虚无形，气之本体，其聚其散，变化之客形尔；……知太虚即气，则无无。"那么这种无处不在的"气"究竟是什么物质呢？假如我们将这些宋代理学家们对

① 他们跟道士一样，宣称这种理论来自《易经》，即中国的《创世记》。令人惊讶的是，无论哪一流派都能巧妙而成功地将自己的信条追溯到这个古代的文本，后者的一部分据说是在公元前 2800 年所写成的！

于它的描述作一番比较，就不免会得出结论：即"气"就是以太；并非古希腊人所说的那种燃烧的气体，即九重天上的纯净之火，而是西方现代科学中无孔不入的以太。它就是形成物质的元素。以太现在已经是一个为人们所熟悉的概念，并不是在科学领域，而是在科学幻想中。它在一部由 P. G. 塔特和鲍尔弗·斯图尔特等著名教授描写未知宇宙的一本书中尤其令人印象深刻，作者们在书中还提出了一个有关物质能恢复到其原始状态的相关理论。

我们的中国哲学家们在许多个世纪以前就已经在传授同样的理论。《正蒙》一书对此是怎么说的呢？张载的原话是："气之聚散于太虚，犹冰凝释于水。"他们不仅在英语作家之前就已经把以太视为物质之源泉，而且似乎还发现了分子的动力学理论，尤其是把涡流看作是一个转换的过程。张载的同时代人周敦颐据称是《太极图说》的作者。他首先用一个全是白色的圆圈来代表"无声无臭"的以太这种原始形态。接着他又画了一个部分为黑色的圆圈，以表示原本的物质被分解成了"阴"和"阳"这两种形态或力量。关于这个图表，周敦颐这位中国经典的伟大评注家把它解释为"自无极而为太极"。阴和阳这两种力就像磨盘一样朝相反的方向磨来磨去，而摩擦所产生的碎片就是我们所谓的物质。

在这部《太极图说》中，最引人注目的就是它对于光之产生的叙述："太极动而生阳。"有关光线振动的运动方式他们都已经猜到了，但我并不想断言，说他们的研究已经深入到了测量光波长度的水平，这一现象现在可以在西方的物理实验室里用肉眼观察到了。有关以太及其功能的西方理论已经被大量的科学事实所证实；而与实验科学无关的东方理论从来也没有超出过推测的范围。一个观察极其敏锐和超群，凭借科学的想象力而本能地猜中了伟大真理的推测是需要耐心调查的缓慢过程来加以证实的。我们也不能忘记，这个理论在西方也是以被摈弃的推测状态存在了至少两个世纪后才得到科学验证的。

第一位瞥见这片广阔无垠海洋的欧洲人是笛卡尔。他错误地将行星的运动说成是以太的旋涡，使得他的整个理论受到质疑，尽管他也认为必须要用微小的涡流来解释物质的构成。然而等待这个理论的是一个多么辉煌的死而复生！在 18 世纪的最后一年，一缕阳光果真落到了它的身上，使它从漫长的昏睡之中苏醒了过来。扬①发现必须要用笛卡尔的理论来支持光的波动说，是光的干涉理论把他领向了这一发现。菲涅尔② 用笛卡尔的理论解释了偏振现象。倘若这个理论的复活可以增强我们对于这位"现代哲学之父"的崇敬，那么它是否也能把一部分的光芒反射到那些早期的远东思想家们身上，后者把笛卡尔的以太视为天体演化的基础。

在当代思想运动中扮演了重要角色的另外两三种理论仍可被视为是中国思辨哲学家在很久以前就已经阐述过的。中国哲学家们早就具有自然进化过程的概念是不足为奇的。对于一开始就持有物质演化这一基本理念的人们来说，一种最彻底的进化论又有什么可稀奇的呢？我们甚至还可以说，现代分子物理学中的研究者所提出的物质初始单一性在所有中国哲学家的天体演化理论中都是不言而喻的。著名物理学家 J. W. 德雷珀有关欧洲炼金术士的评论同样适用于中国的炼丹术士们，后者无论在思辨还是在调查方面，都有过之而无不及。"他们首先得出了最广泛意义上的进化论这一伟大思想，即认为在无生命和有生命的自然里，事物都是在从不完美到向完美

---

① 扬（Thomas Young, 1773—1829），英国医师和物理学家。他确认了光的干涉原理。——译者注

② 菲涅尔（Augustin-Jean, 1788-1827），法国物理学家。他首先确立了英国物理学家 T. 扬有关光的波动说。——译者注

不断进化，从低层次向高层次不断进化。"这个观点在许多中国古代哲学家的论著里都十分抢眼。

下面这段话取自程颢、程颐兄弟之一的某一部论著，它表明二程已经非常接近于能量守恒的理论。作者这样写道："运动之物体就是力。它碰上其他物体时会产生反作用力或效应，该效应又会作为力而产生另一个效应，以至无穷。"他补充道："这就是学者们可以做的一个大题目。"中国学者们就像他们的先师那样，并没有去验证这一点。然而朱熹对于这段话的评论却显示出对于这个概念的综合性掌握。"天地万物，"他说，"莫不是一种原始力量的转化。"

总而言之，我们中国哲学家们的天体演化并非那么具有美感。确实，宋代理学的权威阐释者朱熹说："我们必须意识到一种说法，即天上有贵人控制着宇宙的运动。"但他并不否认自然间有一种难以捉摸的力量在起作用。宋代五位哲人中最大胆的张载说："太虚为清，清则无碍，无碍故神；反清为浊。"为了解释物质的创造，他不太情愿地祈求一种神力的干预。这难道不就是贺拉斯所谓的"神佑情结"（*Nodus tali vindice dignus*）吗？

我不会断言中国思想家所说的天上贵人跟我们的上帝是一码事，但是他们颇为体贴地为上帝留出了位置。我们难道没有看到他们所制订的二元论原理之一被赋予了某种"理智的属性"？他们教条地阐释自动的法则，但有理由相信中国的下一代将会理解法则就暗示了理智，并且赞同爱默生所说的

"自觉的法则是王中之王"。

西方的不可知论流派对于他们来说尚闻所未闻。但即使是在这一方面，中国人也比西方人早了好几个世纪。但是他们的不可知论相对

于西方的理论来说，还算是比较温和的。它并不咄咄逼人，也不妄自尊大，完全拒绝坚定的信仰。此外，它还跟西方的不可知论不同，它怀有深切的敬畏之心。这种心态习惯要归功于孔夫子，后者为了戒除中国人贬低人格的偶像崇拜，将上帝冠以"天"这个含义模糊的称呼，并且劝他们别去刺探那些藏匿在蓝色天幕后面的超自然奥秘。然而他信奉一个以德治国的政府，直至今天，他的信徒们仍然保持了这一信念。他把敬畏的目标更多地归结于人格，以至于他的信徒们不太愿意承认这一点。他说："君子有三畏：畏天命，畏大人，畏圣人之言。""天何言哉？"他又问道，"四时行焉，百物生焉，天何言哉。"他比佛祖的否定人生和道教的脱胎换骨说要更加接近基督教有关上帝的概念。而且我们有理由相信，他的信徒们将会回归到其至圣先师的那种心态习惯，后者因孔子之后的儒家思辨而变得有点朦胧晦涩。为了使中国人能够回到并超越孔子的立场，他们最需要的是一种以前从未有过的更为真实的逻辑学和更为公正的心理学。①

当那些控制着中国人言论的人在令他们感到敬畏的朦胧力量面前学会承认"天父"（*Pater Mundi*）之时，中国幸甚！

———

① 为了能达到这个要求，我在三年前用中文写了一本题为《性学入门》（*Introduction to Psychology*）的书，李鸿章亲自为该书写序，把它介绍给了中国社会，并由同文书会刊印出版。

第三章
中国的炼金术；化学的起源

探索本身足以补偿辛劳；

炼金术士虽没找到秘密，

后者也许根本就不存在，

但他的努力却没有白费，

还有付出的金钱和心血，

因炼金过程中发现良多。

——考　利[①]

Alchemy（炼金术）和 Chemistry（化学）这两个英语单词的词源是相同的，它们分别描述了同一门科学在发展过程中的两个不同阶段。前者指的是在迷信培育下、处于襁褓期的初级阶段。炼金术的领域仅限于一些特定的目标，想要实现一些根本就不可能完成的任务。后者指的是它的成熟阶段，在摆脱了幼稚的幻想之后，化学将整个自然领域都视为自己的研究对象，并且将自然法则当作研究的指南。

---

① 考利（Abraham Cowley, 1618—1667），英国诗人和散文作家。——译者注

　　简单回顾一下炼金术在西方的历史，对于我们理解它在遥远东方所扮演的角色是十分必要的。

　　在最初的萌芽时期，炼金术只有两个明确的目标，即寻觅点金石和长生不老药。发展到了一定的阶段之后，它舍弃了这两个目标，但它也获得了一些意义十分重大的成就，如通过炼制仙丹妙药，它缓解了疾病的困扰，并且延长了人的寿命；尤其是在对于自然元素的掌握上，已经远远超出了人们对于早期炼金术士的最乐观期望。

　　那些早期的炼金术士，无论他们是住在西方还是东方，是不应该被人遗忘的。他们就像是勇敢无畏的潜水员，探清了河流底部的地质构造情况，并且为在河上建造雄伟壮丽的曲拱桥打下了基础，而现代科学正是在通过了这座大桥之后才开始驶入康庄大道的。他们又像是默默奉献的珊瑚虫，在黑暗中日积月累地建造其宫殿，只凭借微弱光亮的指引，完全不知道这种漫无目标的劳作所构筑的知识之宫将会有多么富丽堂皇。他们是全世界人类经验的继承者，而他们本身又是大无畏的实验者，当我们发现他们原来拥有如此庞大的实用信息时，并不需要为此感到惊讶。[①]

　　早在公元 8 世纪的古代阿拉伯人格贝尔[②]就已经熟知该如何配制硫酸和王水，并且详细描述了一些更为有用的金属。亚历山大·冯·洪堡[③]曾经断言："当人们学会运用矿物酸和强溶剂时，化学就开始了。"假如他这番话没有说错的话，那么格贝尔就应该算

------

① 在本章卷首所引考利的诗歌表达了这个意思。必须承认，他所表达的更多是事实，而非诗意。

② 从他的英文名字 Geber 衍生出了形容词 gibberish（莫名其妙的话），就像从 Duns Scotus 衍生出 dunce（书呆子、诡辩家）一样。

③ 亚历山大·冯·洪堡（Alexander von Humboldt, 1769—1859），德国著名自然科学家，多门现代科学的创始人之一。——译者注

作是一位化学家。

12 世纪时，大阿尔伯图斯[1] 就懂得了冶炼金银的灰皿试金法和通过铅来提纯金银的方法，以及如何制作苛性钾、碳酸铅白和铅丹。

在 13 世纪中，罗杰·培根准确地描述了硝石的属性，提供了火药的配方，并且非常接近于完美地解释了空气在燃烧过程中的功能。

在同一个世纪中，雷蒙德·吕里描述了提取精炼油过程；稍晚一些时候，巴兹尔·瓦伦廷通过用加铁的方法，从蓝矾中练出了黄铜；并且发现了锑、乙醚和雷爆金。艾萨克·德·霍兰戴斯制作了宝石，并且描述了制作过程。布兰特在为寻找长生不老药而分析人体时，偶然发现了磷。

16 世纪初，帕拉切尔苏斯[2] 推翻了加伦[3] 信徒们的惰性疗法，并且因为在治疗中采用矿物质药品，即化学复方药物，而闻名遐迩。[4] 上述最后这个帕拉切尔苏斯，虽然算是一位较为现代的教授，但也可以被视为所谓炼金术圈子内的顶级大师，无论是指炼金术的智慧或愚蠢、他狂妄目标的荒诞无稽或其实际成就的重大价值。他的全名，Philippus Aureolus Theophrastus Bombastes Paracelsus von Hohenheim，是庸医的同义词；而他的命运也不幸地说明了他那个行当的历史，用他一位同行的话来说，这个行当"以骗人开始，紧

---

[1] 洪堡称大阿尔伯图斯（Albertus Magnus）为"分析化学领域的一位独立观察家"，并且补充道：
"确实，他把希望都押在金属的转化上了，但是在试图实现这个目标的过程中，他不仅改进了矿石的实用处理工艺，而且加深了人们对于自然界化学反应普通模式的洞察力。"

[2] 帕拉切尔苏斯（Paracelsus, 1493—1541），瑞士的意识和炼金术士。他曾发现和使用了多种新药，推动了西方药物化学的发展。——译者注

[3] 加伦（Galen, 129—199），著名的古罗马医师。直到 16 世纪时，他在欧洲各国仍有大量的门徒。——译者注

[4] "随着告诫人们化学的真正用途并非点石成金，而是制造药品的炼金术士医师和帕拉切尔苏斯的崛起，我们 似乎看到了对于医学研究进行理性探索的首次尝试。"（对于《大英百科全书》中 "化学"条目的评论，载于《自然》杂志，1877 年 1 月）

接着就是辛勤劳作，最终以乞讨结束"。就像众多自诩的炼金术士那样，他是在喝了自己制作的长生不老药之后才一命呜呼的。[1]帕拉切尔苏斯也不是这种令人销魂的虚妄观念的最后一个牺牲品。1784 年，一位英国的内科医师普莱斯博士在好几个人在场的情况下，表演了点石成金的本领，并将制作出来的一部分金子赠送给了国王乔治三世。在遭到一个科学代表团的审查之后，这位普莱斯竟然自杀身亡，以逃避真相被揭露的耻辱。

炼金术这一虚妄观念并非旧世界的专利品。它也随着无数货物一起被"五月花号"帆船带到了大洋彼岸的新大陆。

"有关（这次航行的）众多著作所揭示出来的一件最奇特的事情，"洛厄尔先生说，"就是小约翰·温斯罗普去美洲的目的是为了寻找点金石。"

在乔纳森·布鲁斯特身上，我们有了一个（不同的）范例。在两百年之前的新伦敦[2]居然有一个"马利亚温泉"（*balneum morial*），[3]这难道不令人感到奇怪吗？还有，"点金石研究"（*la recherche de labiolu*）竟然是在一个原木小木屋里进行，令人提心吊胆，生怕印第安人闯进来，这样不仅会毁掉一条含苞欲放的小生命，而且也会抢走世界上最神圣的一个秘密。[4]

---

[1]　有关炼金术的此类殉难者，没有一个国家能像中国那样列出长长的名单。在中国本地反对道教的争论文章中或是散见于正史之中，人们都可以找到大量的此类实例。在这儿我们只需提一下唐朝的穆宗皇帝（死于公元 825 年）、武宗皇帝（死于公元 847 年）就足够了。据说这两个皇帝都是因为喝了假的长生不老药而折寿过世的。

[2]　新伦敦（New London）是美国康涅狄克州东南部的一个港口城市。——译者注

[3]　根据中世纪的传说，犹太女子马利亚是一位古代的炼金术士，据传还是摩西的妹妹。她发明了一种提炼长生不老药的方法就是利用温泉的恒温和化学作用来模仿贵金属在地里自然形成的过程。"马利亚温泉"这一说法最早是由德国哲学家和神学家圣艾伯特（1193—1280）首先提出来的。——译者注

[4]　参见《在我的书籍中》，第 253 页，第 256 页。

巴纳德博士，"萨克拉门托的钻石制造者"，脚踏加利福尼亚州含金的尘土，几年前为生产一种比金子更昂贵的东西而无谓地献出了自己的生命。他在一个空洞里塞满了各种贵重的原料，想通过火的作用，使它们变成结晶体的钻石。但是一次过早的爆炸将他送到了半空中，至死也没有泄露那个令他自信是唯一保管人的秘密。①

在德国，直至 1819 年还存在着一个"炼金术学社"（*Societas Hermetica*）；这一事实证实了一个怀疑，即炼金术士这一群体或许在当今的社会中也没有完全消失。实际上，有报纸报道，在 1877 年的加拿大，有一个男人为了试验他宣称自己已经发明的一种能令人死而复生的长生不老药之功效而自杀。在他已经失去生命迹象的尸体旁边，人们找到了一封信，里面写着："用我的'再生精华露'在我的遗体上洒上几滴，我身体的元素就会溶解成为新的复合体，而我将会再生，成为这个新发明真实性的活见证。"假如这些只是一个疯子的语言，那么正是炼金术把他变成一个疯子的。在那封信的旁边有一个装有长生不老药剂的大瓶子。假如说这个可怜的家伙是最后一个把自己献给炼金术之魔当作祭品的人，那么卡格里奥斯特罗伯爵就是最后一个成功地使公众受害的炼金术士。他在把自己的"青春永驻露"卖给了欧洲大多数王宫之后，于 1795 年在教廷的监狱中结束了他的炼金术士生涯。②

在中国，这种隐士的技艺现在仍然十分盛行。古伯察神父在他那本《中国基督教史》的书中讲到过一个有趣的事件，表明这些锲

---

① 旧金山有一家生气勃勃的杂志《横跨大陆月刊》几年前在一篇题为"萨克拉门托的钻石制造者"的文章中详细描述过他悲惨的历史，该杂志由诗人布雷特·哈特和前美国驻华公使 B.P. 艾弗里担任编辑，并且办得很成功。现代化学从没有否定过生产出大型透明碳结晶的可能性。然而古代和不成功的钻石制造者只是炼金术士，而非化学家。

② 参见《科学美国人》1877 年 3 月 31 日。

而不舍的东方人仍热衷于寻觅那个金色的幽灵。当传教士们在广东的肇庆扎下根之后，有一群家境殷实的当地文人正忙碌地从事于破解世纪之谜的工作。有一个传教使团的仆人向他们暗示，说那些博学的欧洲人已经掌握了这个秘密。他们竟相信了这位仆人的说法，开始给他各种好处，以促使他为了他们的利益去偷取这个秘密。他们给他穿漂亮的衣服，并向他提供钱去租一套宽敞的房间和买一个漂亮的老婆。而那个仆人却并不着急去完成他的任务。他只是在等待那些西方的斯芬克斯们自己开口透露秘密。但是他那些受骗者最后终于失去了耐心；更有可能的是，他们从传教士那儿得知他们并没有这样的秘密可以传授。于是那个狡猾的家伙为了逃避他们的报复，被迫逃到了邻近的一个城市，在那儿他最终进了牢房。

如果说中国人是最后放弃这个令人愉悦的虚妄症的话，那么人们有理由相信，他们也享有最早产生这个想法的更值得骄傲的荣誉。

一个结果竟是如此丰富多彩的想法，其来源本身就是一个非常有趣的问题；有许多作家在这个问题上已经耗尽了他们学问的资源。有人在古希腊神话中找到了答案，他们坚持认为——这种阐释比基督教时代还要早——阿尔戈英雄们[1] 所寻找的金羊毛实际上只是一张上面写有制造金子秘密的羊皮。[2] 必须承认的是，这种怪异的说法还真的可以从传说中找到证据，因为美狄亚掌握着可以延长或恢复青春的相关秘密，并曾经将她年迈的岳父切成碎片，再令其再生。

---

① 即那些乘坐"阿尔戈号"快船与伊阿宋一起到海外去寻找金羊毛的著名古希腊英雄们。——译者注
② 这种对于该传说的诠释来自生活在公元前 50 年的密绦雷恩的狄奥尼修斯。

有人又把这个想法追溯到了埃及这个透特（Hermes Trismegistus）①
的故乡，并且为了加强其论点，宣称古埃及人掌握了相当多的实用
化学知识。然而这些鼓吹炼金术源自埃及的人却无法将发明炼金术
的年代上溯到托勒密王朝②之前。而印度文学的研究者们认为，印
度人在此之前早就掌握了炼金术，尽管人们不应该忘记，古代印度
的编年史是最不靠谱的。③

还有人举出决定性的证据，显示欧洲人是从阿拉伯人那儿学到
炼金术的。然而他们并没有显示，阿拉伯人就是炼金术的发明者；
反而使人有些怀疑，那些像飞鸟和蜜蜂一般云游四方的沙漠之子只
是作为中介，从更遥远的东方某个地区带来了一个多产的胚胎。这
个地区的名称是阿维森纳（Avicenna），即一个最著名的阿拉伯学
者的名字，④这也许可以暗示，他们在遵循词语的引导方面做得就
像那位博学的东方学学者⑤那样仔细，后者不仅发现毕达哥拉斯的
学说源于印度，而且还辨认出他的名字（Pythagoras）就隐藏在佛
祖的名字（Buddhaguru）之中！因为 Avicenna 不就是 Ebn-Cinna
吗？而 Ebn-Cinna 或它的变体 Ibn-Sinna 不就是 "Son of China"（中
国之子）吗？那位博学的医生之所以叫这个名字，也许是因为他出
生于中华帝国境内的布哈拉（Bokhara）！

假如我们就像前面所说的那位东方学学者那样喜欢在词源上

---

① 透特（Thoth）是古埃及传说中的智慧之神，其形状为鸟头人身或狒狒头人身。——译者注
② 托勒密王朝创始于公元前 4 世纪。——译者注
③ 人们可以在已故红衣主教怀斯曼一个题为"早期历史"的讲座中找到一些富有启发性的揭示。
一些对于印度历史有过精深研究的人曾宣称，那个国家的历史中可以得到考证的最早日期是
公元前 327 年 4 月，即亚历山大王入侵印度的日期。
④ 阿维森纳（Avicenna，980—1037），波斯人，精通伊斯兰法律、医学和玄学，被公认为最有
影响力的阿拉伯学者。——译者注
⑤ 波科克：《印度的希腊》。

做文章，如用毕达哥拉斯名字的一个奇特衍生词作为一个章节的结论，那我们也可以认为自己的观点得到了论证。我们的词源学水平至少不会在他的之下；但是我们并不满足于这么做，而是要把我们的论点建立在更好的证据之上。①

正如我们在下面要显示的那样，炼金术的真正摇篮是在中国这件事并不是不可能的——因为人类家庭最古老的一个分支就是在这个国家开始他们的人生经历的；在这个国家中我们发现有这么多的现代技艺的种子；在本地变得矮小和发育不良的胚胎一旦换一下生长的土壤就会变得枝繁叶茂。确认这一点将是对科学史的一个有趣的贡献；它也许会引导我们甚至对于人类的罪孽和愚蠢也采取一种乐观的看法，因为发现我们的现代化学，其成熟的果实现在正落入

――――

① 光是凭借表面的相似性来辨认不同语言中的词语，没有什么比这更会出错了。几年前，我在阅读莫里哀《多情的医生》时，以为自己在最熟悉的名字复合形式中发现了表示中国长生不老药的"tan"（丹）字。该剧某一场中占突出地位的"orviétan"这个词指的是一种神秘的万应药，药贩子就像中国的炼金术士那样把它的功效说得天花乱坠。它马上就使我想到，撇开在词源学上毫无意义的重音，它也许是指中文里的"金丹"和"长生丹"。但是《利特雷法语词典》和《法兰西学院词典》中有关这个词的定义却否定了我的想法，把这个词的出处追溯到了古城 Orvieto（urbs vetus，拉丁语：古城）。然而，无论这个名词来自何处，它与中文里的"丹"字是如此相配，令我禁不住要在此引用该剧中几行描述这种药的原文：

　　Sganarelle. Monsieur, je vous prie de me donner une boîte de votre orviétan, que je m'en vais vous payer.

　　L'Opéerateau (chantant).

　　L'or de tous les climates qu'entoure l'Océan,

　　Peut-il jamais payer ce secret d'importance?

　　Mon remède guérit, par sa rare excellence,

　　Plus de maux qu'on n'en peut nombrer dans tout un an:

　　La gale, La rogne, La fièvre, La peste, La goutte, La Vèrole, Descente, Rougeole.

　　O grande puissance

　　De l'orviétan!

　　读者们可以把这一段文字跟道教的论著作一番比较。

　　注意：原文中对于这种药所进行描述时第一行中的"or"（金子）显然是指药名orviétan的第一个音节，药贩子把它理解为"金子"。

西方企业的手中，原来竟是扎根于道教这个东方最迷信的宗教之中。

我们将简略地描述一下炼丹术①在中国的兴起和发展，然后在结论部分将它与在西方国家盛行的炼金术的主要阶段做一番比较。

诞生于距公元纪年至少六百年以前的道教②至今仍在中国人的心目中有很大的影响。我无意在本书中讨论道教中清醒的信条或狂野的幻想，但是它的教义中有一条跟我们所讨论的话题密切相关。它把灵魂看作是更为精妙的物质形态；认为灵魂和肉体本质相同，并且坚持认为可以通过一整套身体的修炼使肉体保持不朽。这是中国炼丹术的基本思想；正是这个唯物主义的观点首先指引着老子的门徒们去探讨物质的属性。

中国炼丹术的发展脉络相当清楚。人的最大欲望是长寿——他的第二个欲望就是财富。道家最早的目标是前者，但是过不了多久，便把目标转向了后者。由于可以通过身体的修炼来延长生命，道家便认为只要把这个过程持之以恒，便可以达到肉体的不朽，以及伴随而来的对于物质及其所有潜力的控制。尽管就像寻找圣杯那样，这个过程的成功实现涉及伦理道德的资格获得，主要有赖于饮食和药物；而为了寻找这些食品和药物，道家会不惜洗劫森林，钻透地球和探索遥远的海洋。于是，这种追求不朽的自然欲望便在道教的指引下，成为深入发现三大科学领域的巨大动力——植物学、矿物学和地理学。其他一些大的追求目标也随之接踵而来。有些简单的实验，例如将铁放入硫酸盐内便可以淀析出黄铜，用气化的水

---

① 炼金术在中国古代一般称作炼丹术。因此，在涉及中国的部分，我们将"alchemy"这个词译作炼丹术。——译者注

② 道教是在中国土生土长的。虽然我们不能够将它追溯到一个更早的时期，但是我们有理由相信它就跟中华民族同样古老。炼丹术与道教的关系并没有躲过早期在华耶稣会传教士的注意；但是我相信艾约瑟博士在四十年前发表的一篇论文中首次提出欧洲的炼金术起源于中国。

银可以使金属变白，暗示了将贱金属转变成金子的可能性。[①] 这就带来了另一种，而且可能的话，更为积极的调查动机。用轻易的手段来获取数不清的财富这一单纯的观念激起了一种疯狂的心态，后者很难用不朽的崇高概念来加以概括。此外，它还具有把人们的注意力特别引向矿物研究的效果，这正是化学发现中最多产的领域。

无论是在植物界，还是在矿物界，中国炼丹术的研究都是在同一个简单原则指引下进行的——人与物质世界的类比。因为按照中国人的观点，灵魂只是一种更为精妙的物质，并且赋有奇妙的能力，所以他们认为，自然界的每一个物体都必须拥有一个灵魂，一种本质或精神，它控制着这个物体的生长和发展——这个东西颇似西方炼金术中的"第五元素"（*essentia quinta*）。他们认为，不仅具有某种理智属性的动物是这样，就连从大地汲取适当营养，并将它们转化成果实的植物也是如此；同样的情况还适用于矿物，后者被视为是在大地子宫里孕育的。他们就是以这种精神与物质掺半的理论来解释在每一个自然领域里都不断发生的转化。由于我们经常观察到的每一个物体因上述原则所引起的变化是如此之大，所以他们想象它达到了一种更高的发展状态和获得了更大的功效。实际上，这

————

[①] 嬗变的抽象理论并不违背科学。实际上，同素异形和同分异构等现象，以及其他的考虑，差点使现代化学家把他后来痛斥为古代前辈们毫无根据的臆断接受为一条科学原则——即大多数，假如不是全部，物质形态都是统一的。关于这个题目，请参见 1897 年《自然》杂志中解答"四大要素是化学元素吗？"这一问题的两篇有趣论文（第 593 页，第 625 页）。作者赞同基本的物质具有一个分子或原子的结构这一假说；所有的分子大小和形状一致，但并非所有的分子都有同样的运动——分子运动的不同引起各种不同要素的所有属性。物质化解为力的理论也得出同样的结论。"我必须承认，"库克教授说，"我被当今世界上许多最著名物理学家所赞同的一种自然观所吸引，这种观点认为，在除了心智的整个宇宙间，只有两种可以根本区分的东西存在——那就是物质和能；它把所有的物质都视为是一样的，所有的能也是一样的；而且它把尸体的特质说成是受到各种力作用的一种基质的属性。"（"关于新化学的讲座"，国际讲座系列，第四讲）

样一种向上的倾向是在持续发生的；所有的事物都在力图"净化它们的欲火"，以进入一种更高和更纯静的状态。而且它们也不仅仅是在试图用更高等级的物质形态来装饰自己。物质本身就是在不断地超越感官的界限，并且具有意识精神的特点。这种观念在自然的脸上抹上了一缕诗意的光辉。它唤醒了沉睡的想象力，并且创造了一个文学的时代。它孕育了庄子的幻想，激发了吕祖①的雄辩，并且在《聊斋》的优雅故事中以上千个不同的形象出现。它使地球上布满了仙人和罗汉。一个简单的步骤把它们跟天上那些神秘的星星联系了起来，并且在所有的时代里都强烈地激起人类的希望和恐惧。占星术与炼丹术成功结下了姻缘，"金、木、水、火、土"这五颗最主要的行星在当今的日常语言中成了"五行"，即五种主要元素的名称。在中国，就像在别处一样，炼丹术一直是一门神秘的学问。它的研究者们要发誓严守秘密，而且它们的知识主要是靠口头传授的，每一位炼丹术士都将自己的谱系回溯到黄帝（公元前 2700 年）②或广成子③，正如共济会成员总是把自己的谱系追溯到所罗门或推罗国王希兰④。

他们的学说，就像某些东方国家的窈窕美女那样，绝不允许出外时不戴面纱。这些学说被一层层难以穿透的神秘所包裹，并在大多数情况下，用诗歌的韵律和充满暗喻的语言来加以表达。然而，尽管有着出于骄傲或嫉妒的重重保护，他们的某些秘密还是逐渐地泄露出来，而现在提炼金属的许多流行规则，其术语往往都带有炼

---

① 吕祖即吕洞宾。——译者注
② 黄帝至少是带有神话的色彩。历史上最早沉迷于炼丹术的君主是公元前 220 年建造长城的秦始皇。
③ 广成子是黄帝时代的人，传说或到一千二百岁时仍不显老，所以被认为是炼丹术的鼻祖。其传说首见于《庄子·在宥》。——译者注
④ 推罗国王希兰（Hiram of Tyre）是所罗门的同时代人和盟友，曾向所罗门提供在耶路撒冷建造圣殿所需的人力和物资。——译者注

丹术的痕迹。

在上述简单的回顾之后，也许我们应该来介绍取自精通于神秘炼丹术学问的中国本土作家论著中的一些片断[①]，以便确定他们在何种程度上可以证实前文所表述的观点，尤其是帮助我们来断定在中国的炼丹术和西方的炼金术之间究竟是否有任何一种真正的联系。

一、高上子[②]

不朽的秘密[③]

神依形生，精依气盈。

不凋不残，松柏常青。

三品一理，妙不可听。

其聚则有，其散则零。

七窍相通，窍窍光明。

二、谭　子[④]

奇迹的力量

云龙风虎，得神气之道者也。神由母也，气由了也，以神

---

① 丁韪良所引的一些作者及其论著片断过于古僻，难以查到其作品原文，所以下面有些片断是根据作者提供的英译文再译回汉语的。——译者注

② 第一段引自《高上玉皇心印妙经》。——译者注

③ 这些片断并不是按时间顺序来排列的。中国炼丹术的年代问题将在别处加以论述；有关最先列举的两位作家，我不能够精确地断定他们所处的时代。我所引用的片断来自一套十二卷本的书，题为《百子金丹》。在书中所引的哲学家中，赞成炼丹术的只占了很小的一个部分。

④ 谭子（Tantze）即五代的道士谭峭，曾师事嵩山道士十余年，得辟谷养气之术。下面两段引自他所著的《化书》。——译者注

召气，以母召子，孰敢不至也？夫荡秽者，必召五帝之气，苟召不至，秽何以荡？伏魈者，必役五星之精，苟役不至，魈何以伏？小人由是知阴阳可以作，风云可以会，山陵可以拔，江海可以覆。然召之于外，不如守之于内，然后用之于外，则无所不可。

三、谭 子

炼丹术士超脱于饥饿、寒冷和疾病

大人善用五行之精，善夺万物之灵，食天人之禄，驾风马之荣。

四、唐朝的吕祖[①]

成功需耐心

要觅金丹理，根元不易逢。
三才七返足，四象九还终。[②]
浴就微微白，烧成渐渐红。
一九延万纪，物外去冲冲。[③]

---

① 吕祖（或吕岩）成名于公元 8 世纪的后期。早年曾是个学者和县令，后因文体雄辩和品德高尚而闻名遐迩，他对于振兴"仙道"做出了很大的贡献。他的著作很多，而且十分著名，但是就如道家其他鼻祖的著作那样，大部分都是伪作。

② "三才"是指日、月、星辰；"四象"是指春、夏、秋、冬。——译者注

③ 此句意为吃了一颗金丹之后，便可以延年益寿，得道成仙。——译者注

五、吕　祖

祖师的必要性

个个觅长生，根元不易寻。

要贪天上宝，须去世间琛。

炼就水中火，[①] 烧成阳内阴。

祖师亲有语，一味水中金。

六、吕　祖

炼丹术中的重要元素

万物皆生土，如人得本元。

青龙精是汞，白虎水为铅。[②]

悟者子投母，迷应地是天。

将来物外客，个个补丹田。

———

[①] 这个句子使我们回想起死于 1490 年的英国著名炼金术士乔治·里普利所写的一首奇特的打油诗。里普利在《炼金术》和《可随身携带的金子》这两本书中曾经介绍过许多药品。下面这几行便是取自他令人费解的打油诗：

> 井水清澈可燃烧，
> 切莫疏忽有火烛，
> 水添火势如燃油，
> 火中须撒细尘土，
> 水火交融难分离。

[②] 阴和阳是控制自然元素的二元力量。虽然一般是指性别系统，但它们的主要象征是太阳和月亮，而且这两个词的原义是光线和黑暗。"虎"和"龙"是被频繁引用的"阴"和"阳"这两个词的同义词。它们在这个诗句中的用法比较古老，我们在公元 1 世纪由史家班固所写的一部依然存世的书籍《白虎通》这个名称中可以看到这种用法。

七、吕　祖

对金丹的描述：得丹须修炼

我家勤种我家田，内有灵苗活万年。

花似黄金苞不大，子如白玉颗皆圆。

栽培全赖中宫土，灌溉须凭上谷泉。

直候九年功满日，和根拔入大罗天。

八、选自吕祖的一位传记作者①

关于吕祖这位大师的修炼，他这样描述道："在八石中，他用得最多的是丹砂，因为要从丹砂中提取汞；在五金中，他用得最多的是铅，因为要从铅中提取银。心火（血）就像丹砂那样红；肾水（尿）就像铅那样黑。在这些中间还要加上硫磺，使这种化合物增添效力。铅为银之母，汞为丹砂之子。铅代表了肾的影响力，汞代表了心的影响力。"

我们必须在这儿介绍选自《悟真篇》的几个段落，这部作品在老子的追随者中仍然占有教科书的位置。它们可以被用来说明这些修炼的精神和目标，尽管其过程仍然被仔细地隐藏了起来。事实上，所有能够向公众公开的似乎只是为了激发读者的想象力，并使他们听从一位道教大师的教诲。

1. 主要动机

人生虽有百年期，寿夭穷通莫预知：

———

① 即《悟真篇》的作者张紫阳。——译者注

昨日街头犹走马，今朝棺内已眠尸。

妻财抛下非君有，罪业将行难自欺。

大药不求争得遇，遇之不炼是愚痴。

2. 证明手段

学仙虽是学天仙，惟有金丹最的端。

二物会时情性合，五行全处虎龙蟠。

本因戊己为媒娉，遂使夫妻镇合欢。

只候功成朝北阙，九霞光里驾翔鸾。

3. 过程概述

金鼎欲留朱里汞，玉池先下水中银。

神功运火非终旦，显出深潭日一轮。①

凡是熟悉化学生产工序的人都不会不注意到上面这首诗中所描述的淀析白银过程隐含着许多东西。凡是熟悉西方炼金术士所用语言的人也不会不为这儿所用术语的相似性感到惊奇。当他读到"欲留朱里汞""先下水中银""神功运火""玉池"和"显出神坛日一轮"等诗句时，他难道不会以为自己是在阅读吕里或阿尔伯图斯②描述长生不老药的恒温提炼法与炼金术的手抄本残篇吗？

我们在这儿再补充三个可以反映中国炼丹术特征的选段：

---

① 几年前，我结识了一位姓熊的江西人，他刊印过一部颇显文采的书，而且热衷于炼丹术。在他借给我看的一本由他自己编纂的书中，除了其他图表之外，有一张图上画着一轮红日从冒烟的炼丹炉上冉冉升起，这表明中国炼丹术中有关金丹的象征与欧洲炼金术中的同样象征并无二致。

② 阿尔伯图斯（Albertus, 1200—1280），13 世纪欧洲著名的大学者，曾注释亚里士多德的全部著作。——译者注

1. 炼丹术行话意义隐晦而又形象生动的理由

成道者恐泄天机，遂托名白虎青龙，以阐述阴阳之真谛。他分别用真铅和真汞两个象征来表现对阴、阳两弦之弹拨所产生的谐音。[①]

2. 内心和谐的本质

无和我这二物对立统一。当它们结合在一起时，情感与自然便相互交融，五行俱全。

在其他段落中，我们注意到了一个伦理道德观念的出现。在此情况下，我们发现一个唯物主义的教义突然演变成一种最为精妙的多神论唯心主义的形式。

3. 金丹的自律（选自谭子的论述，而非《悟真篇》）

在炼丹术中，炼丹的过程可以代替进食。这是千真万确的；然而辟谷之功并非来自仙丹，而是来自用丹人的入定。当一个人进入这样的状态之后，进食与否对他来说已经是无所谓了；生死已经融为一体；情感与自然合二为一，内部世界和外部世界得到了统一。此时他就可以摆脱物质的奴役，将太阳、月亮

---

① 很奇怪，西方的炼金术士们也表达了同样的感受。洛威尔先生在《两百年前的新英格兰》一书中引用了一位名叫豪威斯的老作者写给马萨诸塞殖民地总督温斯洛普的一封信中的话："亲爱的朋友，我衷心地希望我能以更加简单明了的方式给你写信；但是以这种方式来向你透露一个奥秘的话，我也许会降低它的重要性，而且假如这封信落到了坏人手里的话，也许会使他有机会滥用这个奥秘。"这个奥秘便是物质的对立统一性。他补充道："由于统一性会导致善，而二元性和多样性会导致恶，因此'只有那只神奇的凤凰永远会存在'（*phoenix illa admiranda sola simper existit*）。"

和星星全都抛在身后。对于他来说，一天吃一百次和一百天才吃一次都没有任何关系。

我们可以连篇累牍地引用类似的段落，但这样做恐怕并不能给我们的读者带来更多的信息。

仙丹的成分是仙丹术士们不肯泄露的一个秘密。因此，假如我们想要从一个精通于炼金术此道的炼丹士术中找到如何炼丹这一过程的简要说明，那简直要比登天还难。

倒是能找到一个经常被人提及的炼丹配方，它简单得有点荒唐："八两铅，半斤汞，细研磨，勤调拌，恒火炼，成金丹。"然而当我们得知这两种金属及其比例都必须从形而上的角度去理解时，它就不那么简单了。事实上，它们并不是指仙丹的物质成分，而是指对于一个复杂制作过程进行最后加工的精确时刻——即月圆之后一分钟这个时刻。假如说这个配方归根结底只是"月光下的空话"，那么另一个看上去似乎更为详细的炼丹配方就更让人摸不着头脑了："种阳采阴，培育贵子。发芽后，会长出一个黄色的花蕾；花蕾会产汞，汞结晶为金色小米般的微粒。每次吞服一粒，重复一百天之后，身体就会发生变化，骨头就会变成黄金。无论是身体还是精神都会被赋予一种神奇的特质，而且这种特质会经久不变。"以上这两个炼丹配方均出自标准的道家经典。

公元 4 世纪的葛洪是炼丹著作传世最多的一位高产作者。他在书中举出了九种不同的"仙丹"，但是却没有清楚地告诉大家，它们究竟是怎么提炼出来的。[1] 下面这些从他著作中挑选出来的段落

---

[1] 葛洪在《抱朴子内篇·金丹》中介绍了《黄帝九鼎神丹经》中记载的九种仙丹，它们分别是"丹华""神符""神丹""还丹""饵丹""炼丹""柔丹""伏丹"和"寒丹"。根据他的介绍，凡此九丹，只要能吃到其中的一种，即可立地成仙，若服下九丹的话，便可升天而去。——译者注

可以说明他和他的门徒们是如何被道家的推理所欺骗的：

> 初谓道术，直呼愚民诈伪空言定矣。及见武皇帝试闭左
> 慈等，令断谷近一月，而颜色不减，气力自若，常云可五十年
> 不食，正尔，复何疑哉？

> 又云，令甘始以药含生鱼，而煮之于沸脂中，其无药者，
> 熟而可食，其衔药者，游戏终日，如在水中也。

> 又以药粉桑以饲蚕，蚕乃到十月不老；又以住年药食鸡
> 雏及新生犬子，皆止不复长。以还白药食白犬，百日毛尽黑。
> 乃知天下之事，不可尽知，而以臆断之，不可任也。但恨不能
> 绝声色，专心以学长生之道耳。[①]

我们在《格致镜原》找到了对于仙丹更为详尽的描写；但是在这儿，作者又只是罗列了仙丹中各种成分，这份清单并没有说明它们之间的比例或制作程序。作者写道：

> 它之所以称作八珍仙丹，是因为其中包含了丹砂、雌黄、
> 雄黄、硫磺、硝石、氨、空绿（一种钴矿石）和云母。

我们承认，这份清单和前面所引的其他段落并不能说明任何实用科学的问题；但是对于科学史来说，这并非就不重要，因为它们显示了中国炼丹术士的精神和目标，而后者对于一个已经被证明具

---

① 以上这三段均引自葛洪的《抱朴子内篇·论仙》。——译者注

有取之不竭的丰富性的领域来说，可算是最执著和最早的探索者了。

他们在化学发现方面所付出努力的结果并不容易确定，尽管我们可以有把握地说，中国人在最近于西方接触之前所具有的这方面知识，大都来自那些早期在炼丹炉的烟雾缭绕中度过了一生的实验哲学的实践者。中国人在冶金领域所显示的技艺，他们出色的染料和众多的颜色；他们对于火药、酒精、砷、芒硝、甘汞和氯化汞等物质的早期知识；他们的焰火；他们的窒息和麻醉化合物——所有这一切都为他们对于实验化学极为精通提供了证据。①

在他们具有奇怪配方的书里，我们发现了生产隐显墨水、去除污迹、合成和熔合金属、伪造黄金、漂白紫铜、在贱金属的表面贴贵金属等各种说明。在其中有些配方中，还附加了在制作过程中不准有"女人、猫和鸡"接近的提示，这显然是炼丹术迷信的一种残余。

中国的赫耳墨斯②没有女性弟子，尽管在欧洲可以举出不少女炼金术士的名字。中国的炼丹术士一般来说是单身的，而且往往是一个宗教禁欲主义者，他们所追求的主要目标是长生不老药，而非点金石。

最著名的炼丹术士之一吕祖据说就是因拒绝学习点金术而得道成仙的。③

————

① 参见德庇时的《中国人》第18章，作者对于一位中国炼丹术士如何以独特的中国方式来制作甘汞（水银的氯化物）有一段非常有趣的描述。在同一章中，德庇时简略概括了中国人异想天开的物理理论，并且补充道："所有这一切都显示，我们祖先的哲学似乎是直接从中国人那儿得来的。"

② 赫耳墨斯（Hermes）是希腊神话中众神的使者，其掌管的事务中包括科学发明。——译者注

③ 根据传说，在开始学习炼丹术之后不久，他碰到一位神仙，后者主动提出要把点铁成金奥秘传授给他。"可是，"年轻人问道，"人工变成的金子是否后来还会回到它原来状态去的？""是的，"神仙回答，"但是这个你不用担心，因为这要到一万年以后才会发生。""那我不干，"吕祖说道，"我宁可过穷日子，也不想使其他人遭受损失，哪怕是在一万年之后。"这种崇高的正义感要比好几件假善行都更值得称赞；而这位有良心，宁愿舍弃假金子的人立即就得道成仙了。

在中国的炼丹术中有两种修炼的过程——第一种是内在和精神的修炼，第二种是外在和物质的修炼。要想获得更高级的金丹，即获得肉身不朽，这两种修炼必须结合起来；而获得较低级的金丹，即相当于点金石，或控制自然力量的魔术，不需要经过那么多的修炼就可以。这两种修炼都必须在隐居中进行，一般都是在荒山野岭之中，因而炼丹术士们又称"山人"。

在前面引用过的一部论述金属的作品中，我们得知一条重要原理，即黄金的最初形式是水银。它受到月亮的影响，呈液体的状态；但是在太阳或阳性物质的作用下，它成为固体之后，便成了黄金。凡是想把水银变成黄金的人应该在山里进行修炼，因为石头的放射作用可以帮助金属转变的过程。

关于确立欧洲炼金术与中国炼丹术之间的联系，除了前面已经偶尔提到的一些证据外，似乎不需要再增加更多的论据；然而在两者之间再进行一些比较和思考，则可以使这种联系的性质和广度变得更加明显。

1）欧洲的炼金术是在中国的炼丹术风行了至少六个世纪以后才开始出现的。根据最好的专家考证，它直到公元4世纪才在欧洲出现，当时欧洲与远东的接触已经比较频繁。此外，它是经由拜占庭帝国和亚历山大城进入欧洲的，而这些地方正好是东西方接触最集中的。后来，由于穆斯林的兴起，炼金术在西方再次得以振兴，因为据说穆斯林离炼金术的发源地更近，所以更容易精通此术。炼金术最著名的一个重镇就是哈里发的所在地巴格达。在那个时期，阿拉伯与中国之间有着广泛的贸易。到了8世纪，哈里发与中国皇帝之间就互相交换使团。在中华帝国的海港城市还建立了阿拉伯人的殖民地；穆罕默德一位表弟在广州的墓地就是这段早期交往的纪念碑。

2）中西这两种派别所追求的目标是相同的，而且这种目标都是两重的——长生不老和金子。

在欧洲，前者并不是那么显著，因为那儿受到基督教的控制，人们对于未来的生活具有足够生动的信仰，不需要凭借旁门左道就能够满足他们本能的渴望。

3）在中西两派中都有高低两种金丹，两者各有与其紧密相关的属性。

4）中西这两种体系所依据的原理是相同的，即金属的合成性质和种子胚胎的生长。说真的，在中国炼丹术作品中出现频率很高的"精"（种子）和"胎"（子宫）这两个汉字也许就是作为翻译的术语而进入西方炼金术词汇的，假如它们的古体形式与此假说不相抵触的话。

5）不但中西两派的目的相同，它们修炼的手段也几乎是相同的。水银和铅（硫磺为第三选择）在东方炼丹术中显得很突出，就像是西方炼金术中的水银和硫磺。中西两派用来提炼的物质大多相同，这一点相对来说并不重要，重要的是，中国炼丹术与西方炼金术在把那些主要试剂的名称用作神秘主义的阐释[1] 这一点上有着惊人的巧合。

6）中西两派，或至少两派中的个别术士，均持轮回变化的奇特教义，在这个轮回过程中，贵金属会变回到它们原来的面貌。

7）中西这两个体系都跟占星术有着不解之缘。

8）两者均导致巫术和无节制的江湖行骗手段。

9）两者均采用同样铺张和溢美的语言；欧洲炼金术士们的语言风格与西方人典型的冷静思维格格不入；假如单独加以考虑的话，很可能会得出这样的推论，即他们的炼金术理论植根于一个东

---

[1]　罗伯特·多伊尔（1877 年 1 月被《自然》杂志所引用）不遗余力地谴责道："那些肮脏的实用主义者让他们火炉的烟熏黑了眼睛，就连脑子也出了问题；他们总是习惯于把他们的盐、硫磺和水银（他们给这些物质冠以貌似虔诚的神性原则名称）说成是万物的精华。"

方民族的炽热幻想。①

简而言之，即使炼金术在认识自然力量的过程中所追求的主要目标，在任何国家人民的心中可能都是差不多的，但西方炼金术与东方炼金术发展的环境却是如此类似，以至于根本不可能是各自独立地发展起来的。撇开不可能成为其发源地的欧洲和西亚，我们认为炼金术毫无疑问是遥远东方的产物。印度和中国是对于作为炼金术发源地这一荣誉的两个主要宣称权利者。我们无法通过一个直接的调查来评估前者的权利要求②；但是在我们看来，下面这个有大量证据支持的论点似乎可以排除印度的权利要求，即中国的炼丹术并不是舶来品，而是真正的本土产品。

如前所述，它产生于道教这门土生土长的宗教；而且它的发展轨迹十分清楚，它产生于一个中国与印度交往很少或甚至没有交往的时期，即使当时的炼丹术还没有完全成熟。假如它是于几个世纪以后跟佛教一起发展起来的话，那也许还有理由把它视为舶来品。与佛祖的理想主义哲学截然相反，炼丹术的基本宗旨不仅可见于老子的古书③，而且还可以在最早的儒家经典著作中找到其明显的

---

① 在西方后期炼金术著作中显而易见，并在歌德的《浮士德》第二部分中发挥了重要作用的有关小矮人的怪异想法，我在东方炼金术的记载中没有找到任何迹象。然而，在东方炼金术的著作中，对于模拟创造力的描述却很大胆，造小矮人的想法，即通过人工的程序来创造一个人的概念，实际上只是这一原则的一个具体运用。

② 已故的梅辉立（William Frederick, 1831—1878）这位令很多人感到叹息的汉学家倾向于认同印度的权利要求，尽管现在已经不可能再去质疑他提出这一观点的理由。他在论述火药来源的一篇文章中说道："至少应该允许我们推测，那些几乎已经证明最早开始追寻点金石和长生不老药的婆罗门种姓的化学家们也许也是首先发现从硫磺与硝石易燃的结合所发展出来的那种秘密力量的人。"

③ 著名的诗人白居易在一首脍炙人口的诗中宣称，炼丹术的异想天开是老子的书中所找不到的。然而考虑周全的读者绝不会在那些书中找不到炼金术的潜在原则，尤其是通过苦行修炼获得对于物质的支配地位这种效果，以及自然力中所隐藏的变化多端的嬗变力量。炼丹术士们都宣称老子是他们的鼻祖，尽管炼丹术的起源比老子还要遥远。

踪迹。

《易经》中的图表据说出自公元前2800年的伏羲手下，但其文本的年代则是大约公元前1150年的周文王统治时期，而该书注释的年代是在公元前500年孔子的时期，我们最终发现了为现代化学铺平道路的那些富有创造力的思想的真正来源。该书的名称"易经"富有暗示性，我们发现在全书中，"易"这个模糊的概念最终被"嬗变"这个更为确定的术语所取代，而后者正是炼丹术中的一个关键词。

在《易经》开头的乾卦里，周文王详述了"天道变化，阴阳消长"；而孔子在好几节的评注中也雄辩地论证了"乾"的含义：

> 彖曰：大哉乾元，万物资始，乃统天。云行雨施，品物流形。大明史中，六位时成，时乘六龙以御天。乾道变化，各正性命，保合大和，乃利贞。首出庶物，万国咸宁。

他又指出："象曰：天行健，君子以自强不息。"这句话实际上就概括了《易经》的主题思想；与此同时，它也是中国炼丹术士们的追求目标。说真的，在他们的著作中，这个高度概括了原始科学思想的变易精神可谓是无处不在。道家们众口一词地把《易经》列为道家经典中第一部最重要的作品；暴虐的秦始皇也是一位炼丹术的狂热信徒，他在焚书坑儒时特意放过了《易经》这本书。因此我们毫不犹豫地认为炼丹术是在中国本土产生的，它与文学的黎明是同步发生的。

第二卷

中国文学

第四章

中国的诗人和诗歌

由于西方人平时接触到的那些中国人既功利又平庸，所以中国人善于写诗这件事会令他们颇感吃惊。然而，一个受过教育的中国人要比任何其他人种都更热衷于诗歌的陶冶。倘若出外旅行遇到了奇峰秀水，他必定会欣然赋诗。新年伊始，他会在门柱上题写新的对联。他的商铺和书房墙壁上往往挂有友人题赠的诗歌卷轴。闲暇居家，他会吟诗作对；携客同游，他也会援笔在墙上或柱子上即兴赋诗一首，以示到此一游。

所有这些无疑都显得有点矫情，但它却深深植根于民族情感之中。中国人极其重视对于诗艺的培养，把它作为其教育制度的主要特色，这在所有国家中是绝无仅有的。威尔士人有赛诗会，即吟游诗人们一年一度的聚会；英格兰的著名学校中有各自的获奖诗歌；但中国的情况不一样，年轻人要想博取功名，都必须在科举考试中一展诗才。若想当税务官，他所接受的考试不是算术，而是八股文——这是一种延续了千年的惯例。这种做法的起源还可以追溯得更远。孔子不是说过，诗歌是教育三要素中的首要因素吗？他的原话如下："以诗为首，次礼，次乐。"

作了以上表述的孔圣人本身就是一位乐师。他是否亲自写过诗，后人不得而知，因为他的诗句并未流传到今天。然而这并不意味着他言辞平庸。事实上，他所说的话富含隐喻，如宝石般熠熠发光；他钟爱诗歌，尊崇其教化作用，这从上文的引语中可见一斑。

孔子爱诗的一个更强有力的证据是，他不辞劳苦，搜集和保存了前朝流传下来的那些最脍炙人口的诗篇，并把它们编入了作为五经之一的《诗经》之中。他所编的《尚书》这部历史鸿卷中同样保存了先世诗歌中的各种断章。通过这些诗句，我们可以领略到早于特洛伊战争一千年时，中国王公贵戚、诸侯大臣们即兴和诗的盛大场面。

和希腊一样，中国诗歌的诞生要早于哲学。主掌抒情诗的缪斯女神为人类带来了第一缕文化的晨曦，然后用玫瑰色的手指灵活地编织出一袭色彩斑斓的华衣，遮盖住新生人类的赤裸身体。

风靡印度的史诗在中国却完全缺失，取而代之的是历史传奇。它具有除韵文外的一切诗歌特征。

戏剧诗在中国大量存在，但尽管一千年以前就已经出现，它跟我们的现代戏剧相比，仍然停留在一个非常原始的阶段，还没有超越泰斯庇斯时代的戏剧水平。演员当着观众的面更换服装和角色，一边套上龙袍，一边唱道："现在鄙人便是皇帝。"

教化诗非常流行。为了便于民众记忆，就连官府公文也普遍采用韵文体裁。半个世纪以前，英军的胜利致使中国向外国人开放五个口岸。为了抵御西方教义的影响，皇帝下令编辑圣人的教诲，并以韵文的形式刊印于世。诗歌作为教化的载体如此受到崇尚，乃至于有一部整整四十卷的通俗百科全书都完全是用诗体来编撰的。

在此我想略去其他的诗歌类型，而着重讨论一下抒情诗。在这方面，中国人的作品可谓是浩如烟海，在与他国诗人的竞争中可以独占鳌头。

中国的抒情诗大致可分为三个时期：远古、中古和现代。远古的诗歌主要收录在孔子重新编辑而并非他编纂的《诗经》之中。这部诗集含有 306 首诗歌作品，其中包括了歌谣、颂歌和祭歌。书中选取的歌谣反映了周公当时所分封的各诸侯国的风俗。它们所展现的社会分工的质朴，与当今社会生活中的繁文缛节形成了一个强烈的对比。

除了庆祝新婚的伦理上正确的颂歌之外，还有许多令后世道学家们瞠目结舌的爱情歌谣和故事。在思想禁锢较少的我们看来，除了大多空洞无聊外，这些作品并无可指责之处。总体而言，这些诗歌在伦理道德上要比从异教古代流传至今的其他类似诗集谨慎得多。为了确保这种道德的纯洁性，孔子或他的先辈们对于这些作品进行了鲍德勒式①的修改。孔子认为所有的不洁都已被删除殆尽，他宣称："诗三百，一言以蔽之，曰：'思无邪。'"

我们不要以为，孔子总是睿智过人，或整天循规蹈矩地板起脸来宣教。他是最具有人性的一位圣人。经他之口流传下来的警世箴言有三千多条，即使不是他自己写的，但他仍然抽空编辑整理了大量引人入胜的歌谣，比所罗门王有过之而无不及。作为乐师，他深谙韵律的和谐之美，而这种美感正是其他古诗在历经语言变迁后所匮乏的。请看下面这一古诗的片段：

> 白圭之玷，尚可磨也。
>
> 斯言之玷，不可为也。

————

① 鲍德勒（Thomas Bowdler, 1754—1825），英国学者。他曾经对莎士比亚的作品进行"净化"处理，即删去所谓"猥亵及色情描写"的词句。后来，他的名字在英语中变成了一个动词（bowdlerize），意为"删去猥亵和色情的字句"。——译者注

由于听见一位年轻小伙子不时地吟诵这四句诗，孔子把他选作了自己的女婿。虽然对自己的女儿慈爱有加，给她找了一位诚实的丈夫，孔子却在《诗经》中未加评注地收录了一首宣扬男尊女卑，对后世影响深远的歌谣：

> 乃生男子，载寝之床，
> 载衣之裳，载弄之璋。
> 乃生女子，载寝之地，
> 载衣之裼，载弄之瓦。

倘若这位圣人当时能更为严谨，在这首歌谣后附一句评注，以示异议的话，那么他将能扭转后世的多少人间惨剧啊！

下面这首描写除夕之夜的诗歌感情真挚，至今仍能令人回味不已。不过，要理解诗中所描写的季节，我们必须先知道彼时的除夕也许要比现在早一个月左右，当时河南的纬度是在 35 度左右。

> 蟋蟀在堂，岁聿其莫。
> 今我不乐，日月其除。
> 无已大康，职思其居。
> 好乐无荒，良士瞿瞿。

这是世界上最古老的节欲诗。正如中国人所说，这首诗所提倡的是过年时节对各种欲望的节制，认为应"好乐无荒"。这首诗的创作年代甚至可以追溯到罗马城的创立之前。

在结束讨论这些古老的诗谣以前，还有一点值得我们关注，那就是在结构上，这些诗歌大都采用叠句。它们通常以某个诗意形象作为开篇，如麋鹿的哀鸣或水鸟的啼叫等等。尽管这些形象与诗歌主题之间并无明确的联系，但总会在每个诗节的开头或结尾重复出现。在这一点上，彭斯的著名诗歌《啊，当灯心草变绿的时候》可说是非常中国化。同样，丁尼生凝重的诗句，"撞碎、撞碎、撞碎，大海啊，在岩石脚下崩裂！"，也有异曲同工之妙。整首诗的字里行间可闻大海的低啸，意境尽在不言中：

> 但愿我的舌头能吟唱出，
> 涌动在心海深处的澎湃。

在此之后，有一本挽诗集也颇享盛誉，作者叫屈原，这是一个投江殉国、使后代难以忘怀的天才诗人。

略过这个时代，让我们来谈谈中国文学史上中古时期的发端，当时正处于汉朝，文学的振兴加速了各种思潮的发展。这个时期的诗歌形式渐趋完美，尽管在下面的选段中未必能一一体现出来。

首先要提的是贾谊，他是公元前200年被流放的一位国相。他下面这首《鵩鸟赋》，无论其神韵或其事例，都让人想起爱伦·坡的《渡鸦》（至于坡是如何从这位中国先辈这里得到灵感启发的，自会有人加以研究，此不赘述）：

> 单阏之岁兮，四月孟夏，庚子日斜兮，鵩集予舍。止于坐隅兮，貌甚闲暇。异物来萃兮，私怪其故。发书占之兮，谶言其度，曰："野鸟入室兮，主人将去。"请问于鵩兮："予去何之？吉乎告我，凶言其灾。淹速之度兮，语予其期。"鵩乃叹息，举首奋翼；口不能言，请对以臆：
> "万物变化兮，固无休息。斡流而迁兮，或推而还。形气

转续兮，变化而蟺。汩穆无穷兮，胡可胜言！祸兮福所倚，福兮祸所伏；忧喜聚门兮，吉凶同域。彼吴强大兮，夫差以败；越栖会稽兮，勾践霸世。斯游遂成兮，卒被五刑；傅说胥靡兮，乃相武丁。夫祸之与福兮，何异纠缰；命不可说兮，孰知其极！水激则旱兮，矢激则远；万物回薄兮，振荡相转。云蒸雨降兮，纠错相纷；大钧播物兮，块圠无垠。天不可预虑兮，道不可预谋；迟速有命兮，焉识其时。"

一个世纪以后，有一位叫做苏武的大臣在出使匈奴被扣之际，写下了一首感人至深的《留别妻》：

> 结发为夫妻，恩爱两不疑。
>
> 欢娱在今夕，燕婉及良时。
>
> 征夫怀远路，起视夜何其。
>
> 参辰皆已没，去去从此辞。
>
> 行役在战场，相见未有期。
>
> 握手一长叹，泪为生别滋。
>
> 努力爱春华，莫忘欢乐时。
>
> 生当复来归，死当长相思。

这首诗很好地抒发了中国人对于家室妻妾的情感，其格调对中国文学影响深远，以至于后世多有仿作，时至今日也不鲜见。作风强硬的林则徐，在被流放之际也为妻子写下了一首类似的离别诗。

又过了一个世纪，大约在公元前18年，有一位才华横溢的宫廷仕女班婕妤可谓是中国的萨福。在她传世的几首作品中，以书写在扇子上呈送给皇帝的那首《怨歌行》最为著名：

新裂齐纨素，鲜洁如霜雪，

裁为合欢扇，团团似明月。

出入君怀袖，动摇微风发。

常恐秋节至，凉飚夺炎热，

弃捐箧笥中，恩情中道绝。

　　两个世纪以后，中国进入三国时期。当时其中有一位羸弱的暴君，对其被公认为一代诗宗的弟弟满怀妒心，[1] 以赐死相威胁，勒令他即兴赋诗一首。其弟在厅堂上慢慢地踱着步，和着脚步的节奏，吟诵出下面这首千古绝唱：

煮豆燃豆萁，

豆在釜中泣。

本是同根生，

相煎何太急。

　　唐朝（公元618—905年）见证了戏剧的兴起，诗歌也发展到了鼎盛时期。杜甫和李白堪称那个时代的德莱顿和蒲柏。前者虽然死后名垂千古，生前却是贫苦交加，"骑驴三十载"就是他生活的真实写照，我们不必从他卷帙浩繁的作品中再援引任何其他句子来赘述了。

　　他最大的竞争对手李白则要幸运得多。李白早年得宠于宫廷，并被后人誉为中国诗坛上一颗耀眼的明星。他性情豪放不羁，云游

　　———

[1]　指魏文帝曹丕妒忌其弟曹植之才气的历史故事。——译者注

天下，可谓东方的阿那克里翁①。因篇幅所限，在此只能列出他的两首诗作，一首是致远征丈夫的思妇诗（这首诗显然受到了苏武离别诗的启发），另一首是诗人月夜独酌的抒情诗。前者具有华兹华斯的简约风格，后者则透露出胡德式的幽默。

长　干　行

妾发初覆额，折花门前剧。

郎骑竹马来，绕床弄青梅。

同居长干里，两小无嫌猜。

十四为君妇，羞颜未尝开。

低头向暗壁，千唤不一回。

十五始展眉，愿同尘与灰。

常存抱柱信，岂上望夫台。

十六君远行，瞿塘滟滪堆。

五月不可触，猿声天上哀。

门前迟行迹，一一生绿苔。

苔深不能扫，落叶秋风早。

八月蝴蝶黄，双飞西园草。

感此伤妾心，坐愁红颜老。

早晚下三巴，预将书报家。

相迎不道远，直至长风沙。

———

① 阿那克里翁（Anacreon，公元前 582—公元前 485 年），古希腊最后一位著名的抒情诗人。其生前大部分是在萨默斯岛上度过的，后来在雅典受到赞助，从事诗歌创作。——译者注

月 下 独 酌

花间一壶酒，独酌无相亲。

举杯邀明月，对影成三人。

月既不解饮，影徒随我身。

暂伴月将影，行乐须及春。

我歌月徘徊，我舞影零乱。

醒时同交欢，醉后各分散。

永结无情游，相期邈云汉。

在中国的私塾里有一本启蒙书叫做《千家诗》，作者选自各个不同的朝代，但即便单从唐朝采选和编辑这样一本包含有一千名诗人的诗集，也绝不是一件难事！

当今清朝最负诗名（尽管并非最有才华）的，当首推于恰好在一百年前结束其整整一个甲子①之统治的乾隆皇帝。②

---

① 按照中国人的传统感念，六十年是一个甲子。乾隆于 1736 年继位，1796 年逊位，前后正好是一个甲子。——译者注

② 宝鋆、董恂这两位退休的大臣也诗才了得，他们及另外几位诗友曾赠诗予余。两位年事已高（其中一位已九十高龄），曾经位高权重，近日遙余过上海，各携诗稿造访寒舍。余感荣莫大焉，然羁旅之负，陡增一箱。英译之托，殷殷难忘，奈何目前时间所限。

第五章
儒家伪经

天文学家告诉我们，尽管金星比火星离我们更近，但其耀眼的光辉使我们无法看清其表面。当我们仰视人类历史上的鸿学大儒时，也会有类似的感受。在后一种情况下，总会有某种神秘的迷雾萦绕在历史的空间，遮蔽和歪曲着这些人物的面目特征。

对于把西方世界从异教崇拜的黑暗中解脱出来的耶稣，情况也是如此。除了四位福音书作者的真实记载以外，在很长一段时间里，曾经流传着各种各样虚构的传说，几乎不费什么力气便可揭露和加以废止。希腊古代圣贤们所遭遇的情况也大致相似。苏格拉底通过色诺芬的简单陈述所揭示的和他在柏拉图对话录里的所表达的可谓截然不同！我们知道，读柏拉图的对话录并不等于读历史；然而这些对话录的确包含着历史的因素——很多观点以及阐述这些观点的方式都可追溯到苏格拉底时期，尽管这些经过包装的话语完全是属于他那位雄辩的弟子的。

孔子的情况也是如此。他的圣名在其仙逝后的五六百年里达到了如此崇高的地位，以至于他的信徒们动辄打出他的名号，以求赢取公众的信任。被称为诸子的一大群作者（我们或可称其为中国的诡辩学派）尤其有这样的习惯。拿起一卷列子或庄子的著述，便可

孔子的神龛和寺庙

看到关于孔子的各种逸闻、寓言和对话——所有这些都明显带有虚构的痕迹，以至于我们需要质疑它们的历史性。诸子学说在论及黄帝这个完全属于神话领域的人物时手法大同小异，其中有一些甚至走得更远。

兢兢业业的《论语》编撰者们使孔圣人名扬天下：这位圣贤讲究微言大义，举止威严，嗜食生姜，注重繁文缛节，乃至于"席不正不坐"。根据他们的详细记载，孔子在家穿的外衣须是一边袖长一边袖短，睡觉时穿的睡袍要比身体长一半，"食不言，寝不语"。诸如此类，不必再列举其他有关相貌举止的特征，便可使我们确信，我们所窥见的是一位真实的人物。

但是让我们来看一下孔子的传记梗概，后者恐怕每一个中国学童都了如指掌。略过其中关于其生和死的超自然征兆，我们注意到孔子曾在鲁国当过三个月的宰相。其时，他厉行改革，整顿民风。不多时，举国上下便路不拾遗，公买公卖，牧人也不敢在卖羊之前故意给羊喂足水以骗斤两；牢狱空虚，刑庭荒疏，夫信妇贞，国运鼎盛。看到这种情景，心怀叵测的邻国便采用卑鄙的手段，企图削弱这位伟大改革家的影响。这些事迹和类似或虚构或夸张的事迹，都被史学家司马迁（中国的希罗多德[①]）写进了一部严肃的历史论著《史记》。

圣人受教于小儿

后世很多人都津津乐道于孔子的这些逸事。《三字经》上说：

---

① 希罗多德（Herodotus, 公元前 484—公元前 430/420 年），古希腊第一位历史学家。——译者注

"昔仲尼，师项橐。"项橐是一个思想早熟的七岁小儿，《三字经》的记载，无非是想说明孔子虽身为圣儒，亦不以求教于幼儿为耻，或把他作为施教的一个例子，即在门徒们都争当大弟子的时候，用一个小孩来向他们说明为学须虔敬和谦卑。

这个出处不明的故事大致上是这样的：

> 据说有一天，孔子乘着马车，看见有个小孩在街上玩瓦片，便叫他为马车让出路来。"不行，"那小孩说，"我正在筑城，哪有城墙让马车的道理，应该让马车绕着城墙走。""你年纪虽小，却难得这么聪明啊。"孔子惊讶于小孩的沉着自信。"很奇怪么？兔生三日便能跑，我都已经七岁了，为什么就该懵懂不知呢？假如你能告诉我天上有多少星星，那我还能长点见识。""你为何问那么远的东西？"孔子说，"问个近一点的，我就告诉你。""那么，"小孩说，"请告诉我你的眉毛有几根？"孔子一听，感到后生可畏，宛然一笑，就默默驱车走了。

在列子的著述中，还有一篇类似的小故事：

> 有一天，孔子在路上碰到两个孩子，他们正面红耳赤地争论早晨和中午的太阳到底哪一个离人更近。"早上的太阳看起来更大，"其中一个小孩说，"而物体越近，看起来越大。""可是，"另外一个说，"中午的太阳比早上的太阳更热，一个热的东西离我们越近就会感觉越热，不是吗？"由于争执不下，他们便求孔子来解答这个问题。出于一贯的审慎，孔子并没有对此给出确切的答复。根据故事的另外一个版本，孔子对于这个

问题回答不出来，于是两个小孩便对他的智力嗤之以鼻。[①]

在论述跟孔子有关的伪经问题时，我们首先要把"焚书"之前和之后的作品区分开来。在那之前的作品当然更具有可信度——尤其是像列子和庄子这类不在禁止之列，因此逃过一劫的道家作品。不过这两位作家的作品中想象的成分过重，往往削弱了它们的权威性。在《庄子》一书里共有五十处提及孔子及其弟子，但没有一处具有任何历史价值。

后世作品记载着更多的孔子事迹，但其真实性因年代相隔久远而不足为信。公元前 240 年秦始皇那一把旨在抑制儒学传播的大火，为假冒文学作品开拓出了一片巨大的空间。这位暴君当时的确达到了他的目的。只有很小一部分手抄本被藏在高墙深院之内而幸免于难，得以传世。

造假的酬金

汉代开始之后，朝廷颁令恢复旧学，不仅促使老儒生们去搜肠刮肚，竭力回忆儿时背诵过的经典片段，而且还鼓励不少人通过想象写出似是而非的替代品。朝廷为发掘经典而提出的悬赏，成了造假的酬金。

所有的时代环境都为儒家伪经的出现提供了便利。新的朝代往往会带来文学的繁荣，而最能迎合博学文人创作能力的题目就是填补因焚书而留下的巨大真空。金钱的赏赐、皇帝的诏令和民众的尊

---

① 德国诗人克劳迪斯曾让两个农夫来进行一个类似的辩论："太阳究竟有多大？汉斯问道。/ 就像干草堆那么大，塞普回答。/ 不对，不对，汉斯叫道，没那么大，/ 它的大小跟鸵鸟蛋相似。"

崇更加刺激他们的创作，"亦编亦作"成为当时热切文人的座右铭。

一度因道家的阴影笼罩而黯然失色的儒家学说开始重新受到推崇，另外还有一个附加的动机。而文人们为了使自己的言论更具有说服力，往往冒充孔子的弟子来写书，甚至直接以孔圣人的名义予以刊印。

汉族学者重建古典经典的能力，与埃及的阿拉伯人仿造古木乃伊相比有过之而无不及。在十三经中至少有两部可被视为最早的伪经：一部是《礼记》，即礼仪之书；另一部是《孝经》，即奉行孝顺之道的手册。

《礼记》

《礼记》这本书幸运地被归入五经之列，究竟是什么理由，现已无从考证，或许是因为它旨在记载其他四经所反映的时代流行的各种礼仪守则。因而它享有一个极其崇高的地位。

它要比其他四部经书更多地体现了中华文明的外在形式，在朝代的兴衰中保持了中华文化最基本的统一，规定了官方和私人的行为规范。

《礼记》里的礼仪规范并不比《旧约》里的宗教仪式更具有强制性，但尽管如此，那里面的很多礼节仍然流传下来，成为现代中国人生活的一部分。

毫无疑问，这本书的编纂者们在历史长河的漂浮物中找到了不少可信的材料，并毫不犹豫地把它们跟自己手头的资料融合在一起，以重建古代的礼仪。他们也没有在任何情况下特别指出新旧材料之间的界限。他们所发现的最多只是一尊躯干，却企图要把它展示成一个完整的人物雕像。

在读这本书的时候，人们往往会对其行文风格的变化感到惊讶。

有些部分艰涩难懂，有些部分则简洁明快，堪称文学佳作。例如题为《儒行》的那一章以雄辩的文字阐述了文人雅士的行为风范；而《乐记》则是论述音乐的一篇狂热赞词，但通篇没有一个具体的描述可以使人再现古人的音乐。这两篇文章都归在孔子的名下，但其文章的风格却过于新潮，至少要比孔子的时代晚了四个世纪。

在这本书的某些篇目里，孔圣人是以对话者的身份出现的，偶尔他会把某一件事当作道德教诲的基础。其中一个故事讲的是，有一家人宁愿被野兽吃掉，也不愿意屈服于官府的勒索。

"小子识之，"孔子向弟子们指出，"苛政猛于虎也。"

这个故事的寓理深入人心，不愧是圣人之言。后世柳宗元关于捕蛇者的故事，就是受此启发，在一个更晚近的时代重申了同样的醒世格言，对于官吏的贪婪起了一定抑制作用，并且推动了一种民众的独立意识。

就故事本身而言，这个有关老虎的故事也并非不可思议。在俄勒冈的时候，我就听说有位妇女的三任丈夫都沦为了大灰熊的果腹之物。或许移民前来新大陆的诱惑之一就是这种为离婚而提供的便利。

《孝经》

和《礼记》一样，《孝经》大约出现于公元前 1 世纪左右，据说也是在孔子后人的宅院里发现的。形式上，它由一系列孔子及其弟子曾子的对话录组成。曾子可说是孔子言论的书记员，因传圣人之言而被誉为"传圣"。

从风格上看，此书比作者的年代要晚好几个世纪。书中翔实地介绍了生活关系中恭行孝道的必要性。虽然基督徒认为，孝道不足以与信仰无处不在的上帝所带来的推动和制约影响相类比，但他必须承认，在中国，孝顺也许有助于人们修炼更为崇高的情感。多神教的兴起无疑造成了这种崇高情感（假如它确实在中国存在过的话）的式微；因而哲人们不得不在孝道中寻找某种力量，作为对于伦理道德的支撑。

国家把孝道作为立法的根据，因而《孝经》这本书（其实国家并没有足够的理由来证明它作为正经的资格）也成了整个社会经纬的基石。在书中的第八章，能找到经常在官方公文里出现的"以孝治国"等字样。这个观念从一开始就被表达得淋漓尽致，请容我在下面引上几句：

> 仲尼居，曾子持，子曰："先王有至德要道，以训天下，民用和睦，上下无怨，汝知之乎？"曾子避席曰："参不敏，何足以知之？"子曰："夫孝，德之本也，教之所由生也。汝坐，吾语汝。""身体发肤，受之父母，不敢毁伤，孝之始也。立身行道，扬名于后世，以显父母，孝之终也。""夫孝，始于事亲，中于事君，终于立身。"

其后十八个短小的章节都围绕这个观点展开。书中语言简单精练，学堂儿童可读而诵之，并作为今后人生的行为准则。这些言论所造成的影响无论怎么评价都不会过分。从整体上看，这些话与圣贤的教诲是一致的，因此孝经虽然是伪经，并没有亵渎圣贤，但有一点除外：它宣扬忠于法令和先王乃是义务。我们知道，孔子的思想虽然偏于保守，但他从没提倡过守旧。在《大学》开篇，他就指出，国君的主要任务就是要厉行革新。我是多想让中国的统治者们意识到，他们的至圣先师从不曾让他们因循旧制啊！

《孔子家语》

下面我们所要讨论的最后一部伪经，在某些方面来说，也是最重要的一部。它题为《孔子家语》，是在《礼记》和《孝经》问世两至三个世纪之后的三国时期才出现的。虽然不及前两部最为幸运的伪书那么声名显赫，但它也超越了编注者当时的初衷，流传至今。它没有像前两部书那样进入四书五经之列，然而也因被认为是"次经"而厕身于御定的儒家正统作品之首。它的校勘者王肃坦率地表明了自己将这些圣传付梓的初衷："圣人之门，"他在序中这样写道，"方壅不通。孔氏之路，枳棘充焉。岂得不开而辟之哉。若无由之者，亦非予之罪也。"

这些话似乎热诚有余，但可信度不足。他说自己乃机缘凑巧，从孔子二十二世孙手中获得该书稿。我们是否有理由怀疑此发现未免过于凑巧？为何在七个世纪之后，真的圣传偏偏会落到一个孔家子孙手里，而非其他百家姓的传人？中国学者普遍认为该书不过是个赝品。它之所以会广受欢迎，大致可归为以下的原因：

首先是它的旨意可嘉；其次是它的风格明快；第三是集各种资料来源而酷似圣传；最后是真实史料的巧妙穿插和精心扩充。

虽然书中的内容林林总总，然而人们还是很容易分辨经过岁月冲刷的少数几粒金砂与作者为了增加这些金砂的大小和重量而精心包裹在外面的黄泥。

奇特的告诫物

王肃的这种方法可以从他处理一则公元前 3 世纪的荀子作品的急智方式上窥见一斑。孔子曾见过一个水壶。空着的时候，水壶斜斜地挂着；盛了一半水后，水壶垂直地悬着；水满以后，壶身倾翻，水全倒光。据说这个水壶曾被放置在君王宝座的右边，以警示骄傲的危害，即所谓"满招损"。

王肃把这个小故事扩展成了一篇长文。我在日本得到了这篇文章的复本，因为它显然已经被铭刻在日本皇宫或王府内的一块石碑上了。

然而他的这种技巧还是在对《论语》的释义中体现得更为淋漓尽致。不妨在此举几个例子。

各述其志

《论语》中曾提到过孔子有一次让弟子们各述其志，于是王肃便在《孔子家语》中这样写道："孔子北游于农山，子路、子贡、颜渊侍侧，孔子四望，喟然而叹曰：'于斯致思，无所不至矣，二三子各言尔志，吾将择焉。'"

子路说，如两军对垒，愿奋力拼杀，克敌制胜。辩者子贡则力图证明，舌头的力量远在于刀剑之上，他顺着子路的话题说，假如有两军对垒，一场浴血鏖战难以避免的话，他愿鼓动三寸不烂之舌，劝说交战双方休战交好，正所谓"和平乃无上之荣光"。

孔子对这两位弟子表示赞许，然后转而过头去问颜回——他最心爱的弟子，儒家学派中的圣约翰。出于一贯的谦卑，颜回"退而不对"。在孔子敦促下，他说："回愿得明王圣主辅相之，敷其五教，导之以礼乐，使民城郭不修，沟池不越，铸剑戟以为农器。"

"美哉！"孔子赞曰："德也！"

《论语》又载，孔子曾驳斥一个画有隐逸之乐图的弟子。王肃重新描写了这件事，更突出了孔子的至圣先师形象，笔触间流露出朗费罗式的情感：

> 倘若令世界恐惧的力量拿出一半，
> 倘若供兵营宫殿的财富拿出一半，
> 被用以救赎那些迷失的人类灵魂，
> 军械库和要塞又有什么必要存在？[①]

生存还是死亡

正如说过这句名言的那位伟大的不可知论者，孔子也曾说过："不知生，焉知死。"王肃把这句话扩展成下面的这段对话：

> 子贡问于孔子曰："死者有知乎？"子曰："吾欲言死之有知，将恐孝子顺孙妨生以送死；吾欲言死之无知，将恐不孝之子弃其亲而不葬。赐不欲知死者有知与无知，非今之急，后自知之。"

孔夫子模棱两可的回答使得他的这位弟子丈二和尚摸不着头脑。

逝者如斯夫

《论语》里说孔子曾临水叹曰："逝者如斯夫，不舍昼夜。"
这则典故在《孔子家语》里是这样描述的：孔子凝视着滚滚东流

---

① 这一诗节引自美国 19 世纪著名诗人朗费罗的一首长诗《斯普林菲尔德的军火库》。——译者注

的黄河。一个弟子问，为何君子喜欢注视汹涌澎湃的江河流水，孔子
对曰：

> 以其不息，且遍与诸生而不为也。夫水似乎德，其流也
> 则卑下，倨邑必修，其理似义；浩浩乎无屈尽之期，此似道；
> 流行赴百仞之? 而不惧，此似勇；至量必平之，此似法；盛而
> 不求概，此似正；绰约微达，此似察；发源必东，此似志；以
> 出以入，万物就以化絜，此似善化也。水之德有若此，是故君
> 子见，必观焉。

愚问智答

《论语》记载，鲁哀公曾就一两个问题求教于孔子。在《孔子
家语》里，鲁哀公向孔子提出了更多问题。下面特举出两例，问题
其实都不值得一谈，但引出的回答却精妙无比：

> 鲁哀公问于孔子曰："昔者舜冠何冠乎?"孔子不对。公曰：
> "寡人有问于子而子无言，何也?"对曰："以君之问不先其大者，
> 故方思所以为对。"公曰："其大何乎?"孔子曰："舜之为君也，
> 其政好生而恶杀，其任授贤而替不肖，德若天地而静虚，化若
> 四时而变物，是以四海承风，畅于异类，凤翔麟至，鸟兽驯德，
> 无他也，好生故也。君舍此道，而冠冕是问，是以缓对。"

另有一次，

> 哀公问于孔子曰："寡人闻忘之甚者，徙而忘其妻，有诸?"

孔子对曰："此犹未甚者也，甚者乃忘其身。"

两种生命观

王肃借用了《列子》里的一个故事。该故事说的是孔子曾问一位九旬老翁为何虽穷困交加，但仍不改其乐，老翁对曰：

> 吾乐甚多。天生万物，唯人为贵。而吾得为人，是一乐也。男女之别，男尊女卑，故以男为贵，吾既得为男矣，是二乐也。人生有不见日月，不免襁褓者，吾既已行年九十矣，是三乐也。贫者士之常也，死者人之终也，处常得终，当何忧哉？

王肃在此基础上创作了另一个风格类似的故事：

> 孔子适齐，中路闻哭者之声，其音甚哀。孔子谓其仆曰："此哭哀则哀矣，然非丧者之哀矣。"驱而前，少进，见有异人焉，拥镰带素，哭者不哀。孔子下车，追而问曰："子何人也？"对曰："吾丘吾子也。"曰："子今非丧之所，奚哭之悲也？"丘吾子曰："吾有三失，晚而自觉，悔之何及。"曰："三失可得闻乎？愿子告吾，无隐也。"丘吾子曰："吾有三失，晚而自觉，悔之何及。""吾少时好学，周遍天下，后还丧吾亲，是一失也；长事齐君，君骄奢失士，臣节不遂，是二失也；吾平生厚交，而今皆离绝，是三失也。"遂投水而死。孔子曰："小子识之，斯足为戒矣。"自是弟子辞归养亲者十有三。

总体上看，《孔子家语》里的故事和对话比其出处皆有令人瞩目的改进，虽然有些地方仍差强人意，但至少文学价值提高了。

上面谈到的都是这本书好的一面，现在让我们来看一下它的不足之处。只有这样，才能充分说明该书的大杂烩特质。

想象中的尼亚加拉瀑布

在从卫国返回鲁国的途中，孔子遇见一条瀑布，高达一百八十英尺，瀑布下造成的旋涡周长达九十里（三十英里），水流湍急，不见鱼龟。而一个身手矫捷的泳者，比横渡尼亚加拉河的韦伯船长更幸运地成功渡过了漩涡。这个故事具有庄子的想象力，我们也的确能在庄子著述中找到类似的故事，但其语言没那么夸张。王肃旨在说理，但他所犯的错误是试图让读者以为它是一个真实的事件。

智问愚答

据说在《论语》里，孔子从不谈论四个话题，即所谓子不语怪力乱神。确实存在一本题为《孔子不言之事》的书。《孔子家语》里不少段落都可以被收录在其中。

例如，某公向孔圣人问了一个问题，于是孔子便就巨人与侏儒为题侃侃而谈，说什么侏儒身长不过三尺，而巨人却能长到三十尺。

又如，楚昭王渡江，得到正在江中漂动的一个果实，形如椰子，便派人向孔子询问其名字来历。孔子不假思索地报出果名，还补充说昭王可以把它吃掉，因为此水果为吉祥物，必将落在一个命中注定要做国君的人手里。当一个门徒问孔子何知其详时，孔子回答说，是从童谣里听来的：这有点预言的性质，而他确信这个预言能够实现。

在另外一处，孔子以同样办法解释了一种怪鸟的外表。这种鸟叫商羊，只有一条腿，它的到来预示大雨将至，因为有童谣曰："天将大雨，商羊鼓舞。"

凡此种种，皆足证明《孔子家语》的虚构性。我之所以花大笔墨去讨论它，完全是因为它对于确立人们理想中的孔圣人形象的影响力，以及它在诸子百家中名列首位的信誉。

还有其他典籍中也有类似的虚构成分，但在此已无暇顾及，更无法逐一查证了。

从总体看来，伪经的数量大大超过了正经，一如笼罩在发光体四周的光晕。然而值得怀疑的是，无论这些虚构的本意有多好，它们毕竟背离了中国圣哲的伟人本质。

孔子拒绝神化

在结束讨论之前，让我们简略地说一下伪经中的孔子与中华文明真正创造者之间的差异之处；因为在我们讨论的这个阶段，我几乎不用说孔子非神。他在中国历史上占有如此重要的地位，甚至可以说是他，而非司马迁，堪称中国历史之父。他的一言一行都被详细记载下来，成百上千的弟子们不遗余力地传播他的教诲，使人们对他的记忆永世长存。把孔子变成一个像盘古和女娲这样的神话人物，也许可以成为一位敏慧文人闲暇时间令人愉悦的笔头练习。但这就像惠特利大主教在《关于拿破仑的历史疑问》一书中把这位来自科西嘉的征服者贬谪为赫拉克勒斯及巴克斯的同伴那样，破坏了人们对于孔圣人已建立的确信。因此我们有必要指出神话中的孔子与历史上的孔子相区别的特征。我将这些特征归纳出以下五点：

史实与神话之间的比较

1. 真实的孔圣人谦逊礼让，在神话中则被描述成无所不晓的万事通。造神者们本想表现圣人的渊博，却恰恰因此显示了自己的无知。

2. 真实的孔子寡言少语，文风简洁严肃。神话中的孔子则夸夸其谈，并经常陷于碎嘴唠叨而不能自拔。

3. 真实的孔圣人虽敬天命，但在精神和言行上却是个不可知论者。神话中的孔子则极度迷信，从鸟兽甚至无稽的童谣中引出未来的预兆。

4. 真实的孔圣人反对以怨报怨，但在伪经中却被刻画成疯狂仇杀的煽动者，鼓动弑父仇人必杀无赦，即使在王宫内也不例外。

5. 真实的孔圣人推崇仁爱，他的伦理道德体系把人性或仁爱视为最重要的美德。在伪经中的孔子却残酷而不公，他提出了要处死少正卯的五个理由——没有一条能够得上死罪，顶多不过罢官而已。① 更有甚者，他还将一个想在公开场合讨两位诸侯欢心的江湖郎中剁去了手脚。

如前所述，这些伪经的大部分内容还是好的。想了解后世文学

---

① 孔子杀少正卯的五个理由可见于《荀子·宥坐》的记载："孔子为鲁摄相，朝七日而诛少正卯。门人进问曰：'夫少正卯鲁之闻人也，夫子为政而始诛之，得无失乎，'孔子曰：'居，吾语女其故。人有恶者五，而盗窃不与焉：一曰：心达而险；二曰：行辟而坚；三曰：言伪而辩；四曰：记丑而博；五曰：顺非而泽——此五者有一于人，则不免于君子之诛，而少正卯兼而有之……不可不诛也。'"——译者注

源头的人，应该认真地读一读。而对于有学养的文人，无论中西，若能在这些纷繁芜杂的材料中去伪存真，为这位伟大先师正名，把他从人们印象中那些荒谬、虚荣和邪恶的事物中解救出来，也不失为一项意义深远的工作。

两者的巧合涉及尚且争论未决的孝道。在中国，孝道被视为社会秩序的基础。在具有正统思想的人看来，它甚至可以取代宗教的地位——"事双亲，不烧香"。

《孝经》是一部作为年轻人行为指南的著名经书。孝道被阐述为可以促使人们在各种情况下履行职责，并积极而有力地唤醒本来沉睡的良心。因此，临阵逃脱的士兵不孝，事君不忠的官员不孝，任何会带来耻辱的不义之举都属不孝，因为这必然会令他们的父母蒙羞。整个伦理道德系统都从孝道这个根基演绎出来。然而，这种对孝的强调同时为诡辩术创造两难的境地与调和相互矛盾的义务提供了机会。在中国的典籍里，追求真理的美德并没有得到极力褒扬；因此，这种追求真理美德的相对缺失更突出了一群以坦言自夸以及不屑于掩饰和偏袒最亲密朋友的人。他们被称作"直人"。

一个弟子问孔子："在我们国都，有一个人以直言著称。他父亲偷了别人的羊，他便告发到官府去了。这样的行为应该称许吗？"孔子回答道："在我们这里，对直言的美德却有不同的理解。无论何时，儿不告父，父不告儿，这与求真并不相悖。"

一百年后，这个关于尽孝与求真的问题仍然悬而未决。更确切地说，这个伦理道德问题又重被提起。

孟子乃彼时的圣贤。他的一个弟子假设道："如果国君的父亲杀了人，应该接受刑律处罚吗？"

"当然。"孟子答道。

"可是，国君怎能看着自己的父亲受罚却视而不见呢？如果舜的父亲瞽瞍犯了谋杀罪，皋陶要对其处以极刑，身居帝位的舜会怎么做？"

孟子说："舜会背着父亲逃到海边，从此放弃帝位，隐姓埋名，并且为救了父亲的命而感到高兴，他将忘了自己曾经是一国之君。"

为儒教确定了教义的孟子在这段话里比孔子的教诲更进了一步。父违刑律，孔子采取消极隐瞒，孟子则主张尽力救父，用一切办法来逃避法律的惩罚。而在这一两难的境地中，舜把自己放在了与法律对抗的位置上，他不再适合于当一位国君，他应该退位以尽孝道，因为在孟子看来，百事孝为先。

《柏拉图对话录》里"欧悌甫戒篇"所表现的主题与前面第一个故事颇为相似。苏格拉底又一次去法庭时，碰见欧悌甫戒，得知他来法庭的目的是要谴责他父亲所犯的死罪，不禁大惊失色。

一位受雇的劳工在醉酒吵架时杀死了另一个劳工，欧悌甫戒的父亲便把凶手捆绑住手脚，扔进了一个坑里，结果第二天早上发现那人已经死了。在欧悌甫戒眼里，那位不幸的死者并非奴隶或破碎的工具，而是枉死的同胞；而杀人者也并非自己父亲，而是罪犯。

从人道的角度看，欧悌甫戒此举高尚正义，超越了家庭的狭隘观念。然而他充分意识到自己是在扮演"好人角色"这一事实却使他的功德大大地打了折扣。

在这件事情上，通常为作者代言的苏格拉底并没有被公德战胜私情的光环迷住双眼。他在用辩证法分析了欧悌甫戒的想法和动机后，向对方表明，那些后者蔑视的本能乃是代表了自然的声音，即便是自以为博学的欧悌甫戎，其实并不知道该如何相信神，也不知道该如何按神的旨意行事。

"那个被害者，"苏格拉底说，"肯定是你的近亲之一，否则你不可能克服自然的厌恶感而去谴责你的父亲。"

"太荒谬了，"欧悌甫戎答道，"他是近亲还是陌生人跟这事有什么关系呢？整个问题在于，杀人的理由是否正当。如果不正当，我就有责任去谴责杀人者，无论他和我的关系有多么密切。如果不谴责这样的人，而是做他的同案犯，那我就会背上洗不清的污点。""我的亲戚们，"他接着说道，"觉得我这样做是不虔敬和渎神，其实是他们不懂神的旨意，不知道何为神圣，何为渎神。"

"但是，"苏格拉底问道，"你是否确信自己已经理解了神意，以及神圣与渎神的区别？告诉我什么是你所谓的神圣和渎神。"

"我认为，"欧悌甫戎答道，"我现在所做的就是神圣的，即无论罪犯是自己的父亲，母亲，或其他亲戚，只要触犯神律，只要杀了人，或犯下其他罪行，就该受到谴责。不谴责便是渎神。"

为了进一步证明自己的观点，他以宙斯这个"众神中最富正义感的"神为例，后者也曾以披枷带锁和剁去四肢等残忍的手段来惩罚自己父亲的恶行。

然而，苏格拉底继续追问他对神圣的定义。欧悌甫戎简略回答说，能使神愉悦的就是神圣的，反之，则是渎神的。

　　苏格拉底："如果众神之间意见产生分歧，世人该按谁的旨意行事呢？"

　　欧悌甫戎："众神不至于在不义者应受惩罚这个问题上意见不一致。"

苏格拉底:"如果他们对何为不义产生分歧,那该怎么办?"

在世俗的法庭上,这是一个经常会遇到的问题,欧悌甫戎不得不承认,在众神的法庭上也会遇到它。于是他在刚才的定义中添上"所有"一词,强调"能使所有神愉悦的就是神圣的,反之,则是渎神的"。苏格拉底又进一步追问道:到底一件事情是因为能愉悦神所以神圣,还是因为神圣所以能愉悦神?

对于这个问题,欧悌甫戎无法做出令人满意的回答。所以,在两人又就其他问题进行了短兵相接之后,他最终放弃了争论。

就像复仇女神对俄瑞斯忒斯紧追不舍那样,苏格拉底通过一系列的问题将他引入了迷宫,并向他表明,自然的本性是人类正义与邪恶概念的基础,违背本性便是触犯众神。他和中国圣哲们一样,都认为儿子不可以从检察官的角度来谴责父母。

苏格拉底式对话的冗长(在此我只是简略地提及)与儒家学派的简练精警形成了鲜明的对比。然而,两者不仅在讨论主题上是一致的,而且在名字上也有惊人的相似:"欧悌甫戎"意即"直言的思想者",跟中文的"直人"意思是一样的。

第七章
中国的散文作品

据说美国的一位中文教授曾经说过："中文里没有所谓华丽的风格和美的风格，人们对于风格不以为然。中文的技巧只体现在文字的书写上：书法写得龙飞凤舞的人就是懂得这门语言的人。"

一个讲座教授说出这样的话多少有点让人感到意外，但这个观点却并不新鲜。它真实地反映了学术界对于中国文学的看法。

中文文献记载的价值已经得到了公认。中华民族拥有浩如烟海的典籍、精确的编年史制度，靠借古讽今来责难国君的习惯，尤其是把自然界每个领域所发生的奇特现象都归为"祥异"的做法——所有这些都使得他们的编年史和地方志就像一座永不衰竭的知识宝藏一样，包含了大量有趣又有用的信息。

正是通过这些史料，我们的专家学者们才能够纵览数千年的历史，获知关于日食、彗星、流星雨、陨石、旱灾、涝灾、地震等信息，以及关于这个人数最多的民族所有兴衰盛亡的相对可靠的记载。

然而，尽管大家都承认为了进入这样一个研究领域而去克服学习一门难度极大的语言所会遇到的种种困难是值得的，但没有人会想到掌握中文居然还会有额外的补偿。谁能够想象得到，学习中文的过程其实并不像在穿越沙漠或热带丛林，而更像是行走在一个到处都能听见奇鸟歌声，都能闻到鲜花芬芳的森林里，人们会不时地为眼前那难以形容的美景而感到心旷神怡。文学艺术的学者们会期望在古埃及的象形文字或亚述的楔形文字记载中找到优美的措辞，而不会在中国充斥着表意文字的方块字中去寻找同样的东西。本文的目的正是想要纠正这种被普遍接受的印象。然而在这样做的同时，我并不想把它写成一篇论述中国文学价值的专题论文，也不愿承担起阐明中文修辞和语法规则的重任；而只是想着眼于论述风格这一个问题，更确切地说，是中国散文的风格问题。

我意识到，要使那些不懂中文的人明白我的意思，甚至对其感兴趣，绝不是一件简单的事情。风格具有不稳定的特性，在转换的过程中会丧失掉；而对风格的任何阐释，无论写得多好，比起鲜活的语言来，最多亦不过是干瘪的植物标本或肚子里装了填料的动物标本。况且，与英语大相径庭的汉语，在阐释过程中也最容易受到歪曲。因此，我怕自己在这方面力有不逮，甚至会弄巧成拙。其实，只要想想中国文学的历史悠久和作品的广度，这些印象的错误便显而易见。设想一下，远在任何其他活的语言出现之前，一个伟大的民族就已经在构建一个其广度无与伦比的文学了，假如这些作品中不包括任何可以取悦趣味和激发想象的东西，那不是假定他们的作者完全缺乏普通的人性特征吗？难道我们可以相信，中国的蜜蜂和其他国家的蜜蜂不一样，仅仅因为喜爱劳动而在构筑蜂巢，而不是在蜂巢内储存它们必须要吃的花蜜吗？

虽然外在的雕饰并不一定意味着内在的完美或实质，但我们可以断言，中国人在书法和印刷品上所显示出来的那种优雅，在他们的文章风格上不可能找不到。

中国人崇尚自己的文字。按照他们的说法，创造文字乃是惊天动地的大事；在任何情况下，他们都不会用脚去踩踏已经写上了文字的纸；为了鼓励这种尊崇，文学社团会雇人走街串巷地去收集废纸，并像对待献祭品一样肃穆地将它们放入祭坛烧掉；他们用毛笔来写书法，并推书法为最高形式的美术；他们用精雕细琢的碑铭来装饰自己的房屋和敬神的庙宇，还发挥聪明才智，创造出了上百种书法体式和正字法。我们完全可以理解，他们这种对文字近乎对偶像般的崇拜，其实是从祖先那儿传承下来的最大天赋，因为在这个世界上，没有任何其他文字的书写形式能产生如此动人的绘画效果。

然而，所有这些对于书写这种机械性的艺术如此夸张的热衷，其实只是折射出了中国文人对于优雅文体的挚爱。

他们的文章就跟书法一样风格多变，而且比其他国家更讲究。假如说中国人要花上数年的时间来学习写作，而其他国家的人只需花几星期或几个月的时间即可做同样事情的话，那我们也可以这么说，其他国家的文人掌握某种风格几乎是唾手可得的事，而中国人则需要刻意花上半辈子的工夫。

在乡试中，好的书法加上其他因素就意味着成功。但在会试中，考生的文章会由官方的文书统一誊抄后，再呈给主考官。此时风格是最重要的，书法不起任何作用。与文章的表述形式相比，甚至连文章的内容也是微不足道的。中国一些思想先进的文人也认识到了这种现象，并为之叹息。他们常把当下的文风虚饰和古人的简练笔法加以对比，谴责制作这种标准"文章"的艺术跟华丽的书法一样机械。本书作者曾经听一位写得一手好书法的著名高官说过，在科举考试中这种过分看重文章风格表象的做法是"前朝为禁锢文人思想而采取的聪明谋略"。①

———

① 以"文章"来选拔官员的科举考试是宋朝的王安石大约在公元 1050 年推行的。

然而，虽然对其弊端十分敏感，中国文人们仍毫不例外地对本民族文学的广度和极其优雅的品格等成就引以为豪。"我们把科学的优胜奖让给了你们，"曾有一个中国文人在跟我讨论了他们关于自然及其力量的看法之后这样说道，"但你们可不能拒绝承认我们在文学上的功绩啊。"

虽然中文的原始结构给人的印象是不适合于修辞润色的，但实际情况并非如此。汉字完全没有词尾变化——它的实词没有格的变化，形容词没有比较级，动词也没有变位——总之，乍看上去，一门文雅的语言所应该具备的东西它似乎"什么都没有"。此外，由于前面所列举的种种不足，它对词语搭配的要求非常严格，似乎用以表达思想的方式十分笨拙。我不否认，如果把汉字和西方主流文字作一比较，就会得出这样的结论；然而令人感到惊奇的是，中国文人却对汉字驾驭自如，在写作中可以把它用得出神入化。汉字还具有某种补偿性的特点。单音节的形式使汉字显得醒目有力，而且假如说汉字在句子中的位置能决定其字面含义，就像一列数字中的数词，或在祭天时所用的官话，它可以通过让每一个汉字都担当各种词性的职责的方式来补偿上述的不便。在英语中，我们发现许多名词可转换为动词的特点是一种增强表达能力的因素。在中文里，这种词性的转换则是非常普遍的。人们很容易感受到，这一事实在何种程度上使得汉字的表达变得更为多变、简洁和有力。

韩愈关于如何对付佛教和尚的尖刻意见是"人其人，庐其居，火其书"；死译过来即为"人他们的人，屋他们的庙，烧他们的书"。除了最后一句，这些话就像其中文原文一样难以理解。其实对中国读者来说，这个建议的意思就是要"让和尚还俗，把寺庙改成民居，烧掉佛教的经书"。这句话的中文原文可谓是简洁、有力，而又不乏雅致。

中国人最喜欢文字的简洁。这是他们从四千年前的祖先那里所继承下来的趣味，当时的人由于原始象形符号的不足，不得不惜字如金。而汉字的复杂和书写的不易则进一步巩固了这种趣味；所以如今虽然这种贫困的压力已不复存在，当今的中国文人却仍然跟祖先一样吝于用墨。西方人写句子时总是想要避免歧义，而中国人则乐于让读者去揣测句子的意思。英文的风格就好比渡船，要平安地把读者送到对岸，而不需要后者冒险或付出努力。中文则好比一排台阶，它要考验读者从一个台阶跳跃到另一个台阶的身体灵活性。

中国文人并不是不知道贺拉斯所说的"过度简洁造成隐晦"这一道理，但是对于他们来说，冗余比隐晦更不可取。因此，在中文里，近来一位法国作者也开始关注的那些潜在的意思扮演了重要的角色。[1] 读者必须根据得到的少数线索来自己提供保持思想连续性所必需的所有环节。这种极其简洁的语言更适合于用眼睛看，而不适合于用耳朵去听懂。光速要比声速更快。"因依赖于听力而感觉迟钝的灵魂兴奋起来更为缓慢。"（*Segius irritant animos demissa per aurem.*）

在简洁之后，或许在它之前，中国文人在写作时必须注意对称的原则。他们喜欢一种平行的句子结构；但不是希伯来诗人的那种，后者的同义反复是中国人最讨厌的。这种对句中可以包含一个明喻，但在更多情况下只不过是意义相关联、字又相对应的短语。每个句子都非常精确地达到平衡；每个字都有适当的对应字。行文就像行军的步伐一样整齐。

---

[1] 如果说潜在的意义形成人类话语中一种基本的，经常是主要的部分，这听起来有点自相矛盾，但它却是真实的情况；就像我们承认在阅读时，我们依赖于光线的缺失，我们的眼睛对于印刷字体熟视无睹。假如用电流来点亮一块碑铭，那些金属字体尽管必须传递电流，但却是看不见的，我们只看到点亮的间隙。与亮点传输同步的间隙越大，亮度也就更大。

约翰逊博士折中于蒲柏和德莱顿之间的那种著名的平行句子结构，以及麦考雷爵士经过精心推敲的对偶，与中国人的趣味可谓是不谋而合。当中国人看到外国书籍上这样的一段文字时，他们总会击节赞赏："这位作者的笔头功力不浅。"然而每当他们看到长篇大论，以及违背上述对偶原则的句子时，则总会表示厌恶。

翻译基督教圣经的困难之一，就是译者不能按照中国人的趣味标准来写句子；而且经常为了保持原文中单词的性、数和时态问题而不必要地破坏对偶原则，但无论中文的特征或中文修辞原则都排斥这些东西。在这方面，圣经早期译本中尤其错误百出，在新近的译本中，以"委办译本"①为最佳。

在进行翻译这项任务中，应该时刻牢记施莱尔马赫②所谓 *Dolmetscher*（口译员）与 *Uebersetzer*（翻译者）之间的区别。因为，尽管把外语翻译成本国语不容易，把本国语翻译成外语更困难；而更基本的一点是，译者必须深谙它的神韵。他只有本人在语言上入了国籍，他的文学后代们才能够享受公民的特权。

对古文的盲目效仿是汉语风格的一剂毒药。它不仅会使作者囿于陈腔滥调，并且还具有用矫揉造作的假古文来损毁现代文学的效果。十三经的作者们已经被视为圣贤。他们作品中的文字就像经典那样绝无差错，他们所说的每句话都成为人们模仿的对象，或者我应该说，已成为当下通用词汇中的一部分。然而，就像泾水和渭水一样，古文和今文中的各种因素并不能融合在一起，使得那些最受钦羡的文章具有一种鱼龙混杂的特征，那些中国人认为可以给中文

---

① "委办译本"（Delegates' Version）是西方在华传教士麦都思等人翻译，并于 1854 年出版的圣经。——译者注

② 施莱尔马赫（Friedrich Schleiermarcher, 1768—1834），普鲁士神学家，以《基督教信仰阐明》等著作而著称。——译者注

锦上添花的东西，在我们看来恰恰是破坏了中文的优美。这样做正好为那些卖弄学问的人提供了便利，而真正的天才却套上了枷锁。我们有时从布道坛上听到的那种特殊方言就是用古文的片段与日常口语混合在一起的大杂烩，它可以作为这种奇特融合的一个例证。

尽管在语言上竭力模仿古人，数个世纪以来，中国人却已不知不觉地离正统越来越远。中国人也无法抗拒具有普适性的恒变法则。数个世纪的漫长岁月不断带来改变，或者更确切地说，每个朝代都拥有自己的独特风格。周、汉、唐、宋这几代的作者们尤为突出。

中国从不缺少带有康斯坦丁·西摩尼德斯[①]印记的文学冒险家，尤其是在普遍的崇古思潮影响下。所幸的是，中国也从来不缺少像昔时阿里斯塔克斯[②]那样目光敏锐的文学批评家。

诸子各派的风格大相径庭。儒家贴近日常，语言明易。道家好谈神幻，充满象征和隐喻。佛教经典除了印度玄学的晦涩之外，还有因误解梵语而造成的理解困难。这些派别再细分下去，同样还有各自的风格，在此我就不细谈了。现在谈谈每种风格具有代表性的作品。

没有哪个国家的私人信件、公文急件，以及教诲和叙述的文章能在各自的文体上具有如此鲜明的特征。

书信的格式和用语极拘谨造作，不像西方人所用那种熟悉的日常对话。无论内容如何，一律以极正式的套话开头，最后再以毫无

---

① 康斯坦丁·西摩尼德斯（Constantine Simonides, 1820—1867），英国一位臭名昭著的文书伪造者。他擅长书法，可以模仿许多不同的笔迹，并因此伪造了许多手抄本，成功地把它们卖给了一些学者和大英博物馆。——译者注

② 阿里斯塔克斯（Aristachus of Samothrace, 公元前 217—公元前 145 年），古希腊文献鉴定的最高权威。——译者注

意义的套话结束。在中国，形式决定一切。即使文笔优美的人，也不会信笔驰骋，自抒胸臆。而对于那些只稍通笔墨的人，虽然能用自己的方式来表达想法，但也从不会想到要摆脱陈旧套话的束缚。一位听说了亲友死讯的人，还得从尺牍书里小心翼翼地挑选出其风格与他内心痛苦相匹配的书信格式，这种情景未免让人觉得有点可笑。如果中国人写情书（实际上他们从来不写）的话，他们肯定也会用千篇一律的套式，或者像《温莎的风流娘们》里的福斯塔夫那样，把同一封信投寄给所有不同的追求对象。

现举一例，是一篇友人祝寿辞：

> 尚书五福，诗经九辞，皆颂寿长。华封之情，海符之意，寿日谨贺。

这个篇幅短小的祝寿辞包含了四个典故，其中两个需要在此做出解释。华封人曾为尧帝祝寿，祝他福寿绵长，多子多孙。至于海符，则传说有一个仙人从不以年来计算时间，而用符木记载每次沧海桑田的更替，后来这些符木足足装满了十个屋子。

下面是对这段祝寿辞的回复：

> 光阴虚掷，无德无能，羞愧甚哉。厚爱及此，无以称谢，心自感之。

中国人写的正式信函和官府文书大部分都清楚庄严，不像其他文章那样，随处可见卖弄学问的典故。大凡读过禀呈给道光帝有关鸦片贸易的奏折（哪怕是以译文的形式），或者读过林则徐论述同一题材的文章，人们都会叹服其清楚的语言表现力。其中有些文本风格雄辩，论据确凿。谕令通常都写得不错，但雍正皇帝的那些谕令文笔尤其出色，它们现已被收录成册，用作范例供人揣摩。

至于教诲文的风格，无论是经释，还是关于科学、道德及各种实用艺术的论著，都采用与孔子格言相一致的形式，即"辞达而已"①。这些题材的作品行文明晰，切合作品的主题、语言的特征，以及作者的思维方式。经典评注作品堪称是文本诠释的典范。

叙述型风格包括史书的严肃、游记的飘逸和逸闻的幽默等。理想的叙述风格就是生动与质朴的结合。就中国历史作品的风格而言，其最突出的特点就是简单明了。但囿于编年史和日记的体裁，这些书趣味性稍逊，难以使读者有全景式的了解；而中国人从来也没有想到过 历史哲学的观念。中国人善于描写风景。他们对于自然独具慧眼，大自然千姿百态的魅力荟萃在文学作品中，其丰富多彩为西方之所不识。中国文人尤喜写作带有某种实用伦理的事件。前文所提及孔子"苛政猛于虎"的寓言便是一例。

唐代的柳宗元也写过一篇类似的文章，不过猛虎换成了毒蛇。有一个穷人，因为没钱交税而不得不每年捕捉两条"黑质而白章"的毒蛇献给太医做药，以抵赋税。作者对他从事这一危险的行当表示同情，穷人回答道："吾祖死于是，吾父死于是。今吾嗣为之十二年，几死者数矣。"神情悲戚。柳氏接着问道："余将告于莅事者，更若役，复若赋，则何如？"穷人闻言愈悲，大哭道："君将哀而生之乎？则吾斯役之不幸，未若复吾赋不幸之甚也。"宁愿冒险捕蛇，也不愿受赋税之苦。

再举另外一个例子，是五百年前明朝的刘基写的《卖柑者言》。他写道："杭有卖果者，善藏柑，涉寒暑不溃，出之烨然，玉质而

---

① 出自孔子的《论语》。——译者注

金色。置于市，贾十倍，人争鬻之。予贸得其一，剖之，如有烟扑口鼻。"他质问卖柑者："若所市于人者，将以实笾豆，奉祭祀、供宾客乎？将炫外以惑愚瞽也？甚矣哉，为欺也！"卖柑者回答他说："世之为欺者不寡矣，而独我也乎？"接着他进一步指出，在战场上，在庙堂里，在世间各处，所谓"金玉其外，败絮其中"的现象到处都是。于是，"予默然无应。退而思其言，类东方生滑稽之流。岂其愤世疾邪者耶？而托于柑以讽耶？"。

虽然柳、刘之作与孔子的话相隔一千二百至一千六百年，其寓意却同出一辙。在此引出，旨在说明中国文人并非一味逢迎和模仿古人，也并非怯于批劾时政。

还有一种八股文，即就一定的论题、按一定的格式所写就的不超过七百字的"文章"。相当于 18 世纪在英语文学中风靡一时的《旁观者》①和《漫步者》②等期刊里的短文，一概以名言警句作引子，并往往被人当作范文。

写八股文是测试文学水平的主要形式。学童们一旦能够读经，便要开始学写文章。而到京师参加会试的不少鬓发斑白者仍然要写八股文。或许除了布道文，世上没有哪种文学作品能在数量上与之相抗衡了。而且八股文与西方布道文的相似之处不仅仅是在它们惊人的数量。它们总是引用经书里的一个篇章，以最矫揉造作的方式对其进行分析，并毫无例外地得出八股式的结论。它们只求解经，不求新颖，其原则就是现代人除了发掘古人的智慧外别无所能。原创性受到摈弃，而且如前所述，作品的主要文采就是将古今的措辞

---

① 《旁观者》(*Spectator*) 是英国著名散文家爱迪生和斯梯尔在 18 世纪共同创办的一份杂志，以其典雅的文章风格而著称。——译者注

② 《漫步者》是 18 世纪英国大文豪塞缪尔·约翰逊所创办的一份杂志，也以其高雅的趣味而闻名遐迩。——译者注

融为一体。就像日本的镶嵌器皿和西方的镶嵌画那样，借用的修饰物越多越精细，文章就被认为写得越好。这种八股文的风格除了能够锻炼思维之外，毫无实用价值，它们影响了整个文学体系。实际上，"文章"一词正好适用于文学范畴里的各个领域。

下面这一段选自在最近一次会试中拔得头筹的文章：

题目——诚信与尊严。

开始便应看到结束，做人应该保持诚信与尊严。诚信即言出必行，尊严即行为合礼。要做到这两点，必须心中怀有正义感、羞耻心及同情心。慎言，以免对朋友不忠；慎行，以免对自己不忠；慎友，以免对大家不忠。唯有如此，才能不辱使命，保持尊严，纯洁高尚。自律于内，才能受敬于外。

可能有人会说："陈词滥调而已。"这篇冠压七千同侪之作，其中包含不少珠玑之语，翻译过来却变得索然无味。文中像大马士革的刀锋那样融合古今的巧妙衔接，被扔到翻译的锅里之后便消融殆尽。

在讨论过各流派、各时代、各地区的文章风格后，我们可以看出，中国作者虽擅于模仿，但他们的个性也是非常突出的，毫不逊色于其他国家的作者。天赋过人者的文体会自成一家，即便稍逊者也别具一格，因为他们的文体以新颖和自然天成的方式结合了他们印象最深的那些早先作家的风格特征。

孔子虽然自称也模仿古人，但他的原创性是引人瞩目的。他的思想直白、实际，而又无所不包，但其表达的方式既简洁又富有韵律，这一点类似于那些已成格言的莎翁妙句。但正如印度教宗教领袖的情况那样，究竟这些是孔子的原话，还是由他的弟子编纂而成，现在已难以确知。但可以肯定的是，倘若剥去这些精美的外衣，无论其表达的思想多么精妙，这些话绝不可能受到如此普遍的推崇。孔圣的教义和穆罕默德的一样，其传播很大程度上归功于其风格。这种对风格的讲究，我们可以从郑王写国书的方式中略知一二——它们是由四个人合作写出来的：一个起草，一个删改，一个润饰，一个定稿。

跟孔子是同代人，但年纪更大的老子留给了后世"五千字"半韵文体的教诲。与绰号为"默默无闻者"的以弗所的赫拉克利特一样（除了对谜的爱好之外，找出两位作家之间的其他共同点并不难），老子晦暗的言语中总是不时闪过智慧的亮光。这两位智者的风格对他们各自的学派影响深远。

孟子可说是另一个孔子，但更少教条和更富于激情；才思狂野的庄子在很大程度上继承了老子的风格。他们两人的风格都明快流畅，但均借鉴了前人的形式。

写作风格形成对比的另一个例子是周代的两位史学家。公羊高和左丘明均从注疏者的角度来阐释孔子的《春秋》，但前者经常以对原文的条分缕析来作为引子，而后者则会单刀直入，立即涉及史实。例如，前者曾这样来阐释某一个章节的标题：

> 文本——"元年，春，王正月。"
>
> 为何"元年"？因为是新朝伊始。为何提及"春"？因为是四季之始。为何"王"在"月"前？因为是皇历。为何强调皇历？因为天下大一统。

下面是左丘明的注疏，无论它是否具有其他的特点，但至少可以显示其中并没有那种层层设问的形式：

文本——"郑伯克段于鄢"

左丘明先指出交战双方乃亲兄弟，他们的母亲偏袒于小儿子段，于是庄公驱逐其母，并发誓除非到地下黄泉，否则将永不和母亲相见。左丘明接着写道："既而悔之。颖考叔为颖谷封人，闻之，有献于公。公赐之食。食舍肉。公问之，对曰：'小人有母，皆尝小人之食，未尝君之羹。请以遗之。'公曰：'尔有母遗，繄我独无！'颖考叔曰：'敢问何谓也？'公语之故，且告之悔。对曰：'君何患焉？若阙地及泉，遂而相见，其谁曰不然？'公从之。公入而赋：'大隧之中，其乐也融融！'姜出而赋：'大隧之外，其乐也泄泄！'遂为母子如初。""颖考叔，纯孝也。爱其母，施及庄公。"

在上述两位作者之后的一千年左右，涌现出一大批杰出的哲人、诗人、史学家，他们灿若群星，使唐、宋两朝被喻为中国文学的黄金时代。如被誉为"一代文宗"的韩愈、跟太白金星齐名的李白，以及苏氏父子三杰，等等；还有一大群其他作者，后者的光芒尚未能照耀西方，我们在此就不再逐一列举了。他们的名字在中文里朗朗上口，但是对于西方人来说却会显得刺耳。可惜他们的名字未能像"孔子"（Confucius）和"孟子"（Mencius）那样得以拉丁化！这些圣贤们以其风格而彰显于国内，而他们若想在海外获得显赫的声名，跟其姓名的拉丁化是分不开的。名字意味着名望，这不仅仅只限于一层含义，也不仅仅只针对一种语言——对中文是如此，对希伯来文也同样如此。设想，"孔夫子"这个中文名字直接拿到西方去会产生什么样的效果！

此不赘言。根据前面所列举的理由，译文并不能完全正确反映中国作者的写作风格。中国人在描述高雅文学时所列举的其他特点，需要用一部专著来进行论述，并非这样一个简短的章节就能够交代清楚的。

中国人对自己的诗歌尤其引以为豪；但是我认为这种看法基于错误的判断。因为尽管中国的散文跟法国的散文一样出神入化，但中国的诗歌也跟法国的诗歌一样呆板拘谨。就像中国妇女那样，主掌诗歌的缪斯女神在中国也裹了小脚，而且还没有翅膀。

至于散文作品的种类，中文的特质为他们提供了无限的拓展空间。别说是各地方言，即使是文言或书面语言，也从通俗的行话到晦涩的古文有着各种选择。在中国，一切都不会过时；作者可以根据需要随意选择高雅或低俗的表达方式。例如中文有三套人称代词来满足三种不同等级的风格需求；甚至还有其他的文体风格可以省却人称代词，而只用实词来代替。

建立在象形文字基础上的汉字，其很多特征都富有诗意，那奇诡的美感随处可见，让人着迷，就像在海上仙女的花园里漫步一般。虽然书面语言一般已经不再适用于口语，但它绝非一门死的语言。因为它包含了"会呼吸的思想和会燃烧的语汇"——研究者们将会很乐意承认，中国作家堪称与古代西方最著名的作家并驾齐驱。我之所以说"古代"，因为中国从本质上来说是一个古老的国家。它还没有现代化，更接近于异教的古典时代，而非现代的基督教世界。

但我相信，中文在西方所有主要的学府中获得一席之地，以及中国古典作家被西方人所认识和欣赏的那一天已经不会太远了。

第八章
中国的书信写作

没有哪种语言会像中文这样，私人信件与官方文件或公文之间的风格相距如此遥远。后者的语言表达方式简单明了，避免夸饰，力求清晰有力；前者则矫揉造作，充斥着俗套的典故，迂腐不堪，毫无文雅可言。

对于西方人来说，情况则恰恰相反，书信写作就像其他许多事物一样：公牍文书往往刻板无趣；而私人信件却形式自由，声情并茂，妙趣横生。因此，西方作家为了使自己的作品既条理清晰又生动有趣，有时候会采用书信体写作。帕斯卡就是采用书信的形式，把喜剧的优雅和幽默融合到了对问题的讨论中，斯威夫特和朱尼厄斯也用同样的武器来严厉地抨击政府。

中国人却非如此：尽管有时候他们不得不通过书信来讨论严肃的话题，尽管他们先哲的某些教义是以书信方式得以流传的，但现代的中国人却绝不会想到用书信体来表达他们的思想，而往往会用现代命题散文的方式来讨论严肃的话题。有创见的人把八股文斥为极端无用，但他们绝不会谴责传统的书信风格。其原因就在于无论维系友谊或洽谈生意的信件都是出自社会需求，而由此引出的文藻修饰被认为对于避免信件流于粗俗是十分重要的。

在朋友之间的信件往来中，开头那儿段通常是高调的套话，或真或假，而且这种开场白中的虚情假意往往会一直延续到信的末尾。对于西方人来说，没有什么能比这个更令人难以接受的了，因而也根本提不起他们想去学习的兴致。假如一封信中提到了任何重要的事情，在大部分情况下，外国读者若得不到本地老师的帮助，他就只能靠自己用排除法来连猜带蒙了，也就是把所有看不懂的繁文缛节全都忽略不计。但是这样做不仅没有学者风度，而且也限制了书信体的使用，并使学者与这种最能体现个性和社会生活的文学类型绝缘（情愿不去碰书信的人其实不配称作学者）。

想要掌握书信体写作的人会发现有众多大小名人的私人文集可供借鉴。如果这些文集是出自某位有才华的女性之笔，而且如果中国高雅文学经典能允许女子像西方女性那样手书日常言谈（语言本身并没有错）的话，那就恰好引证了一句奇特而古老的箴言，"嘴唇的甜美增长见识"。可惜中国没有塞维尼侯爵夫人[1]，她能用美妙的闲谈琐语使转瞬即逝的宫廷生活情节沾上永恒的露珠，使本来毫无用处的东西变得珍贵无比，就像琥珀对于它所包裹的昆虫那样；中国也没有沃特利，她在谈论文学和爱情时同样魅力无比；中国更没有达夫·戈登夫人，此人以她的才华和实干，使我们都迷上了船上人生和贝都因人[2]。

在由女性栽种着最美丽花朵的书信体文学花园里，中国的女作家们却几乎从未涉足。而限制女子识字的一大原因就是男人们害怕她们学会写信。并非自然对于东方的女性不公，而是男人的胸襟过于狭隘：

---

[1] 塞维尼侯爵夫人（Marquise de Sévigné，1626—1696），法国女作家，她的书信作品堪称法语文学中的经典。——译者注
[2] 贝都因人（Bedouins）是中东沙漠地区的一个游牧民族。——译者注

> 知识的书页里满载世代的积累，
>
> 但却从未在她们的眼前展示过；
>
> 冰冷的嫉妒心压抑着崇高心智，
>
> 冻结了她们灵魂中温柔的情感。①

此外，还必须承认，中国的书信体文学中既没有诸如塞内加说教性的书信集，也没有沃波尔②恶毒又精妙的信函，后者发自作者的内心，揭开了他同时代政治生活的神秘面纱，以至于麦考雷把这位著名首相的手笔比作肥鹅肝酱饼（*patés de foie gras*），正是鹅的肝病成就了这样的美味。正如英国最优秀的诗人德莱顿、格雷、库柏等人在身后留下了诗意想象与情感交融，堪称优雅精品典范的书信作品，我们发现在中国最著名书信体作者的名单上，列在最前面的也都是些诗人，显示出他们受到了那位"行者缪斯"（*musa pedetris*）及其带翅膀的姐妹们的特别眷顾。

中国最早的，或至少是最出名的书信体范本集出自苏东坡和黄庭坚这两位声名卓著的宋代诗人之手。他们的作品被合称为《苏黄尺牍》，尽管它们并非两者之间的通信（*Briefwechsel*）。这部书从 11 世纪的黑斯廷斯战役那个时期起，就奠定了这类文章的写作规范。

就像那条能使先知借来的斧头漂浮起来的约旦河③那样，岁月的河流总是推动着有分量的事物向前，而沉淀下所有微不足道的东

---

① 这些诗行引自托马斯·格雷（Thomas Gray, 1716—1771）的著名诗篇《墓园挽歌》。——译者注

② 沃波尔（Robert Walpole, 1676—1745），英国首相和辉格党领袖，以其能言善辩和文笔优美而著称。——译者注

③ 参见《旧约·列王纪下》6.1—7。——译者注

西。但遗憾的是，苏、黄二人的作品却像真实的河流那样，只有无足轻重的东西漂浮在水面上。他们都身居高位，其中一位还特别受到宫廷的恩宠，但他们的书信却鲜见谈论国事。显然，它们的选择标准一方面是形式的优美，另一方面则是务虚避实。不过，如果仔细筛检的话，这层闪亮的外皮多少也包含着一些珍贵的信息。

另一部与之齐名而年代稍晚的书信集是《小仓山房尺牍》，或称《随园尺牍》。作者袁枚乃浙江人氏，乾隆年间在国子监任职。辞官后，他隐退南京，舞文弄墨，潜心学问，三十年不曾问政。

袁枚主要是一位授业的文学大师，弟子分散在各地。因此，他并非在学堂里面对面地向他们授业解惑，而是通过鸿雁往来。所以他不仅留下了供后人模仿的范文，而且为学、为师都堪称楷模，令人称道，但鲜有人效仿。

袁枚诗才横溢。有趣的是，他教过许多达官贵人或文人墨客家的小姐如何赋诗，经常在各地巡回往来。但这个难得的例子并不能说明中国不缺乏女子教育，而恰恰证明了缺乏女子教育的观点。

有许多作品都起了"尺牍"的书名，都是特地为了教人如何写信而编纂的，其功能也只限于为这个目的提供范文。我可以提及《砚池墨谈》（*Yen chi mu tan*）、《海上鸿泥》（*Hai shang hung ni*）、《六卿集》（*Liu ch'ing chi*）等书名；但它们几乎都没有额外的历史价值。

然而，本文最想引起读者注意的其实是新近刊印的一本书信集。

几年前，北京刊行了薄薄四卷本的《滋园粤游尺牍》[①]，里面

[①] 丁韪良在原书中只提供了该书的一个简略书名（*Tse Yuan Ch'ih Tu*）及其作者的英语译文（Liu Jia Chu）。经中国社会科学院李华川先生帮助查询，才在《清人别集总目》中最终确认该书全名为《滋园粤游尺牍》，作者是刘家柱，刊印日期为光绪五年，即1879年。——译者注

收录了刘家柱的一组书信。

此书名不见经传，自然也没多大影响。作者刘氏或许就像霍桑在其一部早期作品中所做的那样，自诩为全中国最默默无闻的作家之一。他是湖南人，但在广东巡抚衙门里长期供职，属于实际做事、以便上司能尽享官场荣华富贵的无名师爷这一阶层的典型代表。

据他所说，他在这段任职期间写下的公文堆起来比人还高，从不止一层的意义上来说，他都足以在里面玩捉迷藏的游戏。当然，大部分公文的署名都是别人，他戏谑地把自己比作为他人作嫁衣裳的裁缝，或为别人姻缘奔忙的媒婆。但在书信集中他并未透露这些人的姓名，而是根据需要悄悄地把他们的地址改成他自己的住址。

他的大部分书信都带有明显的个人特征，里面涉及生活和言谈等方方面面的细节，让人不得不觉得这些都是真实的记载——即作者自传的一部分。这使得这本集子能引起读者较高的兴趣，并具有了它自身的价值，就像一个本地人拿镜子映照出了真实的中国生活。说真的，书中的语气是如此直言不讳，所涉及的事物也没有遮羞的意思，使人读起来就像是一部西方的"忏悔录"——这是由圣奥古斯丁首创，并由卢梭发扬光大的一种文学体裁。

至于这本书的文学价值，看看作者所提到的两位赞助人的名字就足以说明问题——一个是驻英公使郭嵩焘，另一个是已故的开明的福建巡抚王凯泰，两人都曾任广东巡抚，刘嘉柱曾先后当过他们的师爷。

在书信体写作上卓有成就的人还有不少是名人，其中如曾国藩、蒋益澧[1]、李鸿章、刘长佑（云贵总督）的书信给人以历史真实

---

[1]　蒋益澧跟曾国藩一样，也是湘军出身，曾任广州巡抚。——译者注

感，提升了书信体作品的地位。

这些闲话暂且按下不提，让我们翻开这本书，来看一下刘氏书信究竟写了些什么东西。

首先，我们会看到大量的典故。这是此类作品最突出的特点，其目的主要是起掩饰的作用，以避免过于直白。用典过度或者不当都会暴露作者的平庸，给人以卖弄学问或陈词滥调的感觉；而如果用得巧妙精当，则会为作品增色不少，或许会大大增强语言的分量和表现力。

这些典故的种类繁多，有的跟整段的历史相关，有的则引用了真实或神话人物的话，有的甚至只用一个字或一个词组，就会像用火把点亮了某个充满诗意的场景一般。例如德莱顿这样描述波斯公主泰依斯：

> 恰如另一个海伦，她点燃了又一个特洛伊。

这短短的一行字浓缩了多少丰富的联想和含义啊！再如"巴米赛德的宴席①""柏勒洛丰之信②""犹大之吻③"这些表达方式，也都是言简而意丰。

———

① 巴米赛德（Barmecide）是《一千零一夜》中的一位波斯王子，他假装请乞丐去赴宴，但是不给真的食物，而要对方用想象来画饼充饥。因此"巴米赛德的宴席"意为"画饼充饥"。——译者注
② 柏勒洛丰（Bellerophon）是希腊传说史诗《伊里亚特》中的一位英雄。阿戈斯的王后安忒亚向他求爱被拒后就向国王普罗托斯诬陷他。国王便派他送一封信给吕喀亚的国王，信中要求对方将柏勒洛丰杀掉。但国王几次想下手都没有成功，最后竟喜欢上了这个青年，把公主许配给了他。"柏勒洛丰之信"即指"一个即将引来灾祸的阴谋"。——译者注
③ 犹大（Judah）是耶稣的十二门徒之一，他为了贪图金钱，便耶稣出卖给了罗马士兵。按照事先约定的暗号，当罗马士兵来抓捕耶稣时，犹大假装去吻耶稣，一次点明后者的身份。因此，"犹大之吻"意为"不怀好意的虚假行为"。——译者注

　　中文里类似的表达方式不胜枚举，假如弄不懂它们的意思就不能说自己已经精通中文。此外，还有些简短的引喻是纯文学性的——即可暗示三百多部古典名篇中任何一部，或引自近代无数脍炙人口之文学作品的名言佳句。我们甚至还可以加上一些隐喻性的词语，其使用的特点就是按照礼节的要求，对事物不直呼其名，而是以其他名字代替。例如，诗人或比较讲究的书信作者从不说"铜钱"，而是称"青蚨"，纸叫做"花笺"，信是"鸿雁"，丈夫和妻子是"唱随""伉俪""鸳鸯"等等。又如，男人为王，其妻为后，其室为宫，其子则为麒麟；父母养育之恩是"犬马之养"；还物即"还珠"；如果一个天才被大材小用，就像被派驻印度的查尔斯·兰姆一样，便是"骥服盐车"。

　　这些只是特殊表达方式的几个范例，它就像是一种方言，有无数的词典来对它的意义进行解释。学中文的人即使并不精通，也必须得对这些说法有一个大致的了解。无论是中国人还是外国人，要掌握这些表达方式的诀窍或许就在于仔细阅读一部"文章"集，或像我们那位不知名的刘家柱所写的书信集。在词典、百科全书或像《迈耶中文阅读手册》这样的工具书里，人们会发现这样的词语就像宝石一样，按所属矿物种类排放在柜子里。但在这些文章中，他们所看到的却是真实语境里的词语。使用词典的目的是帮助阅读，我们不能以其取代阅读难解的作品——就像某个荷兰学者提出用以表格形式出现的荷马考古学来取代荷马史诗那样。

　　我们现在来谈一下被上述这些花里胡哨的表达方式所掩盖的实际内容。它们本身并不重要，密度也不大，但是它们仍然有助于表现个人性格或民族特征。

　　正是根据西塞罗的书信，米德尔顿先生才编织起这位伟大的罗马政治家令人崇敬的一生。但在朱夫子和苏东坡的书信里，我们很难勾勒出他们生活的全貌，刘家柱笔下的个人历史也很模糊。

我们的这位作者在嘉庆年间（约1810年）出生于湖南南部山区，或许正是那里的山色赋予了他文学的灵气。他的家庭是新化县城附近一条村子里的书香世家，这一点在他的作品里屡被提及。无疑他继承了家传的才气；然而除此之外，祖荫再无其他。

刘为自己的早慧沾沾自喜，并暗示年轻时的放荡不羁严重影响了他后来的文人生涯，并为他带来了无尽的遗憾。或许是因为书法不好，他在院试中落了第（很多比他更有才能的人也遭遇了同样命运）。大约三十岁时，他决定举家迁往广东，但似乎忘了清偿自己所欠下的某些债务。

在参与操办一座慈善性质的义学时，刘认为达人需先达己，便"借用"了一部分资金以作私用。到广东以后，他遗憾地得知自己挪用的那笔钱可能导致了学校的倒闭。为此他竭力为自己开脱，但他为这个学校所做的仅限于承诺"一定归还"这笔钱款。在这一点上，他自称是受益于教育的楷模，不能不说是幼稚可笑的。

无怪乎此后他写下了大量抱怨贫困的书信。他尽力工作，但所得甚少。大人们赞赏他的才能，对他称颂有加，但他就像德行本身那样（这是两者唯一的可比之处），"受到赞扬并忍饥挨饿"（laudatur et alget）。

他从一位朋友那儿请求借贷"几百两黄金"，又向另一位朋友借一件体面的衣裳。这些书信堪称是摇尾乞怜的典范！

与此同时，刘家的人口不断剧增，这倒不是生儿育女的后果，而是他不断地纳妾，希望她们能为他生下一儿半女。其中有一个妾是朋友送的；还有一个不辞而别，如他所说，"携琴过门"去了。

一位伦理道德观较为严厉的通信者曾经劝诫刘某不要如此放纵声色，对此他在回信中描绘了一个老翁因为抱不上孙子而死不瞑目的图景。

后来他的子嗣梦终于要实现了，结果却令他大失所望——他的妻妾之一生了个女儿。然而这条小生命的降生并没有受到嫌弃，事实上这个女孩仍使父亲心怀牵挂，尽管他还时常有意无意地把下面这首古诗挂在嘴边：

> 乃生女子，
>
> 载寝之地，
>
> 载衣之裼，
>
> 载弄之瓦。

魔咒被打破之后，他终于凤愿得偿——另一个妾为他生下了一个儿子。为此，刘家唢呐齐鸣，喜气洋洋，正所谓：

> 乃生男子，
>
> 载寝之床，
>
> 载衣之裳，
>
> 载弄之璋。

不到儿个月，这个男孩得病夭折，郁郁寡欢的父亲悲痛万分，写下不少悼文。

与此同时，翘首期盼已久的官场大门却在他面前缓缓打开。他被任命为洛康县的知县。但他使了些手段，把官位转卖给了别人，自己则仍然留在省府的文人圈子之中。

继而，他被派往位于大陆这边，与香港遥遥相对的九龙。刘家柱又重施故技，没有到任。巡抚一怒之下，取消了委任。后来经过一段时间的悔改，刘才重新获得上司的欢心，并被另任他职。他吸取了以前的教训，马上就去新衙门走马上任。虽然屋漏墙倾，但毕竟还是实权在握。假如他读过弥尔顿诗歌的话，也许会把这个职位比喻成在混沌中统治的那位"旧时反叛首领"的宝座。

上任后，他发现为官和为文完全不同：他要面对的是事实，而不再是字词，但他显然为能成功地升堂判案而颇感自豪——他在文集中给我们留下了一篇作为范例的断案讼词。然而这篇断案讼词显示出，刘家柱其实并没有忘却自己的写作才能。他骨子里仍然是一个文人，更善于下帷讲诵，而非审案量刑。

这篇讼词在他风花雪月的书信集中显得别具一格，它提醒我们，集子里还有几篇另类的文章。在官场生涯中，他曾经当过副考官，也当过考生，不过他所参加的不是一般的科举考试，而是在省府为候补官员所举行的特殊选拔考试。有一次，主考官对刘的文章大加赞赏，认为它堪比最好的古典作品。

这些赞赏的话他不仅在书信中反复提及，而且还把受到褒扬的文章誊抄下来，广赠朋友，好让他们看看何谓名至实归。在他看来，如果不是院试的不公，自己也许早就名扬文坛了。

刘家柱的文学才能的确受到不少一心想求取功名的人的追捧。他们向他求文，逢年过节向他送礼，还为他专门组织演出堂会戏。然而他的道德品格却更值得斟酌了。他妻妾成群，像某些浪荡诗人一样吃喝玩乐，摒弃禁欲的圣贤德行。说真的，倘若他所作所为只限于金屋藏娇，招徕一些花枝招展的歌女的话，他就会步圣贤的后尘而变得引人注目了。为了维护自己所谓不拘小节的自由灵魂这一声名，他还时不时地跟"暧昧的野鸽子们"厮混在一起。

对此，他所做的最好辩解是：那些家养的鸽子太笨，不能欣赏他的才华，而有些名声不好的野鸽子，就像古希腊的交际花那样，因为受过一些教育而魅力非凡。他在书信集里的一篇文章中伪善地劝诫这样的一位歌妓去尼姑庵寻求庇护。

在另外一封给友人的信中，他说尼姑庵在他眼里也并不显得神圣；而且为了追求最高雅的境界，就算渎神也是必要的。他毫不顾忌地表露自己的内心世界，并经常踏越雷池，但是对他有利的是，在信中他的文笔总是清丽典雅，从未显得低俗不堪。

在对他的伦理道德进行了以上描述之后，再去探讨他的宗教信仰已毫无用处。事实上，他在这个话题上言之甚少。他在不止一处暗示过有某个"造物主"，但他却以刻意轻薄的语言断言：在他看来，大自然的创造者并非"真宰"。

在如何对待传统习俗的问题上，他随波逐流，与旁人无异。他相信命运，向算命先生求签问卦，急于想知道上天为他做了怎么样的安排；在所有这些方面，他也是一个典型的中国普通文人。

私信和公文之间的界限有时很难分清，上面我们只讨论了前者。然而许多最好的中文信函介乎于措辞谨严的公文和朋友间的私信这两者之间。

在这类被含糊其辞地称之为官文的文章中，用词既简洁明了，又不失典雅绮丽，两种风格和谐地融合在一起。此类书信的典范应数雅号胡文忠公的胡林翼和陈文仲公[①]，后者曾连续三次在会试殿试中拔得头筹，别号为"陈三元"，意为"连中三元"。

---

① 即广西临桂县的陈继昌。他于1814年考上了癸酉科解元，1821年又分别考上了庚辰科会元和殿试的状元。——译者注

第九章
中国的寓言

　　学习中文的西方人往往寻找中国本土的寓言而不得，这会给他们的学习带来不便，因为伊索、菲德拉斯、莱辛和拉封丹的寓言作品为学习古代或现代欧洲的经典语言提供了很大的帮助。更让人失望的是，中文口语练习里经常出现"比方"一词，使我们以为中国文学中有众多与寓言类似的文学类型。的确，中文里警句和比喻比比皆是，然而作为它们同类的寓言却似乎从来就没有出现过，或许存在过却又神秘地濒临灭绝了。

　　最后这种猜测并非毫无根据。我们能不时发现它的"化石"残片，这至少说明上述推测就像某种科学理论那样，是具有良好基础的。因为那些为数众多有关动物、鬼怪甚至骷髅的谚语乃是已经消亡了的寓言。但无论这些寓言是否曾经存在，可以肯定的是，我们能很容易和自然地把这些谚语和成语扩展成相应的寓言故事。

　　例如，"披着虎皮的羊""兔死狐悲"和"养虎为患"等成语，难道不像西方的"狐狸与葡萄""披着狮皮的驴"和其他谚语那样，乃是源自古代的寓言故事？

　　如果这些寓言的确曾经存在过，它们又是如何佚失的呢？我们认为，它们或许从来没有被以书面形式记录下来，或许虽然有书面记载，但没按照国家认同的风格形式。许多世纪以来，中国人在文学上形成了一种极端简练的风格，这使他们很自然地从民间传说中提取精神实质而弃其形式不用。因此，中国民间或许有很多皮尔佩和伊索，只是默默无闻，不为人所知罢了。

不管怎么说，寓言的缺乏并非像某些人所认为的那样，是想象力贫乏的结果。中国文学虽然还没有能入史诗缪斯之法眼的宏大叙事诗，但也蕴涵了大量想象力丰富的作品——如堪比奥维德《变形记》的众多人物变形故事（尽管在描写的典雅性方面可能还稍逊一筹），比格林童话还要荒诞不经的神话故事，以及与辛巴达、格列佛的经历一样离奇曲折的冒险故事（一般都被接受为正史）。我们再次重申，这并非是才能的问题，而是文学趣味使然。关于这一点，可以从中国人对罗伯聃先生①的伊索寓言中译文的接受情况上窥见一斑，这部精彩的译作别说是家喻户晓，就连在书摊上也难觅其踪影。官员们认为狼和熊的故事不过是危险教义和恶毒讽刺的幌子，而上至达官贵人，下至平民百姓，都对寓言故事不屑一顾。

至于才能，虽然我们不能断言中国人可以在寓言这个文学门类中取得伟大成就，但我们确信他们并不缺乏创作寓言的能力。下面这些来源不同的寓意故事便是佐证，我们希望以此抛砖引玉，让中文的读者能提供更多这样的范例：

1. 楚王看到北方的人民非常害怕昭奚恤，感到很惊讶，便向手下的人询问原因。一个大臣回答道："有一只老虎碰巧走在狐狸后面，它发现所有的动物都对狐狸避之不及，而丝毫没

---

① 罗伯聃先生（Mr. Robert Thom, 1807—1846），1834 年来华的英国领事官。他在广州学会汉语后，把伊索寓言译成了中文。——译者注

有意识到，动物们所害怕的其实是它自己。北方的人民恐惧的并不是昭奚恤，而是陛下您啊。"

2. "我现在可以安全地外出玩耍了，"一只小老鼠对它妈妈说，"那只老猫信佛了，我看见她双眼紧闭，正在念阿弥陀佛呢。"但是老母猫经照念，肉照吃，可怜的小老鼠走近它之后并没能逃脱厄运。

3. 一只从没见过驴的老虎听到驴叫，感到非常害怕，转身想逃。这时，驴转过身扬蹄欲踢。"如果这就是你攻击的方式，"老虎说，"那我知道该怎么对付你了。"

4. 一只老虎逮住一只猴子，猴子求老虎放过自己，并允诺带它去找更好的猎物。老虎答应了。猴子把老虎带到山坡上，有一只驴正在那儿吃草——这种动物老虎从没见过。"好兄弟，"驴对猴子说，"往日你总给我带来两只老虎，为何今天只有一只啊？"老虎一听，转身仓皇而逃。此即所谓"急中生智"也。

5. 老虎觉得猫计谋多端，便拜猫为师。最后，猫说它可以出师了。"你把所有计谋都尽数相传给了我吗？"老虎问道。"是的。"猫回答。"既然如此，"老虎接着说，"你活着也没用了，让我把你吃了吧。"猫闻言，轻轻一跃，便跳到了树枝上，得意地看着下面失望的老虎——幸亏它还留了一手。

中国人觉得教他们练兵打仗的外国教官就像故事里的猫一样，对战略和战术也有所保留，秘而不宣。

"论说文"一词，按其广义，可以指任何具有某一特定主题的文章。在此按圣教书会所定下的狭义，专指为了宣扬道德而进行宗教宣传的小册子或说教作品。它们的目的在于开启人们的心智，净化越来越广泛的人类生活。

中国这一古老帝国的人民在许多项发明和各种社会实验上均领先于西方，所以他们先于西方编纂这样的说教作品，其实也在情理之中。和世界上其他民族一样，中国人把言谈记录下来的最早目的就是为了扩大圣贤教诲的影响力，使他们的名言可以传达到一个更广泛的社会圈子里，因为口头交流在空间上最多仅限于几英里以内，在时间上也只能流传几年。

出于同样的埋由，中国人使用比欧洲人早发明六百多年的印刷术的目的之一，也是为了大量复制这些说教作品，而一千多年以来，他们所印刷的这类文本不计其数。即使只挑最有影响力的那些说教作品，也可列出一长串的名单。而要对其逐一进行简单评论的话，根本就不可能。然而，我们可以将其明确地划分为以下几类：

1. 劝人向善的作品；

2. 劝人行义的作品；

3. 劝人避恶的作品；

4. 宣扬特定宗教或神灵的作品。

对于每一类作品，我们各举一两个例子就足以把此类文章的特点和规模阐述清楚。

在第一类作品中，最具代表性的是孔子和孟子的语录，同时还包括其后众多哲学家的论文。正如我们习惯把《圣经》与说教作品区分开来，这类文章，或至少是孔、孟的书，可被视为中国的《圣经》。

西方的许多说教作品几乎全部是从《圣经》中摘录出来并重新编排的段落。中国的本土文学中，也有大量此类说教作品，以引用经典著作为主。

例如《明心宝鉴》精选了中国圣贤们最经典的论述。它们就像精工雕刻的宝石那样闪烁着真理的光芒。在其他说教作品中，这些语录出现的顺序和位置也许会有所不同，但无论置于何处，它们都放射着智慧和德行的光芒。

有一本叫《名贤记》的书在北京很受欢迎。跟《明心宝鉴》不同，这本书所收录的主要是现代著作中的经典语句。它开篇即写道：“积德行善，勿问将来。”第一章的结尾处又这样鼓励人们说：“欲望可敛，天道可依。”

书中的另一句话大体概括了全书的主要思想：“行善第一，诚信得福。”书中每一句话都是格言。跟希伯来谚语一样，其中一些格言劝告人们勤俭节约、指导人们如何为人处事，但也有不少的格言层次更高。遗憾的是，这本书中的宗教思想归根结底只不过是一些苍白无力的描述，与希伯来谚语中无处不在的、对一个活生生的上帝直接负责的概念形成了对比。这使得中国人的宗教信念成为最实用主义的。事实上，直接负责的概念在此类书中并非完全缺失，只是没有得到充分强调。在包括此书的几乎所有同类说教作品中，我们都可以看到下面这样的警句：

> 神灵注视着邪恶的念头，
> 清晰得如同犀利的闪电；
> 从暗处向人们喃喃耳语，
> 后者听来却如隆隆雷声。

著名的《朱柏庐治家格言》①则为治家提出了一整套令人赞叹的规诫：教育儿女要严厉，对待下人要仁慈，贞洁和荣誉是家庭气氛中的最重要因素。

《弟子规》的知名度虽不及前一本书，但其层次更高。这部基本上与我们属于同时代的作品模仿的是声名远扬的《三字经》，但成就更高。仅就文字而言，它让我们看到，当今之世圣贤之言也未完全销声匿迹。在题为"真与信"的第二章中，我们还找到了中文书中很少见的下列训诫：

> 凡出言，信为先；
> 诈与妄，奚可焉。
> ……
> 见未真，勿轻言；
> 事非宜，勿轻诺；

---

① 即朱熹的《朱子家训》。——译者注

苟轻诺，进退错。

还有这样一个简洁明了的定义：

无心非，名为错；
有心非，名为恶。

作者接着补充道：

过能改，归于无；
倘掩饰，增一辜。

《圣谕广训》里收录的是康熙和雍正的圣诫，篇幅不长，也可归为与上面同类的说教作品。事实上，它的每一章都堪比一篇专题论说文。没有别的书能比它更好地体现了一国之君想要宣扬的道德准则，而这些道德准则跟基督教教义有许多相通之处。

上述这些作品都宣扬了纯儒家学派思想。这些书不无宗教因素，因为书中到处都提到一种模糊的主宰一切的力量，即"天"。它们还承认，无论这种力量是什么东西，它都能支配人们的行为举止。

中国最古老的经书《易经》就曾开诚布公地宣称：

积德者，天必厚之以百福；
作恶者，天必谴之以百祸。

在所有上述说教作品中，这句话都反复出现；而有关恶有恶报，善有善果，因果报应的教义已经成为某种最重要的真理，被不断地加以强调、放大和阐释，人们对此深信不疑。就像朱迪亚的撒都该教派一样，此学派教诲的这一思想跟来世无关，即不主张用来世给人们以希望或恐惧。它所宣扬的教义是：此生行善必得福，行恶则必招祸。当然，如前所述，它还提出了一个更加超脱的概念："积德行善，勿问将来。"这让我们相信，纯儒家学派的某些道学家们甚至会与我们一起来吟诵教皇的《普世祷文》：

> 良知告诉我该行何事，
>
> 或警告我不该行何事，
>
> 它教我除地狱外该摒弃什么，
>
> 除天堂外该追求什么。

然而，跟西方的伦理学家们一样，中国的道学家们也体验到，"德行的回报即是德行本身"这一理论过于高深，很难为广大的民众所接受。偶尔可能会出现一两个品性高尚的人，对德行怀有柏拉图式的热情，但对于大多数人而言，德行除了能带来快乐以外，别无其他迷人之处。在这一特定语境下，这种想法本身其实也无可非议，毕竟上帝有意连接在一起的东西，凡人是不可能把它们分开的。套用一句中文俗语就是："福随德行，如影随形。"西方人难道就没读过，就连摩西也"尊重报酬的回报"吗？

当佛家弟子从印度引入明确的"来世"的概念时，这一转世的思想首先被道家所吸收，后来又逐渐被许多儒家的忠实信徒所接受。所有的人都认为，道德的约束力因此概念而大大地得以增强。福荫子孙的模糊概念被因果皆有报的信念取而代之。这一信念深深地植根于大众的思想里，逐渐成为杂糅各派之道德规劝的基础。

在这种杂糅各派的说教作品中，儒家思想也许在某些方面占据了主导地位，而在另外一些方面，则主要依据于道家或佛家思想。但在所有这些作品中，都会有来世因果报应的概念，以劝人行善避恶。

在这一方面，中国最著名的两部说教作品是《感应篇》和《阴骘文》，它们明确宣扬因果报应。这两本书的书名分别与道教中的两位圣贤有关。前者取名于老子，后者取名于文昌帝君。前者开篇就说道：

> 福祸无门，惟人自召。
>
> 善恶之报，如影随形。

后者也在开篇处称作者经历了十七个轮回才达到功德圆满。两本书都由此展开，通过精妙的手法，搭建了一条德行的彩虹，彩虹的一端在地上，另一端则隐没在蓝天中。而它们对恶的描述则阴森恐怖，漆黑一团。

关于这一话题，有一本非常低俗的说教作品，但其影响力也许要高于前两部作品。它就是《玉历钞传》，或称《一串珍珠》，专门讲述因果报应。然而它并没有强调高尚道德的重要性，而是着力描述地狱的种种恐怖景象，想象力极其丰富。书中所描写的地狱和但丁的地狱并不相同，其恐怖阴森有过之而无不及。除文字外，作者还配了插图。有的表现的是一个冤魂被腰截；有的罪人则是被放在臼里捣捶；还有的罪人从桥上被推下满是倒插尖刀的深渊；罪人们要在沸腾的大锅和刺骨的寒冰上永受煎熬；还有其他种种可怕的场面。它们把有益的教义变成了令人鄙视的东西。

对于因果报应的粗浅理解，自然导致了在上天审判法庭开设借贷户头的这一概念。此类借贷账户形成了另一种说教作品。一边是各种可能存在的恶行，并根据固定的关税标注了各自的兑换价值。虽然中国的道学家们并没有像台彻尔①那样，把每种恶行换算成一定数量的价值，并借此来出售赎罪券，但我们可以肯定，读者们会借助自己的想象力去找到一种办法来

迫使自己做不欲之事，

以弥补想要犯之恶行。

如果方法得当，这种给自己的良心记账的方法，可能会引导人们积德行善。富兰克林在这一点上就做得很成功。他说谦卑的美德给了他满足的感觉，使他逐渐变得为此感到骄傲。关于第二类说教作品，即教人行仁德之事的文章，我可以举《孝经》为例。在前面的章节里，我们已经提到过这部作品。它是同类书籍中出现最早的，也是在人们心目中地位最高的，相传记载的是孔子本人的论述，并由他几大弟子编纂成册。虽然此书是伪经，并非孔子所著，但它的完整和精到使它的经典地位稳固牢靠。而且，它的语言精简优美，使作为受众的年轻人易于接受。

这本书的主要思想归纳起来就是一句话：百义孝为先。这句话应该成为人们一生的指导原则。人们的每个行为都跟我们的祖先联系在一起。行善将为祖宗带来荣耀，而作恶则使祖先蒙羞。它的推理过程跟基督教教人把爱上帝作为基督教生活法则的方法有些相似。但是，基督教称上帝为"天父"，基督教徒爱的是活生生的上

---

① 台彻尔（Johann Tetzel, 1465—1519），德意志多明我会的修士，曾任波兰宗教法庭的法官。他曾在焦黄的支持下，大量发售赎罪券，并因此遭到了马丁·路德的严厉抨击。——译者注

帝。与此相比，爱那埋在地下多年的死去祖先，这种情感又是何等脆弱！

在中国，所有社会、政治，甚至宗教义务都以孝义为中心。这个最主要的美德也是无数励志文章的主题。这些文章中，有的无论从哪个角度看都堪称佳作；但也有不少过分夸张了子女的孝行。例如，有不少人为了抢救父母的性命，把自己的血和在药里让父母喝，或用自己的肉熬成汤给父母喝。①

有一本书流传甚广，里面说的都是愚孝故事，其搞笑程度比鹅妈妈②有过之而无不及。我说的这部作品叫做《二十四孝故事》。

有个孝子之所以被人记住，是由于他为了取悦自己的老顽童父母，竟不顾自己七十岁的古稀高龄，身披彩衣，装疯扮傻，以此来逗他们发笑。有个人年幼时寒冬腊月躺在冰上，人家问他为什么，他说"想融冰捉鱼给母亲吃"。还有个孝子，听郎中说野鹿乳能治百病，便为了自己生病的母亲而假扮成鹿，以求能得到鹿乳。另有一个孝子，每逢电闪雷鸣，总会趴在亡母坟头上，喊道："娘啊，儿子在你身边，勿怕！"除了这些以外，其他故事也同样愚不可耐，有的完全称得上是邪恶无比。然而中国的艺术家们争相美化这些不合常理的愚蠢行为，很多大人物也为积德而抄录这些故事的文本，并将它们雕刻在木板上。

这种对孝义的过分宣扬难道不会使人们忽视其他美德，甚至扭曲中国人的道德品行吗？但是，虽然对我们西方人而言，说出真相

---

① 在这样做时，人们通常是从大腿上割下一块肉来；但若是能割下一块肝来的话，效果则会更好。那些年轻姑娘们（因为总是由女子来这样做）究竟是如何在自己身上做这么复杂的手术而又能活下来，这个问题令我百思不解。也许最好的解释就是这些都是一些比喻。

② 鹅妈妈是 1781 年在英国出版的著名童话故事《鹅妈妈摇篮曲》的假托作者名。该童话故事在西方家喻户晓。——译者注

乃责无旁贷，中国的道学家们却对此讳于提及。一旦房子的基石被建造者所忽视，那么造出来的东西将会成为一个什么样的木头、稻草和稻茬的大杂烩呢！

关于尊重字纸的文章也可谓汗牛充栋。但中国文人为何不劝导刊行说教作品的书商们也得尊重书籍，既不贱卖，也不随便送人呢？

此外，还有数量同样庞大的劝人爱护野兽的文章。这种激进的情绪本无可厚非、值得赞扬，但这些作者同样走至极端：他们并不注重为人培育一种稳重而积极的人性，反而倡导把禽鸟和鱼放生以及把在水中挣扎的蚂蚁救出来等善行，视其为积德。在这种文章的影响下，北京成立了一个专门放生被捕获麻雀的会社；但我却从没听说过有人专门成立一个组织，来废止贩卖儿童，而这种买卖是在中国所有的城市里公开进行的！英国诗人柯珀① 曾为一只死去的野兔而悲泣，并且这样写道：

> 一个恣意踩死小虫的人，
> 绝不会在我的朋友之列。

然而他的同情心远不止如此，他同时承认人类也是他怜悯的对象之一。早在奴隶贸易被取消之前，他就已经在大声疾呼地反对奴隶制：

> 蓬松的头发，黝黑的面庞，
> 并不能剥夺自然的主张；
> 肤色可以相异，然而情感

———

① 柯珀（William Cowper,1731—1800），18 世纪英国著名抒情诗人。

无论白人黑人都是相同的。

反对特定恶习的许多说教作品写得情真意切，言辞有力。有的文章中透露了杀婴行为的巨大规模，有的文章谴责赌博这一愚蠢行为，有的以犀利的语言痛斥了形形色色的淫荡行为，还有的劝诫人们勿抽鸦片、勿酗酒，等等。

纯宗教性质的说教作品，其数量远没有像那些旨在补救人类伦理道德的数量那么多，也没有像后者那样受到重视。即便如此，这些作品仍随处可见；每天都有人以小册子的形式来劝诫人们信奉特定的神祇；有的告诉人们如何才能得到张仙①的眷顾。张仙是道教的一位神仙，可保佑信众多子多福。有些书上主要写的是观音诵经词，经文是用梵文写的，念经的人对此可谓一窍不通。

有关争辩术的书少之又少——说实在的，我只见过一两本现代出版的。而以前这类书极为普遍；文人学者们在各种古文集中总是收录韩愈对佛教的强烈抨击，试图使人们保持对这种来自印度的佛教教义的敌意。然而，时间是伟大的和平捍卫者。那些险些把天朝帝国变成原始蛮荒的冲突因素最终逐渐平息，达到了稳定的平衡。

尽管这些不同的宗教理念相互对立并彼此诋毁，但它们的教义有时候又互相交叉地出现在我们所提到的大部分说教作品中。其中有一部作品罗列了一系列的善行，并在这一名单开头的显著位置写着"光兴三教"，意为"把三种宗教传播到各个角落"。

《菜根谭》是一本具有深刻思想的小册子，阐述了融合三种教义，吸取各自精华的好处。它的作者洪应明是一位地位崇高的道学

---

① 根据《历代神仙通鉴》的记载，这位张仙是五代时期一位道士，名为张远霄，在巴蜀道教名山青城山修道成仙。——译者注

家。他的生平不详，我们只知道他大约生活在三百年前。

哲学家们告诉我们，在遥远的未来会有这样一个时代，因为大气不再从太阳吸收足够的热量来打破它的平静，地球不再会有可怕的风暴，北风和南风不再互相争夺主宰地位。同样，正是信仰的热量酿成了争议。当争议停止以后，我们是否有理由怀疑，信仰会失去它的活力，而诚挚的确不复存在？

在古罗马时代，战争中被征服民族的神祇都被带到了罗马；随着时间的推移，这些神明最终都被安然供奉在阿格里帕①的万神殿里。这些神祇由于已经死去，所以能和平共处。卢西恩曾在他的讽刺对话中论及那些死去的神祇和死去的人。然而那些死去的神祇因为基督教的到来而复活：基督来到众神中间，在他的碰触下，这些神祇摇晃着干枯的骨头，站起来与生命之神对抗。历史在重复。我们在罗马所看到的状况，现在正在中国发生。长久的平静被打破，炽热的争议又得以重现。但在异教阵营中，唯一的争辩者来自主张三教合一的信众，他们猛烈抨击基督教，因为它傲慢的教义宣称自己是全世界尊崇的对象。

与充满活力的基督教相比，异教的教义显得软弱无力，但由此推测它们要么竭力扬恶，要么无力向善，则是错误的看法。对于那些得不到太阳的人来说，星光有时就是一种珍贵的指引力量。

在对大量的中国本土说教作品进行探讨以后，我们对于下列事实印象深刻，即各个学派的作者都试图通过利用宗教思想来巩固他们所宣扬的伦理道德。就连儒家也声称自己的经典著作是上天启发的结果。朱夫子对大多数事物都持怀疑态度，但他也承认儒家思想

---

① 阿格里帕（Agrippa）是罗马帝国首任皇帝奥古斯都的亲密助手、女婿和帝国宰相。他主持建造了罗马的排水和供水系统，以及举世闻名的万神殿。——译者注

源于超人的力量。后来的作家也假托神的启发来增加自己作品的说服力。道教和佛教这另外两种信仰使天上充满了成仙的凡人，人类很容易就能跟他们沟通，并从仙人们那儿得到预言式的答复。如果仙人会给凡人的麻疹、牙疼等病痛开药方，那他们当然也可以为其灵魂的疾病把脉诊治。仙人和凡人沟通的媒介是占卜板。占卜板在中国使用了一千多年以后才开始出现在欧洲。我就目睹过仙人的洋洋洒洒之作，它居然还是一首韵律准确的诗歌。

在宗教与道德之间的关系上，中西作家的做法一致。如果没有宗教信仰的支持，伦理道德的宣传必然是软弱无力的。

英国一位著名作家曾把宗教定义为"有情感支撑的伦理道德"。这一定义既不合逻辑也不够完整，但它以巧妙的语言点出了由两种截然不同的事物所组成统一体的显著特征。借用一位希伯来诗人的意象来说，道德是从地面往上跳起，而宗教则是从天上往下俯瞰。道德是一个美丽而冰冷的身体，直到作为灵魂的宗教进入这个身体，给它赋予生命，或用阿诺德先生[1] 的话来说，这是"用情感来触摸"。

爱上帝是宗教，爱人是道德。这两者必须结合，才能达到我们圣教书会传教事业的最高效率。这个说法也许听起来很奇怪，却是千真万确的：道德是我们的终极目标。

我们应该看到中国本土的说教作品所取得的成就，它们为我们宣扬基督教教义铺平了道路。正是由于本土作家们在这方面所做出的努力，我们所做的事情才能进展得如此顺利。因此，我们应该尊重本土说教作品中的精华和做法，虚心学习，以便能更有效地推进我们的传教事业。

———

① 阿诺德先生（Mr. Arnold）是指 19 世纪英国著名诗人和文豪马修·阿诺德。——译者注

其中最值得我们学习的，是他们宣传宗教和伦理道德话题的模式。任何传教士在编写基督教教义小册子之前，都应该首先学习一下中国的各种说教作品。传教士不仅要学习它们如何以简洁而清晰的风格来进行阐述，以便既能得到文人的认可，又可为民众所理解；更重要的是，他还必须从中领会他所要教化和救赎的那些人的精神需求。

中国本土的说教作品有一个显著的弱点，即在它们华丽辞藻的背后，所讲述的都是些陈词滥调。我们在撰写小册子的时候，应该利用中国作者所不了解的资源。除了主示的真理，我们还有地理、历史、天文、物理等多种知识需要向中国人传递，更别提我们得以改进的精神体系和伦理哲学了。

这些科学不仅能推翻迷信，更重要的是它们还能帮助人们理解宗教真理。每一个新的小册子应该或多或少地论及这些学科；还必须有专门论述科学和宗教的小册子，中国人对于这些东西接受很快。我们的圣教书会最好能推出一系列这样的书籍，不要以教科书的形式，因为这个任务已经有其他出版机构在做，而是采用初级读物的形式，把宗教真理和科学知识糅合在一起。按照这个原则，我们的出版物便会在最高意义上发挥教育的功能。它们将会赢得社会上层的尊敬，不仅帮助他们扫除迷信，还使社会各阶层脱离他们暗淡的信仰之光，并让他们能找到作为世界之光的主。

第三卷

中国人的宗教和哲学

第十一章
三教，或中国的三大宗教

　　中国人的宗教经验值得悉心研究。早在远古时期，他们就脱离了先祖世系①，而且几千年来与人类大家庭中的其他支裔鲜有交流。因此，我们可以相当精确地探知构成最早中华思想遗产的那些概念，并追溯那些原始信仰在历史长河中的发展或蜕变。在其漫长历史的中途，中国人从印度输入了一种外来宗教体系，最终完成了中国三大宗教的教义。

　　在中国人的宗教经验中，各个主要的宗教体系都经历了充分的检验。竞技场所的广袤，以及实验所持续时间的漫长，均使得这些宗教的发展臻于完美。由于这些实验是在一个高度组织化的社会里，并且是在一种高水准的智力文化背景下进行的，因而具有重要的意义。

　　今天的中国人在思想观念和实践上均奉行多神教和偶像崇拜。这种现象在每一个方面都会引起外国旅行家的注意。在搭乘舢板上岸时，他会在船上发现一个小神龛，里面供奉着一

---

① 　先祖世系（the parent stock）是指《旧约·创世记》中以亚当为人类始祖的世系。——译者注

尊河神的神像，也可能是财神或者观音菩萨。他会看到矗立于山崖之上的宝塔和坐落在幽谷深处的寺庙，那如画的美景令他如痴如醉。还有，当他走进一个小镇时，看到那儿城隍庙和文昌阁的规模或华丽程度，会惊讶不已。一沓沓冥钱在烟花爆竹的噼啪声中当街焚烧，和尚们敲打着木鱼，抑扬顿挫地诵经念佛，哀伤的调子在空气中弥漫。在蜿蜒狭窄的巷道上，求雨的行列鱼贯而行，人们肩上抬着雨神龙王的银色模拟像。

外国旅行家会被告知，这些庙宇、偶像和象征都与"三教"有关。在偶像崇拜这一点上，三种宗教如出一辙。他打听过当地究竟有没有哪个更为开明、更富有哲理性的宗教，也曾对盛行一时的迷信提出过抗议，但他的努力都白费了。然而，在学习汉语和研究中国民间各种稀奇古怪的迷信过程中，他开始发现一种深沉而真实的宗教情感的蛛丝马迹，这种宗教情感与任何一种大众膜拜对象都没有联系——那就是对天的崇拜，相信在可见的天上，存在着一种冥冥的力量，后者能够满足人的需求，奖善惩恶。

这种令人敬畏却又不可知的存在被人格化地称作"老天爷"，而不是"天父"，后者表达了一种兼有慈爱和威严的基督教观念。这位"老天爷"有点像我们所说的"时光老人"——或被冠以其他各式各样的称谓，他虽被举世公认，但只是在一个非常有限的范围内受到祈求和祭祀。有些人每逢除夕时节会向这位支配世间万物的大神献上感恩祭品，有些人每晚都会在天井里焚香一炷；在婚礼上，所有等级的人都在供奉五种崇拜对象的牌位前向为首的天鞠躬致敬。①

———

① 其他的四种分别是地、君、亲、师。

　　若是指责中国人忘恩负义，不去敬奉他们赖以生存的神，他们就会众口一词地回答说："我们不祭拜上天，并非忘恩负义，而是出于敬畏之情。它是多么伟大啊，我们哪有资格去祭拜呢？只有皇帝才配得上在祭天的祭坛上放置贡品。"依照这种宗教情感，只有作为人民最高祭司和中间人的皇帝才能在北京举行盛大的祭天仪式。

　　天坛矗立于京师外城的南门之内，四周圣林密布，林中的寂静肃穆从未被碌碌尘世的喧嚣打破过。天坛只有唯一的一座大殿，大殿屋顶上覆盖着碧蓝色的瓦片，象征着天穹的形状和颜色。天坛里面没有神像，隆重的祭天仪式并不是在那座殿里举行，而是在大殿前面的一个汉白玉祭坛上举行的。皇帝每年都驾临此地，以牛作供牲，俯身下拜，祭祀天这位宇宙之神。[①]

天坛

---

① 另外一座结构相似但规模更大的大殿位于另一个分开的围墙里面，围墙有门，通往更为神圣的地方，皇帝就是在这里祈求丰年。

圜丘

这儿是中国人进行祭祀的最高场所：这位体贴入微的外国来访者认为自己在踏进天坛庭院时，应该脱鞋以示敬意。[①] 因为这里丝毫没有受到任何庸俗偶像崇拜的污染：这座山巍然屹立于信仰败坏的狂涛巨澜之上；在这座独一无二的祭坛上，依然留有中国远古信仰的一丝微弱光辉。代表那位无形之神的牌位上刻着"皇天上帝"的名字；当我们思忖着中华帝国的皇帝陛下如何在这块牌位前俯身下拜，以及烟气如何从他的燔祭牺牲上袅袅升起时，我们的思绪会不可抑制地回到塞勒姆国王充当"至尊上帝之祭司"的时光。

中国人的文献和制度并不像印度人和希伯来人的那样，到处充斥着上帝的概念。然而，这个概念在中国早期典籍里却非常清晰地得到了表达，这实在让我们感到惊奇，并同时惋惜它最终在这个民

① 理雅格博士（Dr. James Legge, 814—1897），中国经典的杰出翻译者。在我写下这段文字的几年之后他访问了北京，在登上这个大祭坛的台阶之前真的脱掉了鞋。然而 1900 年，这个神圣的地方居然变成了英国军队的兵营！

族的心灵中只留下如此微弱的印象。

据中国史书记载，音乐的发明是为了赞美"上帝"。对帝位的争议须诉诸"上帝"的裁断。他是万国之仲裁者，虽以仁慈护佑万民，但也会因人间的罪孽而大动肝火。在《易经》里，他被描绘为能使春回大地，使昏睡的自然恢复生机。《礼记》记载古人"祈谷于上帝"，以一头毛色完美无缺的小牛作为供牲，该牛在成为祭品之前还须被圈养三个月。《诗经》主要由公元前八百年至一千年之间的作品所构成，[①] 也有年代更为久远的古代作品片断，在这些作品中，上帝被描述为坐在高高的宝座上，而善人的灵魂们在他周围来回游荡。

在所有这些书里，上帝都没有像古希腊的宙斯那样被贬低得以人的面目出现，同时身上还附有七情六欲。中国古籍中上帝的人格化甚至还比不上希伯来圣经中的耶和华形象。最近乎以人形来表现的地方是把一只可能是留在某块岩石上的"巨大脚印"说成是上帝的。受过教育的中国人在皈依基督教时坚持认为，他们祖先的上帝与基督教要他们崇拜的天主完全是一致的。明朝翰林和内阁大臣徐光启曾上书皇上，为他的新信仰及耶稣会士们进行了有力的辩护，在奏折中他就是这么宣称的。

没有必要进而争辩说，早期的中国人根本就不缺乏关于上帝的知识。他们的确不知道上帝就是造物主，但他们承认他在天上永远是最高主宰，而且既无开端，也无末端。

这种观念究竟始于何时？它是经年累月的冥思结果，还是通过宗法制传统而流传下来的远古概念？我们认为，后者是唯一可能的假说。中国早期典籍中并没有思辨性探究的迹象。对于上帝的本

---

① 　作者在一些年代问题上有所偏误，为保持原貌，未作修改，请读者注意辨析。——编者注

质，以及对于这一存在的信仰基础，中国人从未表达过任何质疑。相反，在他们最初提到上帝时，后者就仿佛早已是众所周知了，而且在谈到人们从山顶向他贡献燔祭时，仿佛也是在说一种既有的仪式。实际上，就"上帝"这个概念而言，我们最初预见它的时候，它已经不是处于一个发展的过程，而是开始衰落了。不过，使"上帝"这个概念几乎湮没无闻的偶像崇拜究竟始于何时，却是可以清楚地追溯的。诸天体、山河之神甚至亡魂也都被允许分享上帝的神圣荣耀。那种宗教情感，由于被从上帝逐渐转移到了各种各样的崇拜对象上而消磨殆尽，大众的心灵似乎在由它自身的幻想所创造出来的生物中求得庇护，正如亚当在伊甸园的树木中间，从神圣的上帝这一极其令人敬畏的概念中求得庇护那样。

尽管这种对于至高主宰的祭祀仪式宏大而庄严，但要说它对当前大众心灵有什么影响，也不过就是像一缕阳光照在冰山上罢了。它仅限于皇帝以及少数盛大而威严的国家礼仪活动，在寻常百姓家却没有这种祭拜，民众对之也是三缄其口。以天的形式出现的上帝并不是与众人同在的。即使是在冰雪覆盖的奥林匹斯山巅上，它仍然显得过于遥远，尽管在某种微弱的程度上，中华民族的心灵已然感觉到了它的存在。

为理解这三种宗教体系之间的相互关系——换言之，为理解当今中国的宗教情况——我们有必要分别考察一下它们各自的兴起和历程。我们先从儒教开始讲起。

儒教并非由孔子首创。孔子详细考察了对于远古时代的记载并对其进行了筛选。作为古籍的编纂者，他的影响不可谓不深远，然而他仅仅是把自己所希望影响整个民族心灵的那部分内容传给了后代读者。因此，我们只能根据他的记述来断定儒教始于尧、舜时期，公元前21世纪的尧、舜是孔子心目中的道德模范。

有两类伟人在他们所归属的社会生活中留下了痕迹：一类人在没有任何远见的情况下改变了历史的进程，这就像一道崩溃的悬崖改变了溪流的方向；另一类人就像是技艺高超的工程师，为后代的思想开辟了渠道。孔子是后一类伟人中的佼佼者。孔子生前享尽荣耀，以至于逝世时，很多国君都像丧父一般感到悲伤。他的影响随着岁月的流逝而愈见深远，并随着中国人口的繁衍而更显得广阔。佛教和道教都已经堕入不可挽回的衰败之境，而孔子的影响以及人们对他的记忆，却犹如他墓园中遮天蔽日的松柏一般万古长青。两千三百载光阴远逝之后，每个城市都建有他的庙宇，每个课堂里都放着他的塑像。文人学士们一个个都尊他为智慧之源，国家朝廷奉他为典章制度的开创者。他的教诲一直以来都备受尊敬，他故里山东的人民给一个传教士所作的答复就非常好地体现了这种尊敬。大约五十年前，这个传教士拿基督教的书籍给他们看，他们说："这些书我们已经看过了，我们不需要它们，也不认为它们讲的是对的。对我们来讲，有我们圣人的教诲已经足够，这些教诲比你所能带来的任何外来学说都要高明。"

孔子出生于公元前 551 年，具有许多非凡的才能，但他并不仰仗自己天资的富有。"学而不思则罔，思而不学则殆"是他教诲学生的一句箴言，也无疑为他本人在心志成形的过程中所遵循。中国早已拥有了先代积累下来的许多文学和历史的瑰宝。通过博闻强识，融会贯通，他把这些材料熔铸成了一个新的体系，流传给后代。

研究古代文献赋予了孔子满腔热忱，他痛感当时礼崩乐坏，早年就立志要做一番改革者的事业。为了实现他的志向，他先是一边教诲弟子，一边尝试从政，树立优良政治的典范。他五十五岁晋升至鲁国宰相的职位，短短几个月后，公共道德风尚有了明显改观，道不拾遗，牧羊人在把羊赶到市场出售之前也不再给其灌水。

　　一种奇特的客观形势让他退出了政治生涯。小邦鲁国迅速变得富庶起来，敌国的国君为了阻止它在帝国政治生活中获得优势地位，感到有必要削弱这位贤明的立法者的影响。这位国君采取了路易十四对付查理二世的策略，他向鲁国派出的不是勇敢的将领或足智多谋的政客，而是一帮能歌善舞的美女。年轻多情的鲁君中了圈套，从此纵情于声色之乐，荒废了这位圣人提出的所有改革方案。孔子对此深感失望和厌恶，于是从公共生活中退隐。

　　孔子经常因国君傲慢和官吏嫉妒而饱受挫折，自此以后，他尽量走一条不算平直但更为可靠的道路来实现他的目标。他更加投入地去教育年轻人，并整理古代智慧所留下的那些不朽的作品，这些作品构成了他的教诲的基础。四周封邑的青年才俊慕名而来，受他教育的弟子不下三千，其中成为杰出官吏的有五百多人，位列帝国圣贤的有七十二人。毫无疑问，通过这些弟子以及随后这个时期编纂的书籍，他对这个帝国的命运发挥了重大影响，就算真的坐上帝国宝座，他的影响也不会有如此之大。他被后人尊为"素王"，即"无冕之王"，其思想的影响力为所有的时代所公认。[①]

　　孔子深知格言的力量，并把那些为他所认可的格言编入了他的思想体系，他教诲学生时也采取了同样的形式。他的谈话言近旨远。他留传给后代一套语句简短、内容详尽的政治伦理，就连记性最差的人也能记得住。例如，"君臣，父子，夫妇，兄弟，朋友"是每个中国男孩都能倒背如流的十个字。它们包含了社会组织的整个框架——即君主与臣民、父母与孩子、丈夫与妻子、哥哥与弟弟、朋友与朋友之间的所谓"五伦"，在中国人看来，这五伦涵盖

———

① 关于对孔子家庭的描述，请参见本章的注二。——译者注

了人作为社会存在的全部义务。孔子把社会福祉必不可少的五种基本的德行——仁爱、正义、秩序、审慎、忠诚——进一步熔炼为五个字：仁、义、礼、智、信。

下面这些文句摘自他各种各样的谈话，或许可以用来说明他教诲的风格和内容：

> 君君，臣臣，父父，子子。
>
> 己所不欲，勿施于人。
>
> 人不知而不愠，不亦君子乎。
>
> 无友不如己者。过则勿惮改。
>
> 见义不为，无勇也。
>
> 道之以政，齐之以刑，民免而无耻；道之以德，齐之以礼，有耻且格。
>
> 知之为知之，不知为不知，是知也。
>
> 未知生，焉知死。
>
> 父母唯其疾之忧。

孔子教导说，孝不仅仅是一种家庭美德，而是会影响到生活中的一切行动。在任何情况下让父母蒙羞的儿子都是不孝之子；粗暴地对待兄弟或亲属，辱没门第的人也是不孝。这种强烈的动机就是像这样被推而广之，用于一切领域，它就像基督教中对上帝的虔诚一样，事实上它的确可以部分地代替虔诚。十三经里最为人熟知的《孝经》精彩地阐明了孝这一美德。

孔子所宣扬的美德与亚里士多德的美德如出一辙，是两种缺陷之间的中庸，孔子的孙子在《中庸》这部最令人景仰的圣书中发挥了这一理论。

孔子教导说，一个廉洁政府的秘密就在于提高统治者的个人道德修养。而个人道德与国家政治的关系，则由《大学》一书作了很好的阐述。

除了一本历史纲要之外，《大学》这部简短的作品是唯一被这位圣人视为自己亲笔写就的正式作品的。他总是很谦虚地说自己"述而不作"，而正是由于他在"述"方面的贡献，此前中国的古代文化才为后世所知。

孔子肩负起了过去与未来的双重使命，他的这种精神或许可以从一次令人难忘的仪式中表现出来，他在这次仪式上总结了自己一生的重大事业。他集合弟子，领他们登上附近一座小山的山顶，人们通常在那里举行献祭的仪式。到了那儿之后，他搭起了一个祭坛，并将他最近刚杀青的一卷圣书放在上面。这位白发苍苍、年逾古稀的哲人双膝跪地，虔诚地感谢上天使他在有生之年最终完成了艰巨的事业，同时祈祷能让他的国人从中受惠无穷。鲍吉耶①说："很多中国画都描绘了这位圣人祈祷时的情景，包括照耀着圣书的光辉或彩虹，还有他的弟子，神情敬畏地站在四周。"②

泰勒斯③过世时，孔子年齿尚幼。毕达哥拉斯和孔子年代相当，但在古希腊人中间只有两个名字堪与孔子相比拟：苏格拉底和亚里士多德。前者从根本上改变了希腊哲学，后者支配了中世纪欧洲的辩证法。孔子身上没有前者离题万里的滔滔雄辩，也没有后者清晰而严谨的逻辑思维，但在实践智慧上却超过了他们，他的影响

---

① 鲍吉耶（Jean-Pierre Guillaume Georges Pauthier, 1801—1873），19 世纪法国汉学家，曾经翻译过《论语》和《大学》。——译者注

② 在读到了鲍吉耶的这段描述之后，我自己也在一本中文孔子画传中看到了这幅画。

③ 泰勒斯（Thales of Miletus, 公元前 624—公元前 546 年），古希腊哲学家。他认为水是宇宙间唯一的基本物质形态。——译者注

持久而深远，更是让这二者远远无法望其项背。

当传教士们试图让中国人把眼光转向救赎时，他们会搬出孔子，并要求先比试一下再说。传教士们采用许多理论来证明耶稣基督的至高无上性，中国人有时候会对这些理论感到不满。这没什么好奇怪的。然而，好学深思的基督徒在读了中国经典著作之后，再回过头来研读《新约》时，就会对《新约》的神圣权威性产生最强烈的信念。在儒家经典里面，他绝对找不到玷污了古希腊和古罗马作家作品的那种亵渎，也找不到充斥印度圣书的那种荒诞不经的神话，但他会发现足够多的缺陷，使他怀着感恩之情把目光转向一个"更伟大的导师"① 所给予的启示。

孔子不喜欢老百姓的各种迷信，为了防止弟子们做出同样的举动，他引导他们走向了相反的极端：怀疑主义。对于那些与信仰相关的基本原理，比如当时人们普遍接受的灵魂不朽和上帝的人格化存在，他要么加以否认，要么避而不谈。此前的人们在祭拜自然之神时曾称其为"上帝"（最高主宰），而孔子则采用"天"这样一个含糊的称谓；这一方面为无神论打开了方便之门，致使后来中国哲学深受无神论之困扰；另一方面也为偶像崇拜打开了方便之门，而唯有主张一个人格化的上帝才能够消除这种偶像崇拜。当学生问他未来的情况将会变得如何时，他或者是劝他们不要问这类问题，或者是以一些模棱两可的话来作答。这样，他就否定了他的教义从来世报应说中可能会获得的支持。比如说，在《孔子家语》中记载了他的一段非常著名的话——不过《孔子家语》的权威性是值得怀疑的：

——

① 指耶稣基督。——译者注

> 子曰："吾欲言死之有知，将恐孝子顺孙妨生以送死；吾欲言死之无知，将恐不孝之子弃其亲而不葬。"

我们还可以补充说，尽管孔子的作品充满了对道德的赞美，却没有一句话是教导人们去追求真理。他的理论体系所追求的目标是义①，而不是真。与此相反，基督的福音书宣称，基督是唯一自由的人，而且是因真理而自由，基督向他的追随者许诺说，"真理的精神"是他最丰富的遗产。

孔子的风格是武断的（ipse-dixit）教条主义，中国人非理性思维的习惯就是它所留下的印记。耶稣基督则诉诸证明及问难，基督教的这一特征在西方各国的思想发展中都有所体现。在另一点上所进行的对比也令人吃惊，借用西塞罗把加图与苏格拉底进行对比时的话来讲，就是"那个人的言辞和这个人的行为都受到了称赞"（*Illius dicta, hujus facta laudantur*）。孔子选择弟子，挑的是能传承他的教诲的人；基督选择门徒，挑的则是那些能见证他行为的人。孔子临死前哀叹他长期以来努力构筑的丰功伟业正在逐渐化为废墟。基督之死是他一生登峰造极的举动；其临别赠言是："成了。"

孔子致力于宣扬的是哲学而非宗教。他的弟子称："子不语怪力乱神。"他宁肯把他的教诲限制在人类生活中较为切实的现实领域；然而，他不但不打算去破除老百姓的迷信，反而还遵守这些迷信的可笑仪式，并教导他的弟子也这样做。他告诉他们要"敬鬼神"，但又毫不含糊地补充道："而远之。"冷眼嘲笑不足以根除现实存在的偶像崇拜。孔子的教诲给许多偶像崇拜的做法都赋予了权威性和优越性，而这些偶像崇拜的做法在孔子之前可能只是受到一

---

① 义（expediency），又合宜，即韩愈所谓"行而宜之之谓义"。——译者注

部分人的认可。

如今，儒教已成为中华帝国最重要的宗教。儒教祭拜的对象有三类——自然界的诸神、祖先和英雄。它最初承认至尊人格神的存在，但这种看法现已蜕化成一个泛神论的大杂烩，并且主要是在可视自然界的形式下尊崇一个非人格化的"世界灵魂"（*anima mundi*）。除了有形宇宙之外，它还分别将荣耀赋予太阳、月亮、星宿、山岳、河流和湖泊。

在中国人的所有宗教仪式中，祭祀祖先被认为是最神圣的。正如埃涅阿斯因孝顺而博得了"虔诚"的美名，中国人对于虔敬的理解也不过就是"孝"。按照儒家的教诲，皇帝可能会去祭拜宇宙之灵；但是对于他的臣民来说，每个人只要供奉他们祖先的灵魂就已经足够了。这些仪式在祖坟前和家族祠堂中举行，祠堂里保存着刻有先人姓名的木质神主牌，以示对于死者的纪念，祭祀祖先与祭拜其他流行偶像的方式完全相同。

那些被神化的英雄包括杰出的圣贤、著名的君主、忠诚的大臣、英勇的武士、孝顺的儿子和公共慈善家——孔子本人位居首位，正如中国人所说，他"与天和地组成了三位一体"。

跟儒教一样，道教也是在中国土生土长的宗教，而且两者的起源也是属于同一时期，并且都继承了远古善恶杂陈的信条。道教的名称取自"道"，即理智，并且自称是理性主义者。然而，尽管道教的理论表面看上去极其深奥，但恐怕没有什么东西能比道教的教义和宗教仪式更荒谬了。道教的创始人李耳似乎心胸开阔，并且已经发现了一些极致的真理；然而他的理论已经遭到了他那些堕落追随者的歪曲。李耳出生于公元前 6 世纪，跟孔子属于同时代人，但要比孔子年纪更大些。他因睿智而闻名遐迩，比他晚生的哲学家孔子曾专门前来向他求教；然而两者的性格截然相反，就像是柏拉图与亚里士多德之间的性格差异，所以孔子不能欣赏老子的奇思妙想或隐晦风格。他后来再也没有前来求教，尽管每次提到老子时总是怀着尊敬，甚至钦佩的态度。

老子，"年老的哲人"，是这位伟大的道教哲学家一般为人所知的名字，也许在他生前就已经有了这个名字，以便能把他跟那位年纪更轻的竞争对手区分开来。有关"苍老的孩子"[①]的解释就像人们虚构老子在母胎中的妊娠期长达八十年的说法一样荒谬和不足为信。

老子用了"五千字"把他的教义传给了后人，这就是《道德经》。这部作品的表达方式极为言简意赅；作品的写作形式是半韵文体的散文。文章中的格言警句俯拾皆是，有的段落堪称字字玑珠，但是它的内容却是如此不连贯，以至于逐字逐句的翻译根本不可能使它们形成一个系统。然而，这种不连贯在微言大义这一假说的万能溶剂下便可以得到轻易化解。下面这一段似乎体现了某种隐晦而崇高的"真宰"概念：

> 视之不见，名曰夷；
>
> 听之不闻，名曰希；
>
> 搏之不得，名曰微。
>
> 此三者不可致诘，故混而为一。
>
> 其上不皦，其下不昧。
>
> 绳绳兮不可名，
>
> 复归于物。是谓无状之状，

---

① 传说老子出生时就头发全白，像一个老人。——编者注

> 无物之象，是谓惚恍。迎之不见其首，
>
> 随之不见其后。
>
> 执古之道，以御今之有。
>
> 能知古始，
>
> 是谓道纪。

有些欧洲学者在这儿发现了一种三位一体的说法，并把"夷"（yi）、"希"（xi）、"微"（wei）这三个字连在一起——然而对于这样连接的过程，他们却提不出很好的理由——就得到了"夷希微"（Yixiwei），他们视其为"耶和华"（Jehovah）这一名字的异体字。老子据说曾经到过中国西面的那些国家，而且在那儿有可能碰到了犹太人，并从犹太人那儿得知了上帝的名字和本性。有趣的是，中国本土的注释家们虽然对这些推测一无所知，但也在这段文字中看出了对于上帝这个受中国皇帝祭拜之神的描述；而且那三个组成离合诗的字被认为在中文中并无老子所说的意义。

我们在这儿发现了后世衰微的哲学与原始真理纯源泉之间的一种联系。实际上，中国典籍中的"上帝"尽管因跻身于一大堆神仙（dii superiores）之中而名声受到玷污，但是它的宝座仍然立于道教的奥林匹斯山之巅，其属性仍然比儒家经典中的任何其他人物都更能表现绝对的神性。在中国人的《神谱》[①]中，排在最前面的三巨头称作"三清"：太上道尊、元始天尊、太上老君。

"上帝"据说曾经创造了"三重世界"：他创造了人和神；使天上的恒星移动起来；并且使行星围绕着恒星转。但可惜的是，这份

---

① 《神谱》（Theogony）是古希腊诗人赫西奥德在公元前 8 世纪所创作的一首史诗，作品中全面介绍了希腊神话的故事和人物。——译者注

充满崇高头衔和神圣属性的单子只是一个被埋葬信仰的墓志铭。道家的信徒们说服自己相信，这位自身完美无缺的天尊深居简出，将宇宙的统治指派给了一名叫做"玉皇上帝"的属下。前者逐渐演变成了一个不再起作用的概念，而后者则被公认为真正的上帝。这位扮演懒王（roi fainéant）宫廷主人的神祇被认为是由一位姓张的凡人羽化登仙的，而这位张某就是目前道教教主张天师的祖先。在华的传教士们在向中国人讲述真正上帝的属性时，往往会听到对方大声说道："这就是我们的玉皇上帝。"

就其哲学而言，道教是激进而又彻头彻尾的唯物主义。他们把灵魂本身视为一种物质存在，尽管比它所寄寓的肉体品质更为精妙。由于它跟肉体一样会腐朽解体，所以必须事先经过修炼，才能使它能够经受得起毁坏。就连肉体也可以修炼成刀枪不入，长生不老。所以，经过修炼的精微身体可以不必进坟墓，而是可以飘飘然升天，进入神仙的境地。很难用文字描述这个概念自从被正式推出之后，是如何在漫长的岁月里点燃了中国人之想象力的，或是估价它所带来的后果究竟有多大。通过严格而繁复的修炼而达到肉体不朽，以及这种并非许多人遗产，而可能成为少数人奖品的长生不老的前景，对于人们的吸引力要比幽灵世界的海岸中摸索强烈得多。人们对于这种钦敬的渴望和追求达到了狂热的地步。吃了便能长生不老的仙丹成为人们所追求的伟大目标——请见证下面我引自一首著名的中文诗歌的诗行，他们同时描述了炼丹的精神和方法：

> 王子去求仙，
>
> 丹城入九天。
>
> 洞中方七日，
>
> 世上已千年。

炼丹术，连同其愚蠢的失败和伟大的成就，均直接来自道教。①

道教的主要原则（关于人类灵魂的教义只是该原则的一个特定应用）是每一种物体都有其灵魂，即一种精妙的、可以赋予其个体以有意识生命的实体。一旦脱离了更为粗俗的肉体，灵魂就会变成统治大自然各个部门的神仙。有的如天马行空，自由地浪迹天涯；更纯粹和轻盈的灵魂则会升上星空，在天庭上找到永久性的住处。就这样，五颗最主要的行星分别用金、木、水、火、土五行的名字命名，因为人们相信，这五种地球上的元素分别来自五颗行星，并且仍然归它们管辖。它们并非世界，而是神灵，它们的移动轨迹控制着人们和事物的命运——这种想法在很大程度上激发了中国人记录天体星辰运行现象的热情。

像这样的一个神谱充满了诗意的因素，具有想象力的中文作品中的大部分故事情节都来自这个源泉。例如《聊斋》这部精彩的故事集的大部分情节和人物都来自道教的神话，其总的特点堪与奥维德的《变形记》相媲美。

与道教的唯物主义特点相一致，中国人认为控制了他们物质利益的几乎所有神祇都属于道教。雨神、火神、药神、农神、家神（lares）或灶神，就是属于这一种类的主要神祇。

一个能针对人类的需要和欲望而提供相应神祇的宗教系统不可能会没有影响力；然而，除了有吸引崇拜者入教的强烈动机之外，道士们还拥有两个能施加影响力的独立资源。他们对于泥土占卦或风水学具有垄断权，这种迷信的艺术宣称能够根据科学的原则来选择最适合于建房了和造坟墓的地点。道士们成功地使民众们信服，只有道士才能保证他们不受恶魔的侵扰。就这样，道教的哲学不仅

---

① 请参见本书第三章有关炼丹术的内容。——译者注

催生了一门宗教，而且还堕落为一种靠魔术骗人的系统，其教主是一位跟国君的地位一样显赫的大巫师，[1] 像皇帝统治全帝国臣民一般，统治着阴间所有的鬼魂。

作为一门宗教，佛教似乎比道教更得民心，尽管前者宣称要把人们从世俗和虚荣中拯救出来，而后者却宣称要给人们带来健康、财富和长寿的祝福。

我们很少会发现一个享有一定名声的佛教寺庙不是坐落在一个自然风景特征十分引人注目的地方。当我们第一次去访问一座位于离天津城门不远的黄土平原上的寺庙时，它对以上规则来说似乎是个例外。然而，后来当我们走进这座寺庙时，所看到的一个宏伟壮观的海市蜃楼立即为我们提供了有关它的位置和名称的解释。这个寺庙称作"海光寺"，它的创建者之所以选择这个地点来建造寺庙，无疑是想让在晴好天气里经常能够看到的那个逼真的海市蜃楼可被寺内修身养性的和尚们用来当作佛教主要教义的一种告诫——即万物都是虚幻的，人生本身就是空洞阴影的一连串变化无常的幻觉。

由群山环绕的僻静山谷，以及超脱于佛教所鄙视的尘世之上的高山之巅，都是建造佛教寺院的理想场所。然而并非对上帝的渴望引导他们远离尘世，也不是出于对创造自然的造物主的尊崇促使他们把他们的神坛建在风景最崇高脱俗的山峦之间。对于他们来说，宇宙是一个真空，空虚是冥想的最高目标。

他们是一个奇异的悖论——笃信宗教的无神论者！他们并不承认有造物主或自觉的统治力量，坚持认为人的灵魂永远在命运之瓮里盘旋，可能会遭受无穷尽的不幸，并且享受不了真正的好处。

――――

[1] 这对于目前的那位张天师来说并不真实，因为后者的财力捉襟见肘，有时不得不离开龙虎山，去更为富饶的地区募集善款。

由于它不能够停止存在，对付这种无休止痛苦的状态就是消灭意识——即隐藏于灵魂内部的结局方法，他们试图以苦修的方法来做到这一点。

他们每天的祈祷是由没完没了的重复所组成的，这种祈祷并不期望被无意识的神祇所听见，尽管后者是祈祷的受众，而且公开承认这种祈祷只是为了对崇拜者施加反射性的影响，即用空洞的声音来占据心灵，使其退出思想和感觉。佛教中的一位圣者达摩据说一动不动地面壁了九年；并没有像一个德国人所推测的那样，是在"思索那座墙"，而是在进行一项更加困难的任务，即根本就什么都不想。

那些已经修炼到了炉火纯青地步的人据信会进入涅槃——并非一个自觉享受的乐园，而是一种没有痛苦的消极状态。这就是所有佛祖的状态，尽管后者的名字意味着最高智慧，却归结于一个空洞而抽象的"不生不灭"状态；而这就是它们所有的追随者所想要达到的境界。这是多么凄惨的场景！思想敏锐的人，因陷于自己苦思冥想的迷宫而感到困惑，试图通过剥夺自身最高的人性属性来获得一种完满！

作为一种哲学，佛教与斯多葛哲学十分相似，其主要动机来源于对罪恶的恐惧。但是后者用全副盔甲来武装自己，以尚武的姿态挑战世俗，激对方去损毁自己积累的财富，而前者寻求安全感的方法则是通过消除灵魂的敏感性，不让在那儿存留任何可能会受到伤害或失去的东西——也就是对待灵魂就像传说中爱比克泰德①对待他的住房那样，为了不再受小偷的侵扰而把房间里弄得空空如也。

———

① 爱比克泰德（Epictetus, 55—135），古罗马哲学家，其学说受到了斯多葛哲学流派的影响。——译者注

这样做会使生命之源枯竭，将灵魂包裹在坟墓的裹尸布里，并旨在把一个活生生的人变成一具精神木乃伊，以便能历经各种变化，而不受它们的影响。

以上就是由高僧所阐释的秘传佛教的精神和原则，从那些高僧们蜡黄深陷的面颊和无神的眼睛来看，他们在这种自我毁灭的过程中已经陷得很深。从外部表现形式来看，佛教中各种流派和国别之间的差别很大，鞑靼地区的喇嘛与锡兰的和尚几乎很少有相同之处。

为了使自己能够为民众所理解，佛教用拟人化的方法把许多抽象的概念转变成为各种神祇；而且为了给佛教的传播铺平道路，它也很愿意将各个国家的神祇和英雄收罗进它包罗万象的万神殿之中。

在中国，涅槃的概念被认为过于深奥复杂，难以被广大民众所理解。于是，为了给民众提供一个比无意识神祇更有吸引力的崇拜目标，佛教徒们提出了一个观音菩萨，她的特殊功德在于，在到达了涅槃的边缘之后，她拒绝进入涅槃，宁可留在她可以听见那些与虚幻世界众多罪孽进行搏斗的人们在遇到灾难时所发出呼救声的地方。正因为这一点，她被人称作"慈悲观音"。

这一吸引人的属性满足了人性的需求，使她成为佛教追随者最喜爱的一位神祇。虽然三位佛祖在寺庙中占据了一个更为重要的地位，但观音菩萨却在佛教徒的心中占据了首要的位置。经常有一些中等的寺庙是专门为观音菩萨而建造的；而在大型的寺院里，她也差不多总是有一个独自的神龛或角落，在那儿她被表现为长有一千只手，随时准备为虔诚的佛教徒们祈福求子——这最后一个属性使她就像是天主教国家中一个受民众崇拜的目标。事实上，有理由相信两者之间确实存在着某种联系。

在上面提到过的海光寺，观音菩萨出现在一个宽敞的大殿里，她的额头上铭刻着一行镀金的字体，宣称她为"恩惠荫庇人们再生的女神"。这儿所用的语言似乎在表达一种基督教的思想，但实际上没有比这更典型的异教思想了。这儿它所说的是灵魂的投胎转世，即佛教的一条基本教义；并且告诉来访者，他必须从这位神祇那儿寻求保护，以便能在将来的转世中得到保护。

在佛教教义的巨大迷宫里，人们可以找到世间生命的各种状态，此外还可以找到无数的炼狱和乐园。除此之外，普通的佛教徒别无他求。积功德——在经过修正的佛教体系中它扮演了一个重要的角色，是对舒适安逸的官僚生活的逆转，或是在"西天极乐世界"找到一个位置，这些就是佛教徒们所一心冀求的。还有避免自己的灵魂在一个精神研钵中被捣成碎片，或在地狱的精神磨盘中被碾成粉末；或转世成为畜牲的命运等，构成了使人们与罪孽保持距离的最强烈动机——这些和一千种其他惩罚形式被人们用图画和粗糙的模型表现出来，以便给那些不能阅读的民众留下深刻的印象。

在公元 66 年之前，佛教在中国几乎没有人知道。在长达两个世纪的时间内，儒教因政治原因受到排斥而衰落，汉明帝派遣了一个使团去印度邀请佛教高僧，于是便在中国形成了三足鼎立的局面。据说明帝产生这个想法是因为做了一个梦。他告诉手下的大臣说，他在梦中看到了一个金人，手中拿着一张弓和两支箭。大臣们在这些物件中辨认出了佛教的因素——因为在中文的"佛"这个象形文字里面包含了一个人、一张弓和两支箭——并且阐释说这个梦是神的启示，意思是说应该把佛教介绍到中国来。这个梦的故事显然是后来编造出来的，但有趣的是，假如我们推测，那个派出去的特使团没有在印度停留，而是直接去了巴勒斯坦，那么如今中国的状况将会是什么样子。即便是按现状来看，佛教的成功也显示了外来的信仰在中国的土壤里扎根、发芽和生长的可能性。

三教，或三种宗教，现在已经经历了调整。然而由于篇幅的限制，我们只能对他们进行概括的回顾，一方面不能深入分析那些与好几门宗教流派同时有关的迷信做法，就像黏附在古树树干上的青苔，或是缠绕树枝的长青藤那样难以完全分开；另一方面，也不能细致地探究产生这些宗教的哲学系统。每一门宗教都产生于一个哲学流派这一事实对于人类思想的倾向来说是十分重要的。

儒家哲学的显著特点是它注重伦理道德，主要关注社会关系和民事职责，刻意回避所有涉及本体论奥秘和怪力乱神的问题。

由老子的追随者所发展起来的道教哲学，而非由老子本人所留下的那种形式，可以概括为具有注重物质的特点。它要求个人进行严格的自我修炼，而且，在没有任何真正科学概念的情况下，它充满了各种隐藏在元素和大自然内部的无穷尽资源的观念。

佛教的哲学主要是形而上学。它起源于一个远比中国人更热衷于玄妙猜想的民族，主要关注于对自然和人类思想感官、知觉的真实性，以及我们对于外部世界独立存在所怀有虚幻信仰的基础等，进行十分微妙的探索。

就这样，这三种宗教在其主要特征上有着很大的区别——其中一个是彻头彻尾的唯物主义，另一个是纯粹的唯心主义，第三个批驳所有这类问题，使自己持中立和超脱的态度——然而又显示出某些显而易见、引人注目的共同之处。它们在最初省略和否定宗教思想的态度上是一致的；它们又都在消极的基础上，兼容并包，形成了一套宗教体系；而且它们都为民间的偶像崇拜提供了一定份额的内容。

孔子"不语怪力乱神"，并且告诫他的弟子们"敬鬼神而远之"；然而他所提倡的祭拜已故祖先的形式导致了把祖先们神化的做法，并且推动了（假如不是发起了）国家对于英雄的崇拜。正如实证主义的现代辩护士孔德宣称要使自己的头脑完全充满实证观点那样，孔子因缺乏人性宗教的资源而无法满足自己对于精神世界的渴望。

佛教的信条否定物质世界的现实和一个支配世间一切的理智的存在；然而它使得一个唯心主义的宇宙中充满了一大群唯心的神祇，所有这些神祇在大众信仰中都能找到其实体。

道教的信条绝不承认与物质形成对比的那些鬼怪种类；然而它又创造了一大批被民众视为神圣的监守天上和地下的守护神。

我们在此所观察到的一种思维过程与欧洲某些现代作家所主张的人类思维自然过程截然相反。按照他们的说法，人类一开始就有对于许多神祇的信仰，后来这些神祇逐渐被简化为一个单一的神，最终这个单一的神也因人类认识的逐步加深而被独立于一个人格化统治者的自然法则所取代。然而最早见于典籍记载的中国宗教是对于一个上帝的崇拜，偶像崇拜则是后来的发明。即使是当前，中国的万神殿中还在不断地出现新的偶像。这一倾向在中国是如此强烈，几乎每一种宗教都是由哲学先打下基础，然后再由偶像崇拜来完成整个宗教结构的。

有关三教中任何一门宗教是国教，从而排斥其他两门宗教的说法都是不正确的，尽管儒教因为对于统治阶级的影响更大，与国家礼仪的关系更密切而有时候被认为是国教。不仅这三门宗教各自都承认和容忍其他的两门宗教，而且它们也都分享了皇室的赞助。三教各自的神龛经常是在得到皇家资助的情况下建造起来的，而且它们的祭司、和尚、道士和宗教礼仪等也受到了皇家不偏不倚的赞助和对待。

不仅这三门宗教在中华帝国中同时共存，没有产生任何的矛盾；而且它们还对于中国庞大人口中的几乎每一个人都产生了共同的思想影响。我们不可能把中国人按照这三种不同的信条来加以区分。他们全都是儒家弟子，全都是佛教徒，全都是道教徒。他们全都崇拜孔子，而且全都祭祖——全都参加"饿死鬼的筵席"，并采用佛教的葬礼仪式；他们全都采用道教的巫术符咒来保护自己不受恶鬼的侵扰，或在商业活动中得到"好运"。他们按照儒教的礼仪来庆祝婚礼，但在建造房屋时，他们会请道士来看风水；在生急病时也会请道士来做道场驱鬼。临死前他们会把灵魂托付给佛教的和尚。人们会声称，而且千真万确，这三门宗教原来是分家的，现在已经合并成一门宗教。他们习惯于修建"三教堂"，即这三门宗教的庙堂，把孔子和老子置放在佛祖的两侧，以形成三位圣贤的格局。然而这种安排会给某些狂热的儒教弟子带来很大的伤害。几年前，有人上了一个奏折，祈求皇帝拆掉建在孔陵附近的"三教堂"，因为孔子的地位"与天地参"。

这一联盟的影响可以追溯到各自的宗教文献和人民的风俗习惯。关于这一方面，我们举一个例子就足以说明问题，尽管我们可以再进一步，假如篇幅允许的话，显示某个宗教流派在后期著作中是如何自由地采用其他宗教中的措词和说法，以及指出中文的普通用语是如何因宗教术语，尤其是佛教的术语，而得以大大丰富的。所有这些宗教术语都被编入了《康熙字典》，就像铜钱一样流通于文学的殿堂。

在《聊斋》这个故事集中，有一个故事的幽默就来源于三教术语的奇异混合。

有一个年轻的贵族在手持鹰隼外出打猎时被摔下马，别人以为他已经一命呜呼。但是被送回家时，他居然睁开了眼睛，并且逐渐恢复了体力；然而令家人感到悲伤的是，他已经完全疯了。他想象自己是个和尚，对于妻妾的爱抚举动感到厌恶，并坚持要别人把他送到一个偏远的省份，因为他声称自己在那儿的一个寺庙里度过了一生。到了那儿之后，他证明自己就是寺庙的住持，于是他投胎转世的奥秘便立即大白于天下。

他以前过的是放荡的生活，所以他脆弱的灵魂无法承受死亡的撞击，立即化为一缕青烟。一位刚咽气的和尚，其灵魂正好在附近飘荡，于是在急于找一个可以寄寓的肉体这个欲望（有人说这种欲望甚至会迫使鬼魂钻进一群猪的身体）的引导下，这个死魂灵便占据了那个体表尚温的尸体。

这位年轻的贵族原是个现代型的儒家弟子。灵魂转换其在俗世栖息之所的观念是佛教的说法。而死魂灵不必等待下一次生育，便可使它立即变形的做法是基于道教的教义，即灵魂与肉体一起灰飞烟灭，除非灵魂因受过严格的修炼而得以纯化和提升。

要探究该联盟是根据何种原则来发挥影响的这一问题令人感到有些奇怪。把三种不同的信条混合在一起就好比把大气中三种不同的气体混合在一起，每一种气体都为新合成的生命体液贡献了某种成分；或者像色谱中的三原色那样，经过混合可以按不同的比例调配出任何可能的颜色，而且在任何调配出来的颜色中这三原色都同时存在。在中国，新生儿所呼吸的并非健康清新的空气；婴儿张开眼所见到的第一道光也并非纯粹和稳定的光。然而这三种宗教各自都满足了一种需求；而且总的来说，三教合一之后，在提供自然所渴求的东西方面，做得并不比任何非神启的信条差。

三教并不像某些本地人不假思索地认定的那样，意义完全相同，其差异只是在它们的表达方式上。如上所述，把这三种信条看作是完全不同或尖锐对立是不太可能的；然而在一定程度上，它们是互相补充的。正因如此，它们才能统一成为联盟，并且保持它们的永久性。

孔子给中国人留下了一个有关社会组织和民事政体的繁复理论，然而当中国人看到外面的自然界及其未解的难题时，他们就不能将思想局限于孔子谨慎的实证主义了。他们为神秘的事物感到心醉神迷，感觉到在自然界有不容忽视的超自然因素，即使他们还不能理解这些因素。因此就产生了道教，后者以座次分明的鬼神和人格化的自然力量抓住了中国人的想象力，并在某种程度上满足了对于未来生活的渴望，即主张经过艰苦条件下的修炼，人有可能获得肉体的长生不老。

在有关人的存在仅悬于一线可能性这个重大问题上，佛教给中国人带来了希望的福音，使人们确信每个人在来世的生活中都具有不可剥夺的利益。它提供了一种中国人以前从未拥有过的有关人类思维的最佳心态；对于人类生活条件的不平等提供了貌似可信的解释；而且通过灵魂转世的理论，一方面似乎揭示了人与下贱动物之间的联系，另一方面也揭示了人与神之间的联系。无怪乎，它在民众的心里激发起一种热情，并诱使其他信条的追随者对佛教进行了恶毒的攻击。

反对灵魂转世理论的道教变得更加唯物，儒家则变得更加无神论化。儒家的弟子们对于这一理论的攻击尤其激烈——否认上帝的人格化和人类灵魂的来世生活，尽管他们此前在这个问题一直保持了沉默。

然而现在，那种突发的激情已经平息下去——从那以来，对立的因素已经互相抵消了，三种信条在平息下来以后都已经达成了一种稳定的平衡关系，或者说已经结合成一种坚硬的混合体。伦理的、物质的和形而上学的因素度和谐地相互共存。否认物质存在的佛教流派，关注于物质属性的道教流派，以及谴责前两者的故弄玄虚，把宝都押在了伦理道德上的儒家流派，全都停止了它们的争论。前者的动机来自对于死亡的恐惧，次者的动机出于对伴随着人类生活而来的罪孽的恐惧，而后者只关注当前，对于希望或恐惧都淡然处之——这三者都被单凭感情用事的民众同样信任地接受下来。他们并没有看到这三者的分歧之处，或是理解它们互补的方式，他们之所以接受三教，是因为它们分别满足了他们内心的某一种渴望，所以民众把三教融合成了一个庞大、异质和不协调的信条。为了有助于撮合表面上矛盾的说法，人们必须记住，三教中的每一种体系都具有双重性——首先是一种秘传的哲学，后来又成为一种流行的宗教。佛教教规的主要目标是消灭意识。然而中国人却把信佛的意识看作未来生活的最好保证。哲学家急于扬弃的东西，民众却渴求拥有它。

如果我们有足够的篇幅来深入探究一下这几个体系单独和合并之后会产生什么样的思想和道德影响，这将会是很有趣的。它们确实带来了各种各样有辱名声的迷信，通过相互支持而非毁灭，它们给民族的思想加上了三重桎梏；但我们却往往认为，它们都在对于中国人民的长期教育中起了有益的作用，并分别代表了宗教思想发展中的一个明确阶段。佛教大大地扩充了他们的宗教概念。打个数学的比方，在佛教被引入之前，中国人的思维局限于两个维度，他们观察问题就像是看一块平地，只有长和宽，没有高。佛教使他们了解了高的概念，把他们带上了天空，使他们发展了一种对于宇宙的看法，而宇宙的宏伟壮观也是其他东西所难以比拟的。在三维的宇宙之后，我们是否还能够看到一个四维的宇宙呢？我认为，在宇宙中还有第四维的空间，或者说（放弃这种比喻）在发展过程中还有第四个阶段，即中国正在等待的那个阶段。唯有基督教才能够弥补所有其他体系的缺陷，并且呈现一种和谐的统一。中国人正面临着一种更好的信仰——这是一种始终如一，适合于满足中国人所有精神需求的信仰。盲目接受矛盾体系的习惯已经使得中国人的思想不能够对证据作出判断；而且他们从不对一门宗教提出质疑："它是真的吗？"而只是问："它好吗？"但是持有排斥性和绝对性主张的基督教已经开始引起了他们的注意；一旦中国人的探究精神完全被唤醒，三教，或三种信仰，将不会长久地经受住考验。

注一
光绪皇帝在天坛

古罗马的皇帝们往往同时具有大祭司（*Pontifex Maximus*）的头衔；而中国的君主从远古以来也担当着帝国大祭司的职责。

1887 年 12 月 22 日，光绪皇帝首次在天坛主持冬至祭典时，正是扮演了这样一个角色。在祭典的前一天，他就在大臣们前呼后拥的陪伴下，前往天坛，在行进行列中居然还出现了三头拉着车的大象。当天晚上，他是在斋戒和打坐中度过的。在为天帝的降临做好准备之后，皇帝在一个铭刻有上帝名字的神主牌位前行三叩九拜的大礼，并献上一头燔牛作为祭品，牛的骨头被放在一个火炉内烧成灰烬。

至于那一大群普通的神祇，皇帝可以随意设立或取消它们，但是在上帝面前，这位亿万中国人的帝王也只能屈尊跪倒在尘土之中，承认自己臣服于法。

当太平军的活动于 1853 年达到高潮时，咸丰皇帝回到天坛，在天帝面前承认了自己的罪孽，并且代表正在经受苦难的中国人民向宇宙的君主请求宽恕。通过这一行为，他承认了君权神授，以及自己必须为正确使用这种权力而负责。

同一个概念也已用令人注目的方式由环绕圜丘坛基座的一排铁制的香炉表现出来。在这些香炉里所焚烧的并非一串串锡纸做的金元宝，也非一根根的焚香，而是长长的死囚名单，升腾而起的烟和火向天上的至尊法官请求发落，以决定究竟是将他们押送刑场，还是给他们平反昭雪。

中国皇帝信奉一神教，因为在他看来，只有一位至尊的天帝才值得他来顶礼膜拜；尽管他也在其他神祇的神龛前祭祀过，但只有在天帝面前，他才采用表示臣服的跪拜方式，而且他尽管不是天帝唯一的崇拜者，但却是唯一被允许用上述礼仪来祭拜天帝的人。任何其他人若胆敢模仿这一礼仪的话，就会被视为是犯下叛国罪，因为这样做只能有一个意思——即妄图篡权，夺取皇帝的宝座。这样的例子在史书记载中只发生过一次（公开的叛乱除外），那就是在大约 2500 年以前，秦王建造了一个祭拜上帝的祭坛。这一行为是他想要推翻周朝的一个先兆——而他的后代果然这样做了。与此同时，周朝的皇帝容忍了这一滥用特权的行为，因为他没有力量来惩罚这位势力强大的诸侯。

这个皇家祭天礼仪的古老性有一些颇为有趣的细节。它可被追溯到夏朝，即麦基洗德① 把国王与"至尊上帝祭司"这两个职位合并在一起的时期。在那个时代，还没有佛教和道教；但这种原始的崇拜形式本身是否跟父权制信仰的纯粹形式有关，或是像爱默森所说的那样：

> 它就像是火山的岩浆烈焰，

---

① 麦基洗德（Melchisadek）是《圣经·旧约》中古代耶路撒冷的一个系国王和祭司等职务于一身的重要人物。——译者注

从大自然的心脏喷涌而出——

我将不去妄加揣测。

在祭天时献上祭祀的食品这一做法就是飨宴的概念，即请上天之灵屈尊享用凡人所提供的款待。它有八位尊贵的帝王客人作陪，主持祭天仪式之君王的这些祖先就像《诗经》中的文王那样，被视为天帝宫廷的常客。

这种帝王的飨宴是不容遭到俗人眼睛亵渎的；当然在京的所有外国人都被正式要求回避。

因此，我并不宣称要向读者们提供目击者的现场观察；尽管我有权利这么做，就像某些战地记者凭借从远处望见的烟雾来报道战况那样。我看见过天坛，此刻皇帝祭天的仪式宛如就在我的眼前。但即使我在此提供了九章圣曲的曲谱，或者一份随着燔牛而一起祭献的供品名单，也不会给读者增添太多的兴趣。

注二
衍圣公——孔子的继承人

《京报》以通常谕令的形式刊登了以下的讣告：

> 衍圣公孔祥珂，圣贤的直系继承人，现已逝世。有关丧葬仪式的事宜安排，礼部应注意体现浩荡皇恩。

这位衍圣公只有二十六岁，是孔子七十几代的子孙[1]，在上个

---

[1] 孔祥珂是孔子的第七十五代衍圣公。——译者注

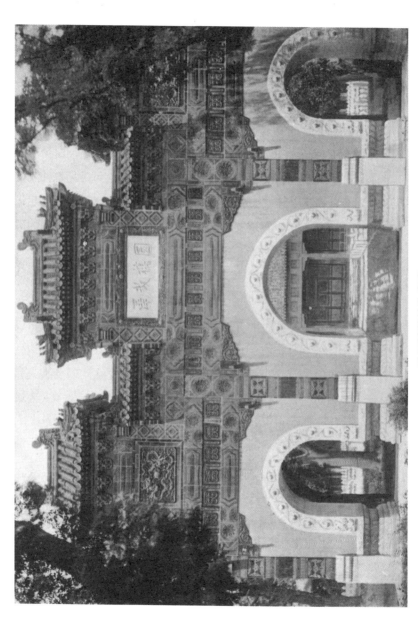

孔子的牌坊和寺庙

世纪中出版的孔家家谱上所列的最后一代为第七十一代衍圣公。^①
至于他的个性我们一无所知，只知道他曾经有一次接见过韦廉臣^②
博士等外国人，并且彬彬有礼地跟他们进行了交谈。令我们更感兴
趣，而且为本书和《京报》中记录他的去世提供唯一理由的就是它
的代表性。孔祥珂是孔子家族的一家之主，并因此享有一品贵族的
尊贵和津贴。

世袭的头衔在中国政府管理中所起的作用非常小，以至于我
们有时候听人说这样的事情在中国根本就不存在。可是那些斗胆提
出这种说法的人，不仅忽视了满人和蒙古人的封建组织，而且忘记
了当今中国某些主要政治家名字前所附加的那些读来铿锵有力的爵
位。我们只要翻阅几期《京报》，就不可能不注意到李鸿章是"一
等肃毅侯"；几年前，"一等毅勇侯"的爵位因为跟已故的著名的
曾国藩和他同样出名的儿子挂上了钩而变得同样声名显赫。总之，
三千年以前中国使用过的五等贵族爵位，只要搜寻一下，全都可以
在当今中国找到，但有一点重要的区别，即这些爵位不再暗示他拥
有地产和领土裁判权。我们把中国本土的世俗贵族，以及满人和
蒙古人的世俗贵族，留给那些有闲暇和对这个题目有兴趣的人去讨
论，在下面这几段里，我们想要来说一下所谓的中华帝国文章学。

许多年以前，在一次从北京去上海的陆路旅行中，本书作者
绕道去访问了孔子的陵墓。孔家各分支氏族的族长们每半月一次在
其著名祖先孔子的神主牌位前所举行的祭祀仪式场面非常壮观。其
中的许多人都放弃了官职，在孔庙里担任祭司的角色。他们的任

---

① 丁韪良的文章完成于 19 世纪末，所以这儿所说的"上个世纪"实际上是 18 世纪。第七十一
　　代衍圣公是孔昭焕，1744 年袭衍圣公。——译者注
② 韦廉臣（Alexander Williamson，1829—1890），英国伦敦会来华传教士。1855 年来华，是广
　　学会的编辑和创始人。——译者注

命，无论是世袭的还是其他方式的，全都记录在一本红皮的书或花名册里；孔子家族的一家之主称为衍圣公——在计算年份上，孔家的世代传承要比大多数的老人都更古老。有一些犹太家族可以自诩有更长的家谱——也许可以追溯到公元前 536 年希伯来人从埃及归来的时期；但是在中国之外，哪里可以找到有两千年历史的贵族家谱呢？

第一个世袭的爵位是由汉代的创建者于公元前 202 年授予孔家首席成员的。这个爵位开始被含糊地称作"君"，后者同时附有主管祖庙的职责。汉武帝下令把这个爵位改为"侯"。到了公元 550 年的后周时期，才把爵位改成了"公"。但是在下一个朝代，即隋代，这个爵位又改回了"侯"，并在唐朝的三个世纪中都保持了这个"侯"的爵位。宋朝开始的时候，孔子的继承人又被提升到了最贵的"公"——这个爵位已经被孔子的继承人保持了八个世纪，没有发生任何实质性的变化。

在地方志和家谱中，我们有幸还可以找到维系孔氏家族漫长谱系的个人传记资料；然而把它们串在一起的却是一条极为单调的主线。在早期，孔家确实出了一些在文学和政治上有杰出造诣的人才。然而这些人并非总是出自嫡传，而且在少数官品极高的人身上，我们必须承认有宫廷生活所造成的推波助澜的影响，因为当时孔家还没有脱离宫廷生活。

在清朝统治之下，孔子的传人中并没有出现杰出的人物；这个结果与其说是因为种族的退化，还不如说是因为机会的缺乏，因为有些观察家指出，在孔家后代的发展中，嫡传的那一分支还是占据了较为优越的地位。但是对于扎根于孔陵这片土地的这个家族来说，我们除了看着它变得像笼罩着孔墓的那株柏树一般贫瘠之外，究竟还能指望些什么呢？

孔家的衍圣公们被严格地贬谪在他们担任司铎职责的孔陵的邻近地区，没有皇帝的直接允许，他们是不准离开那儿去造访京师的。

我们都没有忘记已故的那位衍圣公奏请离开曲阜，以便能在同治皇帝的灵柩前行三拜九叩之礼，这肯定是最后一次，也许还是唯一的一次，他获准进入北京的城墙之内。

必须承认，孔家的地产大得足以满足一位凡人的野心，并使他能花上毕生的精力。这些地产并不在一个地方，但是如果加在一起的话，共计有 165 000 多英亩。

就荣誉而言，这位乡间的贵族也享有很多，足以使他安下心来，过隐居般的乡间生活。据说就连山东省的巡抚来见他时，也必须行跟觐见天子同样规格的大礼。孔家的其他成员被授予了众多低级官职的封号，形成了一个类似于利未族① 的品级。然而令人欣慰的是，这种国人表示恒久不变感激之情的象征并不仅限于孔家的后裔。围绕着这颗巨大的行星，还飘移着一大群吸收其光芒，并传播其光明的卫星。

在这些卫星中最主要的就是颜回、曾参、子思、孟轲（中国人简称他们为"颜曾子孟"四大贤人），还有一些其他人，他们至今仍然受到中国人的尊崇，尽管其程度不如他们尊崇孔子本人。作为孔圣人不可分割的随从，他们出现在遍布全帝国每一个县的所有孔庙之中，其中每一个人都有各自的神龛，而且他们的一些后代也能从中得到些许捐赠，以贴补家用。在曲阜城中有一块碑铭指出了颜回的故居所在，虽然生活贫苦交加，但他总是笑容满面，因为他的

---

① 利未族（Levites）是《旧约·民数记》中雅各之子利未的后裔。他们被授予了管理圣所的特权。——译者注

灵魂中充盈着神圣的哲理。不远处就是这位从未写过一本书，也未干出过什么大事的人的精美陵墓。然而颜回的所作所为却比任何其他人都更完美地体现了孔子的格言。在邻近的邹县有一座为亚圣孟子专门修建的庙宇。孟子是儒教中的圣保罗，虽然他出世太晚，未能亲耳聆听孔圣人的教诲，但他在打造和传播儒教上所作的贡献却超过了任何其他人。在同一个县的不远之处还有一个较为破旧的庙宇是为子思这位孔子的孙子和孟子的老师所建造的。虽然他是嫡传的孔家子孙，但中国人却不愿意把他的名字和名声跟他的祖先混为一谈，而是采取了有效的措施来向后人昭示他们对于这位《中庸》的作者所怀有的崇敬。

环绕孔庙的整个地区到处都点缀着古代贤人的坟墓，他们的后代为延续他们神龛上的香火而做出的虔敬努力令人看了为之心动。在各种各样的名称之下，他们担任这样守护神龛的职责已经有七十多代人了，有一处甚至几乎已经达到了一百代人，而他们目前的头衔竟是在明代被册封的。创建明朝的人是一位不识字的武士，他在登上皇帝宝座之前从未读过四书，他拜刘基①为师，并且授予了颜回和孟子的后代许多荣誉。他的后继者们命令将孔子十五名弟子的代表招到了翰林院，以担任五经博士。

并非只有孔圣人及其弟子才享有纪念祠堂、国家礼仪和世袭祭司身份等荣誉；所有这一切荣誉都跟周公有关，后者被孔子尊崇为圣人和典范。周公早在孔子出生之前五百多年就已经去世；但这位晚生的圣人不仅宣称他的灵感来自那位先辈，而且在他一次最动人的演讲中，孔子把"不再梦见周公"当作自己年老体衰的一个

---

① 刘基即大名鼎鼎的刘伯温。——译者注

标志。①

因此，这个"万世师表"②的家族能在中国人为中华文明先驱者所奉献的香火供品中分得一杯羹也并不令人感到奇怪。在康熙皇帝访问"鲁国圣土"期间，孔家的一位后代雄辩地论证了孔子对于中华文明的贡献，而这位开明的君主也马上就承认了这一说法。上面所提到的这些受人崇敬的先贤中没有一个被视为整个帝国或某一特定地区的守护神。他们的庙宇尽管被民间的迷信所环绕，但从本质来说还只是纪念祠堂，里面的崇拜仪式也完全是纪念性的。中国就是试图通过这样的方式，使其后代变成一个大家庭，并且通过把这个大家庭跟过去的传统合在一起的方式来保证社会的稳定。

如上所述，以上这些家族的代表扮演了一种祭司而非贵族的角色；但是在中国人的心目中，这两种概念是如此紧密地联系在一起，以至于有一位上述家族的家谱作者认为封建的官品源自祖宗崇拜。他的这种见解是错误的，但是令人高兴的是，当中国的封建诸侯们陷入为自己的生存而奋斗的境地时，"古代贵族"（如今的世俗贵族全都是新的）仅存的后裔们都是那些守护在对于圣贤之回忆周围的人。

---

① 《论语·述而》："子曰：'甚矣吾衰也！久矣吾不复梦见周公。'"——译者注
② "万世师表"是康熙皇帝御笔题写的一块牌匾和册封孔子的尊号。——译者注

第十二章
中国人的伦理哲学

　　尽管中国人在很大程度上已经偏离了孔子所留下的贫乏宗教规范，但他们大致上还在遵循他的道德教诲。孔子谆谆教导的原则，经历代信徒的阐发，已被全体国人所普遍接受，并经三教的准许而强行推广。应该说，孔子所反复灌输的这些原则已几乎成为占全人类三分之一人口的社会生活模式。这些原则还没有被归纳为一种科学的形式，而是散见于《性理大全》这部哲学百科全书的自然哲学和形而上学等庞杂内容之中，或者闪现于独立成书的"圣贤"箴言中。颇为幸运的是，我们找到一张图表，集中展现了这些原则，这样一来就很方便了。下面会给出图表的译文。

　　我们将仅限于对这一份重要的文件进行详细说明，以便最好地展现儒家思想在实际生活中的影响，尽管一种独立的观点在讨论儒家道德原则时可以更为随意。

　　这张图表的作者不详，然而作者名字的缺失丝毫无损于其价值。那位作者的功劳不过是想到了要以表格来表现这个主题，并凭他自己的趣味制作了这个图像。对于其中所展示的伦理体系，他没有丝毫的发明。这件作品之所以流行甚广，主要是因为它被视为是一份忠实的儒家道德纲要。

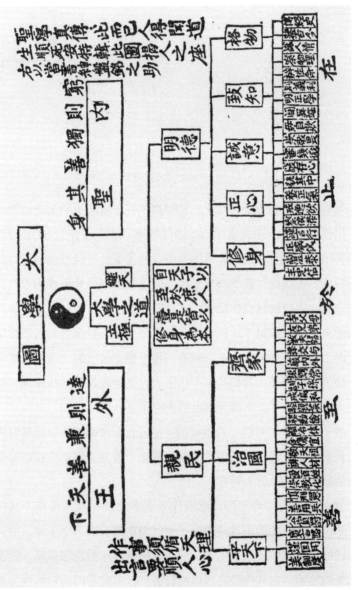

大学图

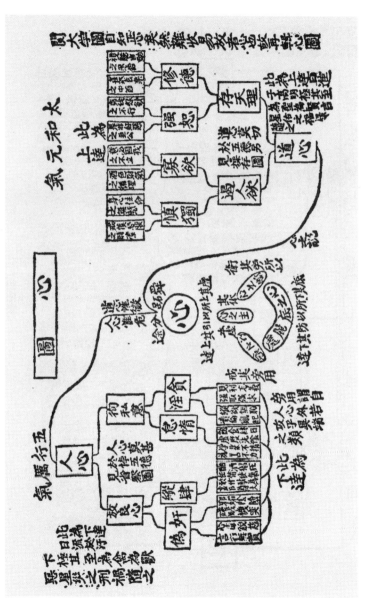

心图

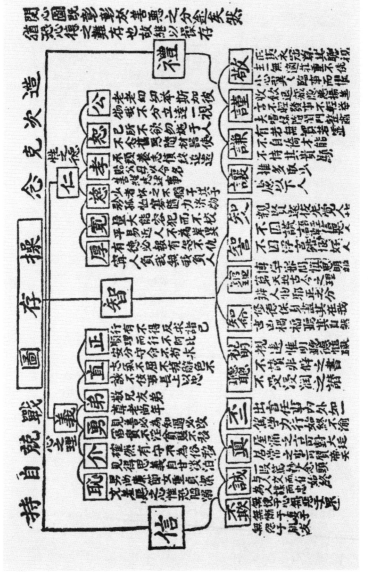

操存图

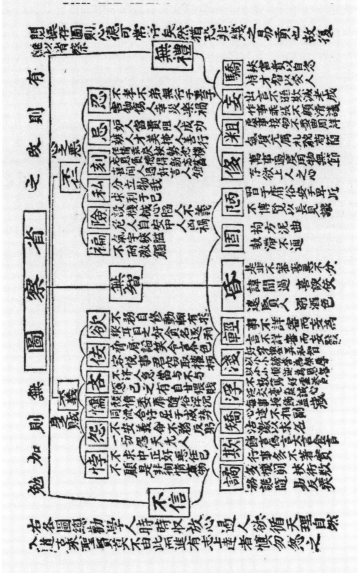

省察图

图首画出来的球体阴阳鱼的符号仅仅是一个装饰，无关题旨，就像钦定本《圣经》扉页上印着的皇家盾徽跟书中的内容没有丝毫关系一样。它象征宇宙的胚胎，或曰混沌，其中包括阴阳二仪，两者的互动化生万物。

第一部分是《大学》的纲目，《大学》列于中国人最重要的"四书"之首，也是他们那位大哲的最令人景仰的作品。

孔子潜心于古代文物的保存工作，编纂了卷帙浩繁的作品，但他自己的创作却寥寥无几。只有一本薄薄的历史简编和这本仅数百字的小册子是他亲笔原创。后者的标题含义是"大人之学"[1]，其文风极为典雅，又包含着极深刻的智慧，因此受到人们的高度推崇。我们常可以看到它被印成金字，作为装饰物悬挂于富家厅堂之上。此书讨论道德修养与统治的艺术，在第一幅图中，这两个主题被排列在两个对应的栏目中。首先我们可以看到标有"圣"字的部分，中国人以"圣贤"一词来指称他们的理想人物。在另一部分，我们看到一系列的社会道德，从家庭、邻里、国家到天下，构成一个范围逐渐向外扩大的圆圈，这些道德被安排在"王"的名目下面。"王"意为帝王，负有教化百姓的职责。他通过以身作则，在人民中间培养社会道德。他首先要做的就是提高个人的道德修养。下面的这段话构成了整个《大学》的基础，并在图中得以剖析：

> 古之欲明明德于天下者，先治其国；欲治其国者，先齐其家；欲齐其家者，先修其身；欲修其身者，先正其心；欲正其心者，先诚其意；欲诚其意者，先致其知；致知在格物。

---

[1] 这是朱熹的解释："大学者，大人之学也。"——译者注

这一环环相扣的叠句着实精彩。无论枝叶如何茂盛，果实的品质仍取决于共同的根茎。国家的道德依赖于家庭的道德，家庭的道德依赖于个人的道德，个人的道德，不仅有赖于正确的情感和适当的动机，而且最后还有赖于正确的知识。孔子在此以从未有过的清晰方式表达了他的观念，指明了探索不可或缺的智力这一必经之路，即格物致知，理解个人与社会、宇宙之间的关系。有关这些关系的知识就是真理，遵循这些关系就是德行；至于道德义务，正如塞缪尔·克拉克博士①所说，孔子似乎是从对这些关系的理解以及对万物之理莫不相宜的感悟中推导得来的。正是在这一点上，我们发现一个引人注目的缺失。《大学》的编纂者告诉我们，有关"格物致知"的章节已经佚失；中国的学者对此一直痛心疾首。

但无论《大学》一书对于研习美德的人会有什么样的价值，书中肯定不含"智慧的发轫"。孔子虽然巧妙地营造了人际关系的链条，但他没能把链条的最后一环与上天相连接起来，以展示人际关系中的最高一类②。因此，他的体系中不仅没有对于人类义务的重大区分③，而且也缺乏更高的启示性和更强烈的动机，以激发人们去履行最熟悉的职责。

一位年轻的官员有一次在回答人生目的这一问题时，对我说，他很想履行对于上帝和对于人的一切义务。他在这儿说的不是儒家的话语。他是在一个教会学校接受了教育，并且从西方人的道德关系中发现了一个不为那位古代哲人所知的新世界。

在四书五经中，个人对于社会的主要关系得到了详尽的阐释，

———

① 塞缪尔·克拉克博士（Dr. Samuel Clarke）似乎是一位从国外留学归来的中国籍神职人员。根据《近代中国专名翻译词典》，他的中文名字是陈牧师。——译者注

② 指人与上帝的关系。——译者注

③ 即区分对人的义务与对上帝的义务。——译者注

也就是君臣、父子、兄弟、夫妇、朋友这五种关系。第一种关系包含了《大学》一书的全部题旨。我们在"大学图"的第二部分中可以看到，其他四种关系都被列在了它的下面。最后一种关系包含了那些用来调整普通人际交往的原则。"敦夫妇"这一条，就贞节的意义而言，仅对女性构成约束。"友兄弟"的义务要求按长幼次序严格服从兄长，中文有一种特殊的表达，年长的儿子为"兄"，年幼的儿子为"弟"，这种特殊的表达方式有助于让弟弟严格服从哥哥；并没有一个诸如"brother"（兄弟）这样的中性名称将他们置于平等的地位。孔子宣称，家庭内部的这种安排是一种训导，以教诲人们尊敬长辈。他补充说："孝者，所以事君也。"

事实上，中国社会的最大特征莫过于孝享有广阔的施展空间。通过祭祀祖先的活动，中国人已经将孝心凝聚成为一股强烈的宗教情感，使得一个孝子在一切场合中的所作所为都要顾及他的父母。他求取名誉是为了给父母增光，他害怕丢脸主要是因为担心辱没父母的名声。对待亲戚苛刻，会被视为不念同宗之谊的罪孽。人们甚至认为，一个人违法之所以是邪恶的，就是因为这种行为会让他父母的人格或名誉跟他一起遭罪。可以说，在适用的广泛性这一点上，孝类似于基督徒通过他与"精神之父"上帝的关系而获得的激励，如果说它在功效方面略输于激励，那它也仍然比其他任何一种异端宗教所能提供的宗教情感更为有效。孔子在一本对话录中精彩地描写了各种各样的孝行，这本《孝经》成为中国学校里最受欢迎的教科书。

"大人之学"特指以修身为本的统治艺术，而不是指书本知识。这一名称，确实显示了一个其权威性不容置疑的圣人睿见，促使中国人将伦理道德置于各种学问之首。在他们看来，其他的学问或许也值得关注，因为它们可以用来锻炼思维或是在次要的意义上有一些用处，或者因为这些学问可以促进物质的繁荣；但只有"大人之学"才是真学问，其知识即智慧，其实践即德行，其结果即幸福。在以选拔人才充任官吏为目的的科举考试中，熟悉这门学问的各个科目要比熟悉其他的知识更容易踏上进身之阶。当求取功名的人攀上了官阶的顶峰，成为皇帝的内阁成员或者宰相，他获得的最高称呼莫过于"大学士"——即精研"大人之学"和熟稔统治艺术的博士。

中国从未实现过孔子的乌托邦，但他的箴言对帝国的政策有着极深远的影响，在各种政治安排中，道德上的考虑都明显优先于物质利益。这个简短的政治伦理图表，在中国人头脑中占据主导地位已长达二十四个世纪之久。它教导老百姓要把整个帝国视为一个大家庭，皇帝要以德治国，把增进臣民的美德而不是财富作为他追求的目标。对于它所造成的影响，实在是怎么高估也不为过的。可以肯定，正是它所体现的教义在很大程度上有效地使中国变成了它今天的样子，即现存各国中最古老、人口最稠密的国度。

第二幅图的有趣之处是它提出了一种对人之本性的看法。这幅图并不像其标题所暗示的那样是一幅关于伦理道德的示意图，而仅仅勾勒了人在生命旅途中可能会踏上的两条道路。一条道路是循着各种德行，上达幸福之境；另一条是循着各种恶行，下至灾祸之境。前者上面写着"道心"，后者写着"人心"，以描述两条道路各自出发时的性情。

这两个词语以及图中含有这两个词语的那两句话出自《书经》，这是四书五经中最为古老的一部圣书。这两句话被认为出自大约公元前2100年即位的舜帝之口。这两句奇特而定义不清楚的话长期以来一直被用来作为对一条显而易见的真理的简单表述，它们记载了这个民族通过经验所得来的成果，即"人非圣贤，孰能无过"。

它们并没有细致地区分，究竟人性中受邪恶所腐蚀的程度有多深；而只是透露了人性的一般状况已是如此糟糕，使得"人"这个字可以理所当然地用来指道德的对立面。

然而，中国的伦理作家们在人性问题上所持的主流看法却是性善论。这一看法虽然不如前述的看法那么古老，但也不能说它是现代才出现的。我们知道，公元 5 世纪时，人性问题曾经在基督教的教会中激起了激烈的争论，颇为令人震惊的是，再往前约一千年，中国就已经出现了对其中一些问题的讨论。这些讨论并不是孔子提出来的。孔子的天才不在于寻根问底，与其说他是一位对所有材料进行精密分析的化学家，毋宁说他是一位试图建造一所宏伟大厦的建筑师。如果哲学家仅仅是指那些穿过心理学和形而上学的迷宫去追踪真理线索的人，那他也称不上是一个哲学家；但如果有一个热爱智慧的人凭直觉找到了智慧，并令人信服地推荐这种智慧的人也是哲学家的话，那么古往今来很少有人配得上享有比他更高的地位。拿 J. 麦金托什爵士评论苏格拉底的话来说，他"与其说是一个真理的探索者，不如说是一个美德的传授者"。

然而，接下来的时代开始出现一种注重探索研究的风气。他对这种风气的影响，仅仅在于他所传播的那种求知冲动使人们开始思索。人性的道德品质开始成为这场争论的主题。有关这个主题的每一种立场，都不断地有一些主要的思想家出来加以阐述。孔圣人的孙子子思提出了一套理论，含有人性本善的意思，而子思的弟子孟子（公元前 317 年出生）是第一个明确提出性善论的人。与孟子同时代的告子却坚持认为，人性中根本就没有任何道德的倾向，道德完全是依靠后天教育而形成的。他们对此展开了讨论，这场讨论的一部分内容在孟子的书里保存了下来，我们可以从中了解他们的辩论方式以及各方的立场。

告子曰："性，犹杞柳也；义，犹桮棬也。以人性为仁义，犹以杞柳为桮棬。"

孟子曰："子能顺杞柳之性而以为桮棬乎？将戕贼杞柳而后以为桮棬也？如将戕贼杞柳而以为桮，则亦将戕贼人以为仁义与？"

告子曰："性，犹湍水也，决诸东方则东流，决诸西方则西流。人性之无分于善不善也，犹水之无分于东西也。"

孟子曰："水信无分于东西，无分于上下乎？人性之善也，犹水之就下也。人无有不善，水无有不下。今夫水搏而跃之，可使过颡，激而行之，可使在山，是岂水之性哉？其势则然也。人之可使为不善，其性亦犹是也。"①

若干年以后，一位思想敏锐而影响巨大的著作家荀子坚持认为，人性是恶的。他极力赞扬教育的影响，甚至比告子还有过之而无不及；他主张一切人性中的善都是教化的作用，是人性屈从于审慎的结果。美德是长期教化所得来的缓慢结果，罪孽是放任人性而自然产生的后果。

生活在公元1世纪初的杨子努力调和这两种对立的观点，认为它们各自都包含着重要的真理，但都不是全部的真理。人性在具有仁爱之情感和向善之良心的同时，也还存有变态的欲望和选择恶的意志。因此，人性既邪恶又善良，每一个个人的性格都具有其复杂性，可按照大多数人所陶冶的品格种类分为君子和小人。

在这场重大的争论中，孟子一方赢得了胜利。上述后两位作者的作品被打入禁书之列；而那位人性本善的提倡者，则由于他为

① 《孟子·告子上》。——译者注

儒教增加了一个新的教义，或者说阐发了儒教中一个隐而不显的学说，而被尊为帝国圣贤中的"亚圣"。中国童蒙读物《三字经》一开头就表达了这一条教义："人之初，性本善。"但尽管在民族信条中增加了这个内容，舜的那句古老格言还是受到了遵从；一位真正的儒教徒在画罪孽的谱系图时，仍然会把人心看作是邪恶的根源。

为了解决这一矛盾，经典的权威注释者朱熹发明了一套理论，它听起来有点像柏拉图关于邪恶之源的说明。它显然吸纳了上述三种主要的理论体系。根据第一种理论，它声称要证明人性本善，然而它又承认人性中有一些恶的因素，这就与另一种理论相通——因此它事实上是像第三种理论，认为人性具有善恶混杂的特质。朱熹在《大学》的注释中说：

> 明德者，人之所得乎天，而虚灵不昧，以具众理而应万事者也。但为气禀所拘，人欲所蔽，则有时而昏。[1]

"道心"的源泉是"太和元气"，"人心"则是由于受"五行厉气"的影响而造成的。人的道德品质取决于主要受太和元气还是五行厉气的影响，人们被相应地分为三个等级。用通行的话来讲：上智者生而知之，普通人学而知之，下愚者困而不学。

有关人性的这种公认的学说并不像我们原先想象的那样，会对人们接受基督教教义构成严重的障碍，尽管有理由担心，它可能会改变基督教神学的面貌。那些坦率而富有思想的人们将会在《圣经》中发现有关人性这一主题的一种完整的观念，而中国那些形形色色的理论只不过是些支离破碎的说法。在原始而纯洁的状

---

[1] 朱熹：《大学章句集注》。——译者注

态下，它给人们一种天赋的和原本完美无瑕的本性。就良心的至高无上性来说，它承认了一个人们主要赖以支持其学说的事实；关于人性因罪孽而堕落，它给出了在人们的良心中可以得到大量证明的一系列事实；而在对道德败坏进行修正和振兴的计划中，它能够激起希望并满足理性。

性善论虽然受到了关于事实的一种片面观点的支持，但它似乎更多是出于权宜之计而被提出来的。孟子斥责告子的理论，说它对于道德的起因来讲是有害的，孟子无疑会以为，使得人们相信他们被赋予了一种高尚的本性是激励他们去行善的最佳方法。在缺乏天启的情况下，没有比这更好的方法。但虽然信仰自己是一种强烈的动机，信仰上帝的动机则更为强烈；而虽然认为人具有高贵的本性，只需根据其丰富的天性去发展这种高贵本性的看法是崇高的，还有一种看法更加崇高，即在堕落的人在努力争取恢复其神圣本质时，必须满怀恐惧和颤栗地工作，因为上帝与他同在。

我称之为"美德图"（中文原文是"操存图"）的第三幅图向我们展示了中国人所知善的各种形式。这幅图最值得注意的是它的编排，所有德行被分为五类，每一类子项都被安排在一个母项的德行下面。希腊人和罗马人认为有四大美德；但分类模式上的差别并不意味着对这个问题的处理没有到位。中国人并不因为把一天分成十二时辰而不是二十四小时而遗漏了哪部分时间，他们也没有因以二十八星宿而不是十二宫来计算黄道带而划定了更大范围的星空。这种分类是任意的，西塞罗以四种美德涵盖了美德的全部领域，而中国的道学家却确定了五种德行。

然而，在一篇正式的论文里面，定义或解释或许可以弥补命名或编排的不足，用来表示基本美德的名词却并非对大众的心灵毫无影响。在这方面，中国人自有其优势。他们的表示基本美德的名词是仁、义、礼①、智、信。柏拉图和西塞罗所使用的名词则是正义、审慎、勇毅、节制。相比较而言，审慎与智大概可以相同，尽管前者更局限于为自己利益考虑的方面。节制与礼，就各自的社会体系来解释也是相同的——从拉丁语的角度来看，人是指个人；但中国则把人看作社会中的一员。西塞罗将前者界定为 τὸπρέπον，以及一种遵守礼节的意识或者是爱秩序，意思恰恰和中国人赋予后者的意思一样。在欧洲的语言习惯中，勇毅最主要是用来描述军人的特征，而在较早的时候，用来描述这种特征的古希腊语名词是 âρεπτη（善德），后来这个词泛指整个美德领域。随着社会的进步，勇毅这种美德被迫让位于正义而居于仆从的位置，希腊和罗马的伦理学家都断言，假如不视为一种正义的事业，无论多么勇敢，都只能称作鲁莽。因此，他们把勇毅当作一种基本的美德是不正确的。中国人将它放在隶属于义的地位，显示出他们更具有辨别力。他们用了两个词来表示这种美德，即"直"和"勇"。和前者有关并解释其意思的一句箴言是："行有不得，反求诸己；顺理而行，不阿比；安分守命，不苟求。"②附在后者下面的训谕是："见善必为，知过必改，富贵不淫，贫贱不移。"这种关于道德勇气、真正勇毅的观念，是多么高尚呵！

仁和信在西方的异教的道德体系中是较为次要的，但在中国的道德体系中却都被提升至主要的位置。事实上，中国人道德的整体

---

① 虽然跟"礼"对应的词一般都是用"politeness"，以表示社会交往中的理解，在中国的伦理道德中它却有一种更广泛和更高的含义。这正是马勒伯朗士作为他伦理道德系统基础的东西，他将其定名为"对于宇宙间秩序的热爱"。

② 作者此处以"正"下面的释文来释"直"。在将"操存图"译为英文时，义字下面的译文是 manliness, fraternity, courage, integrity, modesty 五项，著者似乎以 manliness 译"正""直"二字，并漏译了"直"字的释文。——译者注

风格与基督教精神是一致的，① 这一点从可以从他们基本美德的命名和顺序上看得很清楚。仁爱带领人们走上努力与人为善这条积极的道路，正义紧随其后，使仁爱的践履有章可循，智慧将两者昭明于世；诚信赋予通往成功所必需的稳定；礼，或一种遵守礼节的意识，让一切行为举止都适应万事，以达到和谐，从而完成一个辉煌的圆圈。一个人身上如果具有所有这些品质的话，他确实可以被称作"一个完美无缺的人"（totus teres atque rotundus）。

　　道德情感的理论很早地就吸引了中国哲学家们的注意力，他们尤其注意探究人们仁爱之心的本质和来源。有些人像洛克和培利②那样认为，道德情感完全是人为的——是教育的结果。另一些人像霍布斯和曼德维尔那样，把它们说成是自发和自然的，但至多不过是代表了无处不在的普罗透斯③——自爱——的各个方面而已。孟子跟巴特勒④主教一样，将它们视为是无偏见和固有的。为了证实这一点，他采取他最喜欢的推理模式，设想了一个看到孩子将掉入水井的人因那孩子的不幸而有恻隐之心的例子。霍布斯可能会将这位旁观者的怜悯说成是通过想象——"设想自己将来也遭此厄

---

① 所以西塞罗认为，在完全幸福的状态下，人们没有机会来实践任何美德和逐一接收基本的美德："Si nobis, cum ex hac vita migraremus, in beatorum insulis, ut fabulae ferunt, immortale aevum degree liceret, quid opus esset eloquentia, cum judicia nulla fierent? Aut ipsis etiam virtutibis? Nec enim fortitudine indigeremus, nullo proposito aut labore aut periculo; nec justitia, cum esset nihil quod appeteretur alieni; nec temperantia, quae regeret eas quae nullae essent libidines; ne prudential quidem egeremus, nullo proposito delectu bonorum et malorum. Una igitur essemus beati cognitione rerum et scientia." 正如 J. 麦金托什爵士所指出的那样，他没有认识到，即使在那种情况下，仍然还有空间来实践美德——即仁爱。从小就受教育，要把仁爱当作生活中最重要美德的中国人会很自然地把它放在未来生活理想中头等重要的地位。

② 培利（William Paley, 1743—1805），英国圣公会的牧师和功利主义哲学家。——译者注

③ 普罗透斯（Ptoteus），希腊神话中的海神，性格和外形多变。——译者注

④ 巴特勒（Joseph Butler, 1692—1752），英国圣公会的会督。——译者注

运"——而导致自爱行为的产物。孟子则说，他想去解救那孩子，并不是因为要和那孩子的父母攀交情，也不是为着要在邻里朋友中间博取名誉，甚至不是因为减轻因那孩子的哭声而给他造成的痛苦，而是因为他有一种怜悯苦难和试图减轻它的自发情感。

孟子以此证明，人性绝不是自私的，而是赋有善良的本性，他有时还阐述了这些善良本性的社会效用。然而他这样做，仅仅是为了遏制更为低下的功利主义。当梁惠王问他带来什么妙方可使他的国家富强起来。他回答说"惟有仁义而已"；接着就义正辞严地阐明，对于财富的追逐会如何导致无政府状态，而对道德的追求则肯定会带来幸福与和平。更早的一位著作家墨子以仁的原则作为所有道德的根本；并宣扬"尚同"和"兼爱"的道德义务，他似乎已经先于乔纳森·爱德华兹^① 认识到那个根本准则：即美德包括喜欢这样的道德义务，并且跟这样的道德义务成正比。这导致他道出了他将"摩顶放踵以利天下"这种高尚的观点。

墨子这套学说被儒家的道德家们视为异端邪说而加以拒斥，其理由是，人对自己的亲属应该有所偏爱，比如应孝顺父母，友爱兄弟等等，而墨子的学说与此不符。儒家采用了一种较为谨慎的德行标准——德行即人适度地运用自己的全部天赋。"美德就是位于两个罪孽之间的中心点，并且离离这两个罪孽同样远"（*Virtus est medium vitiorum et untrinque reductum*）^② 是他们熟知的原则，"四书"中的《中庸》就是建立在这个原则之上。然而，《中庸》的作者并没有像亚里士多德在《尼可马亥伦理学》中所作的那样对这一问题展开精确的分析，而是以尽善尽美的概念来加以说明，并撰写

---

① 乔纳森·爱德华兹（Jonathan Edwards, 1809—1887），美国基督教清教派的神学家，其"利他主义"学说曾影响了北美的新教一个多世纪。——译者注

② 这是古罗马诗人贺拉斯在《书信集》中所写的一句名言。——译者注

了一篇高雅的骈文，来论述恪守中庸之道，坚定不移地行走在两大排罪孽之间者的性格特征。

第四幅图与前面一幅图正好相反，这部分的有趣之处主要在于作者对它用处的说明。整张图表的目的是实用的，正如作者告诉我们，是用于悬挂在书房里，以作为自警之用。他的话里包含着一个典故，一个古代的帝王在他沐浴用的澡盆上刻了这么一句话："苟日新，日日新，又日新。"这个部分的特别用意在于帮助读者省察他们身上或许会存在的道德瑕疵，由此而每日保持上进。

有人看到这种道德修养方式能够在这个国家里流行，而那儿并没有一种神圣的宗教赋予人民追求美德的高度热忱，可能会感到惊讶。身体力行这种道德修养方式的人数量并不是很多，但即便是在异教的中国，自知之明这条长满荆棘的道路上仍然"时有过往的旅人"。

孔子的著名弟子和记述孔子言行的色诺芬① 曾夫子这样描述他自己的修养方式：

吾日三省吾身：为人谋而不忠乎？与朋友交而不信乎？传不习乎？②

如果没有模仿者，就不可能有如此令人尊敬的典范。模仿者中是否已有人青出于蓝，不好说；但是，他们已经将他的"三省"增为图中所示的竖形列表，以每日玩索，悉心谨记，就像有些天主教的苦行者总是用锯齿状的皮带抽打身体那样。他们中的一些人为了

---

① 色诺芬（Xenophon，公元前431—公元前350年），古希腊的三大历史学家之一，著有《远征记》。——译者注
② 《论语·学而》。——译者注

保证通过这种令人不快的职责来获得更大的忠贞，已经习惯于在家祠中履行这些职责，他们认为，在祠堂中，他们的祖先可以窥见他们的心思，获得祖先的嘉许就会获得保佑。这个习惯确实很好，然而它也表明有不足之处。它显示人类美德已意识到了自身的弱点；在攀登最陡峭的悬崖时，人会感到必须仰赖宗教的力量。

在某些情况下，这种令人难忘的家庭虔敬可能是灵验的；但这儿的恩惠乃是出自一种想象的虚构之物，类似于伊壁鸠鲁所推荐的东西，他建议，研习道德的人应该设想自己正在与苏格拉底一起生活。如果幻想能如此有效，那么信仰——上升为知识、使一个人认识到他是在一个无处不在的神的注视下行动的这种信仰——岂不是会更加有效！

通过传播这种情绪，使美德不再是偶尔来到我们星球上的稀客，而是请它下凡，成为千家万户都熟悉的居民，这乃是基督教的一桩荣耀。原本只属于少数哲学家的严格的道德训练，已被基督教变成无数人的日常习惯。① 如今，在一天生活结束的时候，究竟在多少国家有多少的人在面对着一张比作者所提供的图表更为完美的"省察图"，反思自己的每一项行为举止呢？②

紧接着关于是非的知识，孔子提出了"诚意"以扬善去恶，这对于个人的道德修养来说是必不可少的；但是他对于存在着一个上帝的观念却表达得十分含糊，要求人们只遵守祭祀祖宗头发的宗教仪式，结果在他弟子中间令人痛心地缺乏一种责任感和"诚意"。有些最热忱的人士，在遇见那个告诉他们有一个内省的上帝、赎罪

---

① 詹姆士·麦金托什爵士论及柏拉图时这样说道："除了它自己的发现之外，宗教当时还没有把道德真理那最可怕的和最美丽的形式带到人类社会最卑贱的阶层。"

② 有许多晚祷颂歌美妙而动人地表达了对于白昼的回顾，但也许没有比盖勒特（Gallert）以"一天又过去了"（Ein tag ist wieder hin）开头的那首德语歌曲更为动听的了。

的救世主、净化灵魂的圣灵和永恒祝福的宗教时，无不欣然接受，而且承认他们在其中发现了他们自己的体系中完全没有的种种动机和支持。

总结

这张载有上述图表的纸是整个民族心灵的投影。它展现了一种复杂精致的道德中的所有要素，显示了发明这些图表的民族所取得的高水平的文明程度。政治伦理跟个人道德巧妙地联系在一起：各种德行和罪孽都被排列在一个长长的列表里，这些道德目标的实现要求有一种发达的社会状态。

各式各样的道德品质在图表中得到了精确的表达，这种精确性同样意味着中华民族所取得的高度文明。此处记载道德判断所具有的准确性，已经不仅仅意味着文化——它揭示了人性中一个极重要的事实，即无论人被认为赋有何种先天的理念，人性中总是包含着一些固有的天性，在所有气候条件下都会带来同样的结果。

这些图表同时也说明，中国人较善于研习道德而不善于洞察心灵。这一点可以从他们有时对官能、情感和行动的混淆中看出来（从原文中可以看得更清楚）。儒教体系总的来说安排是妥当的，但也有足够多的错误和疏漏之处，这显示出，他们的伦理学，就像他们的自然哲学那样，仅仅是对他们从外部（ab extra）观察到现象的记录，缺乏对这些现象的原因和关系的调查。虽然他们详细地描述了各种德行，但几乎不曾研究过美德的本质；尽管他们强调各式各样的道德义务，但从未讨论过这些义务有何根据；尽管他们对义务做出了充分的陈述，对于权利却不置一词。

在偶像崇拜宗教和专制主义统治的共同影响下，"上帝和我的权利"（*Dieu et mon droit*）这类的座右铭根本不可能存在，这或许可以用来解释这里权利的缺失。但造成类似缺失的原因不胜枚举，我们不得不以一种主观原因——中国人的思维特殊性——来解释这些缺失。

举例说，他们没有系统的心理学说，他们在这方面仅有的粗略尝试是逐一列举各种感官，也就是他们所谓的五官。五官又是什么呢？是眼、耳、鼻、口，再加上心，而不是皮肤或神经。唯一有能力把我们从万物皆备于我的自我迷梦中唤醒，并向我们证实外部世界客观真实性的触觉完全受到了忽略；更不用说把"心"——即思（他们所谓的"心"实际上就是"思"）——与那些消极被动的思想媒介划为一类有多么荒谬了。这种初步的努力可以追溯到大名鼎鼎的孟子，或许正是由于这个缘故，现代人的思想还没有超越它。正如他们有一个皇帝恪守孝道，自觉不该比自己祖父在位的时间更长，于是就退位了。[①]

另一例同样古老、同样权威和同样荒谬的哲学分类是五种原素（五行）的划分，五行即金、木、水、火、土。我们无需把它与西方近代科学的成就相对比而加以贬斥，近代科学认识到物质只有基本的状态而不存在什么基本原素。我们可以公平地拿它和"四原素"这一人们熟知的分类进行比较。这里的分类原则是列举出成为有机体组成部分的最主要的无机物形式，中国人把木引入了分类，因而违背了这个原则。此外，他们没有认识到空气在其他物体的形成中所起的重要作用，在这一点上他们所显示出的观察力迟钝与他们拥有的哲学天分完全不一致。他们坚持以五这个数字来进行分类

———

[①] 这儿所提到的皇帝是乾隆。由于康熙皇帝在位六十一年（1662—1723），所以乾隆皇帝在位满六十年（1736—1796）之后就主动把皇位传给了嘉庆。——译者注

的原因，也非常滑稽地表明了他们同样缺乏的鉴别能力。这样，在心智方面他们认为有五官，物质方面有五行，在道德方面他们总结出了五常，社会有五伦，天文学有五星，视觉有五色，音乐有五音，烹调有五味，他们还将地平线分成了五方。

这些例子说明了中国人缺乏分析能力，这一不足之处，由于下述情况而表现得更加明显：在他们通晓有字母的梵文之前，他们从未对其语言的声音作过任何分析；直到今天，还没有任何可以称之为语法的研究去考察语言的形式，也没有任何与我们的逻辑学相当的对推理过程的研究。尽管他们已经翱翔于本体论思考的九重天上，但他们几乎从未涉足过自然哲学和抽象科学的所有领域，后者看上去就像是没有任何脚印的北极雪原。

或许没有必要举出中国规模巨大的社会和政治组织以及各种艺术来证明中国人不该被指责为智力低下。中国的社会和政治组织将亿万人民结合在一起，长达几千年之久。中国各种艺术所产生出来的金色硕果，现在正在落入西方文明的怀抱，但它们的根基仍然扎在那个古老帝国的土壤之中。但必须承认，在这个民族的心灵中有一种奇怪的缺陷。不过我们认为，这种缺陷更多地反映在这个民族的发展过程中，而不是它的制度中，这或许是教育的影响造成了这种缺失。

如果我们将所有对这个民族的心灵造成影响的因素都加以衡量，那么影响最大的首推语言。一种主要用于表现感官对象的语言，作为一种抽象思考的工具是非常不完善的，无法用一个单独的词来表达诸如空间、质量、关系等概念，这必然严重地妨碍了抽象思考方面的智力活动。对于古代文化的一味尊崇，使得变更古代各种粗糙体制的做法都成了悖理逆天的行为，从而加剧了改革的难度；政府以为数有限的几部经典著作及其诠释者的意见作为科举考试的金科玉律，对遵从者予以高位，对持异议者加以贬黜，更使局势坏到了无以复加的境地。

这些桎梏只能借助基督教之手来加以破除；我们可以毫不过分地预言，一场巨大的思想革命即将来临。显露一个作为良心之主而无所不在的上帝，将把一个新的半球加入到道德世界中去；激励人们以"检验所有事物，去粗取精，去伪存真"这句箴言的精神去进行探索，必将颠覆盲目服从的原则；它在思想解放方面的最大成就或许是通过提供一种更适用于传播基督教文明之意图的媒介，从而取代古老的象形文字。这将是一次历史性胜利的重复，假如将某些本国方言从它们现在被人忽略的深渊中抢救出来，并且经过那些将它们提升到地面的各种力量的改造。在新的阳光照耀下，这种民族语言将产生新的文学、哲学和科学的丰富成果。

第十三章
中国人有关灵感的看法

　　"灵感"这个词在被用于中国人的说法时，必须要对其作一种意义甚为宽泛的理解，以表达他们对于神之权威的概念，而这种概念贯穿于圣书的文本和背景之中，构成了圣人教诲的源泉和基础。

　　由于中国人的圣书都属于三个主要宗教流派的思想——且不说那位无数融合了三教思想的书——我们绝不能以为这三种宗教流派对于灵感这个话题的观点要比其他的话题更为谈得拢，事实上它们的观点分歧很大。要使唯物主义的道教、唯心主义的佛教和在伦理道德观上持撒都该主义①信条的儒教对于灵感的话题有共同的看法几乎是不可能的。因此，我们将在下面分别阐述灵感的概念在这三种不同宗教中所采取的特定形式。

　　由于中国人高度发展的社会结构、庞大的人口和悠久的历史给他们基本信仰的任何元素都带来了价值，所以为了使西方的读者能对这些感兴趣，话题必须得从中国人与基督教进行接触之前的某一

---

① 撒都该主义（Sadduceeism）是指古代犹太教中的一个派别，即撒都该人的生活信条。撒都该人主要由祭司、富商和贵族等阶层所组成，他们不相信基督教所宣扬的灵魂不死和肉体复活等说法，并且参与审判，处死了耶稣。——译者注

个日期开始讲起。

一

从道教开始说起：作为中国土生土长的一门宗教，道教最根本的思想是对于获得掌控物质，以便能随意改变它的形式，达到使自己长生不老这种可能性的信仰。

所有那些已经登仙的人组成了一个统治物质世界和控制人类命运的万神殿。在这个唯物的基础之上，这一宗教流派逐渐演变成为一种与不久前在西方世界曾风靡一时的所谓"唯灵论"极其相似的信仰体系。

然而，道教并不主张所有的灵魂都会被不加选择地运往彼岸，而是认为大部分亵渎的芸芸众生由于其肉体不足以抵御腐朽的入侵，所以最终会在空气中消失得无影无踪；而少数受到上天眷顾的人经过严酷的修炼，能够战胜他们的动物本能，并将其肉体修炼成金刚不坏之身。一个经常被用来描述这一过程的类比就是他们有关金子演变的理论。道教徒相信黄金最初是由贱金属经历了一系列的嬗变过程逐渐演变而成的，其中每一种过渡的形式都会遭到玷污或腐蚀，直至它最后达到炉火纯青、永不改变的完美状态。削铁如泥、傲对烈火的金刚石——"闪烁着纯澈晶莹之光的"宝石——是另一个经常被用到的象征。倘若道家的炼丹术发展到足以能将那颗闪烁着不朽光芒的宝石跟深藏在地球内部、已变成化石的碳，或是跟那些用于美化其表面的活性炭短暂形式联系在一起的话，它也许真的能在很大程度上增强道教徒对于这种理论的信念。

那极少数已经登仙的幸运者就像黄金一样珍贵，像金刚石一样稀罕，他们并没有把肉体像丢弃的衣服那样留在身后；他们的肉体也没有使卡戎①的船更加吃水，因为肉体本身已经得到改变，成了一个"精神肉体"，具有了被改变的特质和新的能力。它的特质就像我们一般所说的精神特质；它的能力只是受到了它发展阶段的限制——这种发展就是无止境地从一重天升入另一重天。

在这些神仙所获得的能力中，有一种占据了主要位置的能力就是显圣。这些所谓的仙人分为各种等级，他们都能够跟凡人进行交流，并且匿身于凡人中间。他们很少重新变回到他们原来的形状，但他们经常会通过适当的媒介使得人们能够感觉到他们的存在。

一个经常有人使用的媒介就是处于催眠状态的人体；在这种状态下，只要祈求得当，仙人们就会跟凡人说话，正如阿波罗通过特尔斐神庙的女祭司乡人们预言那样。②在这种情况下，他们的预言一般都是跟治疗疾病或处理家务有关。在早期，人们也祈求仙人们为国家大事指点迷津；然而众多的骗局使得人们不再相信这样的预言；于是仙人们的影响现在只局限于较为卑贱的领域，尽管这种影响是真实的，而且并没有受到鄙视。

另一种媒介是"扶轮"，即一种我们可以描述为魔笔的工具。它由一根直立的棍子所组成，就像是一根横档上垂下来的钟摆那样。那根横档的两端都由仙人的追随者小心翼翼地端在手里，使它就像装在轴承上的器械那样能够自由地摆动。在一张桌子上撒上粗磨的面粉，念过咒语之后，匿身的仙人通过那支笔或钟摆轻微的不规则移动显示出他的存在，并在粗磨粉上留下了那支笔移动的轨迹。这些轨迹要由胜任的行家来进行阐释，把来自冥界的反应告诉大家。

———

① 卡戎（Charon）是希腊神话中把死魂灵运送到冥河彼岸的船夫。——译者注
② 在希腊的特尔斐这个城市里，有一座著名的阿波罗神庙。古代的希腊人经常到那儿去祈求阿波罗的预言。——译者注

扶轮被认为是扶乩的一种早期形式。在远东，它已经风靡了一千多年，而且还没有迹象显示它"已经寿终正寝"。不仅道士们深谙此术，就连那些自称是儒家的文人们也或多或少对它持相信的态度。当他们有要事求助于它时，他们总是真诚地接受所得到的回答，无论它是否符合他们的心愿。然而他们也经常在酒醉饭饱的深夜用扶乩的方法来为自己助兴；在这样的情况下，他们告诉我，他们有时为得到的答案而感到吃惊——有个看不见的人显然也加入了欢闹的人群，并且来解决或创造各种奥秘。

虽然中国文人生性好疑，但在我碰到的人中，没有一个人怀疑过这样得到的信息真实与否。有人从很远的地方把这样的谶语寄给我，并向我保证，它们是在神仙的祭坛通过扶乩而得到的。无论我对此话题持何看法，我都不能怀疑寄送者是相信它们的。

当轻信使得公众的思想就像扶轮桌上的粗磨粉那样易于接受外来影响时，显然会有出于宗教教诲目的的神示内容出现。事实上，扶乩是宗教文献最多产的源头之一。

有些这样所谓的谶言相当流行，这是由于它们风格优美，主题精当。而且它们受到特殊的尊崇，被视为是表达了成仙圣贤思想的至理名言。

下面这些作品都属于这一范畴：

1.《感应篇》这篇有关因果报应的专题论文就是通过这种方法得来的，而扶乩的人是道教的伟大创始人老子。

2.《劝世经》是清朝守护神关帝唤醒世界的吁请。

3.《阴骘文》是假借文昌帝君之口来论述奖赏和惩罚的一部书。

还可以补充其他的一些作品，但是我克制住自己，没有去引用它们，因为它们"未达三甲"。

上面所引的最后一部作品里提到的文昌帝君是道教中一位眷顾儒家文人的神仙，因为尽管三教的基本原则相差悬殊，但是它们之间的分界线现在几乎已经被消除了。每一门宗教都借用其他宗教的神祇。人们会发现，佛教的和尚有时竟然在担任一家道观的住持。这样的结果并非由于它们各自认可的教诲之间关系密切，而是由于民众心目中长期以来所造成的混乱。

二

作为一种更为强势的宗教，佛教"把被子拉到了自己盖的那一边"——采纳了许多道教的做法，其中就有扶乩一类的迷信活动。有些正统的佛教徒谴责它玷污佛教经典，并且损害了相关神仙的尊严，但是这些话都无济于事；扶乩一类的做法仍然风靡一时。

至于这类迷信活动开展的广度如何，读者可以从下面译自《修志要言》这部和尚入门指南中这段义愤填膺的抗议中窥见一斑：

近来，人们的思想变得越来越肤浅和虚伪。几乎没有什么东西是他们所不能伪造的。甚至在一些善书的传播中，他们也会借助弄虚作假来作为促销手段。他们自己那些粗俗的语言，肤浅得简直不知所云，他们居然会当作扶乩时神示的谶言来推销——以此欺骗无知的民众。

在大多数情况下，他们会伪造文昌帝君和吕祖的谶言，有时候也会伪造关帝的谶言。大家请想一想：在普通的连环画中伪造作者已经被视为是可恶的罪恶。那么伪造神仙和圣贤的教诲又该当何罪！当书架上尽是伪书的时候，真正好文章的传播就会受到阻碍。这种亵渎圣名例子简直举不胜举。

最近，有些真正令人感到震惊的案例终于大白于天下。无耻之徒居然将伪作当作佛祖的书拿出来出售！书中居然让佛祖本人来为佛经写评注，甚至还利用所谓道教神仙的谶言作为对于佛教经典的阐释。于是我们便有了一长串来自扶乩谶言的佛祖称号。这些伪书中的错误多得无以复加，而伪作的影响力却与日俱增。以前有关伦理道德的书被用以促进帮助人们行善积德，现在它们却被用来误导百姓。

紧接着，书中列举了一长串伪作的名称，最后作者下了这样的结论：

这些人名和地名，尽管是模仿梵文的原作，显然是粗制滥造的，那些字的撇捺弯钩戳穿了书中浅薄的伪装；那些伪造的段落越长，其伪造者的骗子真面目也就暴露得越彻底。

佛教的某个流派采纳道教的教诲和做派对于我们所讨论的对象来说并不陌生，因为我们是在讨论中国的佛教；而追本溯源，从佛教正统的观点来考察灵感这个题目的话，就会使我们离开中国。它会把我们带入印度教的神秘主义世界，释迦牟尼就是在那里为他那些征服人心的信条奠定了基础。

毋容赘言，对于佛教徒来说，没有再比佛祖更高的存在形式了。他不会透过佛祖，看到背后那个无处不在的精神，就像基督徒能透过基督看到后面的精神之父那样。对于佛教徒来说，佛祖就是终极真理；而且，正如佛祖的名字意味着最高智慧，所以所有的信徒都把佛祖的话当作不容置疑的真理。对于他们来说，唯一可能存在的问题就是有关这些话的真实性值得可疑——换言之，即佛教经典中的内容是否得当。有多少经典中的内容确实是从乔达摩嘴里说出来的话，以及他追随者的教诲中究竟有多少是从佛祖最初的启示中演绎而来的，这些才是重要的问题；或者说，它们是如何变成现在这个样子的，倘若人们能有点批判精神的话。假如在被佛教的不同流派承认为经典的那些来自不同出处的素材中间，把假托佛祖之口的伪作从真实的作品中全都剔除出去的话，那么剩下来的只有一丁点儿东西了。在佛祖的下属中，各自的权威性是按照他们的智慧等级或在佛教经典等级制度中的排名来决定的；但是人们并不接受来自一个更高源头的精神影响。这些对于原始的或无神论的佛教来说是真实的，但在由于时代变迁和通过跟其他宗教信仰的接触而得以调整后的佛教中，我们发现人们对于来自佛祖精神的一种起监督作用和开明的影响力已经从善如流。

三

儒教徒们对于灵感的概念与前面所述那两个宗教流派的概念截然不同。这些不仅仅限于是某个宗教流派的概念，而且也是大多数中国人的概念。

当人们列举中国的三个不同宗教时，儒教总是被排在前面的，它通常被描述为"大教"——即伟大的，具有普遍性的和宽容的宗教流派。它的信条组成了中华文明的基石，无论覆盖在表面的泥土是什么模样。也许你到处都能够看到佛教的黄色和道教的黑色，但它们只是在原有的背景上形成了一种表面的颜色。除了和尚和道士之外，每一个佛教徒和道教徒都首先是一名儒教徒；但是反过来的

雍和宫的牌坊

话，情况就不一样了——中国人所受的教育越多，一般就会越排斥其他的两个宗教流派，并且对它们的一些主张持批评的态度，尽管他们也不能摆脱那两门宗教的影响。因此在计算全球的佛教徒人数时，人们常犯一个共同的错误；因为跟佛教由法律规定建立的缅甸和暹罗不同，中国的思想文化与佛教并非同一个源头。

因此，儒家经典是中国最重要的经典；为了要了解它们赋予了中国人什么样的灵感，我们必须首先来看一下儒家经典本身究竟有些什么样的作品。

假如我们认为列举十三经的做法过于宽泛，而接受其中的九部作为儒家经典的话，那么我们可以说，儒家的经典是由两种作品所组成的：一种是在孔子之前的作品，另一种是孔子以后的作品。《礼记》被划归于前者，因为它声称所要保存的是前一个时代的传统，尽管它是在汉代才编纂的。这部书受到人们高度的崇敬，但它仍然被认为多少是部伪经。另外四部在孔子之前的作品全都是由那位大圣人亲自编辑，并且在他的认可下刊行的。

它们包括了一些他认为值得保存的古代历史、文学和哲学作品的残篇。在它们中间并没有多少可以觉察得到的"器官、关节或肢体"间的一致性；而且总的来说，人们并不认为它们是来自一个神示的源泉。

然而，在这一组儒家经典中有两个早期哲学的梗概却明显地表现出了神示的源泉。其中之一是一个神秘象征的图案①，《易经》中卦的图形就是随后从这个图表演化而来的。

在公元前 2800 年伏羲的统治时期，人们在黄河水域中打捞上了

---

① 此即传说中所谓的"河图洛书"。——译者注

一个"半马半鳄鱼"的动物，^① 在这个动物的背上就发现了上面所说的这个图案。假如我们承认这个传说中包含了一丝真实性的话，那么这个图案就代表了第一个八卦图，它形成了《易经》中六十四卦的基础。八卦据说还受到了乌龟壳上神秘半点的启示。^② 古代人们在占卜时要察看龟壳上的纹理一事在史书上有明确地记载。为了这个原因，诸侯们还曾经专门为神圣的龟壳建造起庙宇来进行收藏。只是在后来更多的书出现，并被用作占卜用的宝库之后，人们才停止察看龟壳上的纹理。

另一个直接载有神示内容的残篇是一个自然和政治哲学的梗概，称作《洪范》。据说它是由一头跟前面那个传说中类似的神兽在洛水这个地方带给大禹的。

这两个传说均得到了孔子的认可，假如说《易经》的附录的确是出自他的手笔；中国最好的学者仍然认为它们的真实性是确凿无疑的。

离开把龟和龙作为神祇使者的野蛮时代，我们来到了一个更为理性主义的时期，在这儿人变成了传达上天意志的媒介。这个观点最早是在《诗经》（约公元前 1000 年）中首次得到阐述的：

> 天生烝民，有物有则。民之秉彝，好是懿德。天监有周，昭假于下。保兹天子，生仲山甫。^③

即使是从西方发达的基督教角度来看，这样的观点也是很难再加以

---

① 即传说中的"龙马"。——译者注
② 传说大禹在洛水发现了一只五色的彩龟，龟壳上的纹理看上去像是文字，所以被人称作"洛书"。——译者注
③ 《诗·大雅·烝民》。——译者注

改进的。

有关上天生养贤人来教诲万民的普通概念后来被局限为天降某些人格完美无缺的著名人物来作为人民的向导。他们被称为"圣人"，但这个称谓所表达的意思是智慧，而非圣洁。在遥远的古代有众多的圣人——各门技艺的发明者与人类社会的创始人共享这一荣誉。于是乎，奠定婚姻制度的伏羲是圣人，发明医药的黄帝是圣人，发明汉字的仓颉和中国最古老历书的作者大挠①也被尊崇为圣人。后代这样的智者楷模数量很少，他们的降临往往伴有明白无误的前兆。

圣人中的圣人是孔子。他并没有直接宣称自己得到过灵感，而且在谈论自己的时候总是谦恭有加。按照他自己的说法，他还有一些美德尚未获得，而且还有他尚未了解的知识。但有时候他也会唤起一种特殊使命的崇高意识。身处危难之际，他宣称："假如上天的意志要为了人类的利益而保存我的教义，那么敌人的力量又怎么能奈何我呢？"②在其他场合，出于对自己教诲中真理的自信，他并不诉诸同时代人的判断力，而是诉诸遥远未来将会出现的圣贤们的判断力。

他的教诲来自上天，但它并非是通过超凡的方式传授给他的。他大声疾呼：

> 天何言哉！四时行焉，百物生焉，天言何哉？③

按照他的观点，圣人可以有能力阐释自然，并非只是按照物质的形

---

① 大挠是传说中黄帝手下的大臣，他发明了夏历和中国传统的算命方法。——译者注

② 《论语·子罕》："天之未丧斯文也，匡人其如予何。"——译者注

③ 《论语·阳货》。——译者注

式来阐释它，而是按照人类灵魂对于它的感受来阐释。

这种关于圣人的概念在中华文明诞生之初就已经开始成形了。孔子在明智地选择最好的传统，使中华文明的形式固定下来这一工作中比任何其他人的贡献都更大。他认为圣人的概念是一个非常重要的思想，并着手在没有改变其性质的情况下，使这一概念的定义变得更为精确。

半个世纪以后，他的孙子孔伋① 提出了一套伦理道德的理论，就像亚里士多德那样，他认为善就是位于两个罪孽之间的中庸。与这位斯塔吉拉人② 不同的是，孔伋充分地发挥了炽热的想象力，以"圣人"为原型，描绘了一幅光彩照人的中庸之善的图景。那段文字是一篇对于智慧和美德极为雄辩的褒扬之辞，而他那位伟大的祖先被公认是圣人的典范。

不仅孔家的后代让孔子留在了那个崇高的圣人基座上，而且每一代人都试图把他拔得更高。

《中庸》这篇论文的下面这些选段可以被用来说明，圣人是如何充当天意的阐释者的：

> 唯天下至诚为能尽其性。能尽其性，则能尽人之性。能尽人之性，则能尽物之性。能尽物之性，则可以赞天地之化育。可以赞天地之化育，则可以与天地参矣。③

> 诚者，不勉而中，不思而得，从容中道，圣人也。④

---

① 即子思。——译者注
② 亚里士多德出生于马其顿的斯塔吉拉城，所以经常被称作"这位斯塔吉拉人"。——译者注
③ 《中庸》第二十二章。——译者注
④ 同上，第二十章。——译者注

优优大哉！礼仪三百，威仪三千。[1]

质鬼神而无疑，知天也。百世以俟圣人而不惑，知人也。[2]

言而民莫不信，行而民莫不说。[3]

是以声名洋溢乎中国，施及蛮貊。舟车所至，人力所通，天之所覆，地之所载，日月所照，霜露所队：凡有血气者莫不尊亲。
故曰，"配天"。[4]

这些对于理想中圣人的描述均取自孔子的教诲和榜样，使得他被人们接受为圣人这一角色。作为儒教的圣保罗，以及孔子最后一个和最伟大的门徒，孟子重申了这位《中庸》作者的评价。他的原话是：

自生民以来，未有盛于孔子也。[5]

他对于中国最伟大先师的这个评价已经得到了后来各个时代的认可。

随着时间的推移，思辨哲学获得了高度的发展；在由此而产

---

① 出自《中庸》第二十七章。——译者注
② 同上，第二十九章。——译者注
③ 同上，第三十一章。——译者注
④ 同上，第三十一章。——译者注
⑤ 出自《孟子·公孙丑上》。——译者注

生的宇宙理论中，"圣人"占据了一个明确的位置。正如在《中庸》中已经暗示过的那样，天、地、人组成了能因的三位一体——其中作为第一个因素的天代表了自动的精神；作为第二个因素的地代表了可塑和被动的物质；而第三个因素人，作为前两者结合所生下的孩子，代表了微观世界或宇宙的缩影，他的灵魂反映了上天的纯粹精神，他的身体则是由土地的粗劣元素所组成。而留给圣人的任务正是把这两者完美地结合在一起。因此，我们在所有的孔庙里都可以看到，摆在神龛正中央的神主牌位上铭刻着下面这些字样："与天地同参"。

这个概念显然是多神论的。在圣人的身上，天和地的双重力量达到了完美的和谐。他并没有得到任何口头的指示；也没有请求任何启发性的影响，只是在最高程度上体现了两者的精神本质，因此他成为宇宙的一位永无过失的阐释者——同时又是人类的立法者。对于圣人，有人作了这样的描述："他说话时，他的话就是世界的法律；他行动时，他的行为就是可靠的榜样。"

正是从这么一个角度，中国人毫无例外地都习惯于把他们最后一位圣人奉为"万世师表"。他不是一个神，而是一个完美的人；不是一个偶尔传达几句神谕的先知，而是一个言行一致、始终不渝的理想典范。他从不以神的力量这一名义开口讲话；但假如说神的力量曾被想象为语言的话，它并不能为圣人的权威增添任何光彩。

这个概念是多么地接近于印度教对于佛祖的看法，即将他视为对智慧和美德的完美体现，似乎不必在此特别指出。但是在儒教体系中，有一种位于圣人之上，被称作天的模糊人格，而在佛教中则没有。

毋容赘言，任何带有圣人这种权威印记的东西都是极其神圣的。无论理性主义的批评家可能会在孔子的经典文本中挑出什么样的错误，它都是不能更改的。于是，不完整和赘述的说法，以及古代誊抄员的笔误，都在这些经典文本中被忠实地复制了出来，就像我们的希伯来语圣经会复制"*ayin suspensum*"等转抄时的错误那样。这种对于经典文本的迷信般尊崇象征和助长了那种不思进取的保守主义，后者已经成为中华民族不令人羡慕的一个特征。

应该指出，孔子和他伟大的门徒孟子并未对古代的经典文本表现过如此不合情理的尊崇。后者曾经大胆地提出："尽信书，则不如无书。"① 这句话被认为是针对作为古代历史经典的《尚书》有感而发的。孔子则认为统治者的首要职责就是"振兴他的人民"。

总之，提出我们一直在讨论的灵感问题，并探究中国传统观点对于中国人皈依基督教究竟是有利还是不利，并不是一件十分恰当的事情。孔子这位大圣人并没有僭称儒教的体系完美无缺，而是引导他的门徒们去期望将来能出现一位圣人。他也没有把这种由上天派遣来的教师仅仅局限在中国。因此，没有任何东西会阻止一位健全的儒教徒在不放弃自己信仰孔子是中国人先师的情况下，接受基督作为世界之光的使者。"孔子加基督"是一个他不会断然反对的公式；但假如有人想要他做出"基督或孔子"这一类决断的话，对方可能不会有耐心再听下去。

事实上，中国本地的基督徒们仍然相信孔子的使命，正如已经皈依基督教的犹太人会仍然相信摩西的使命那样。

---

① 《孟子·尽心下》。——译者注

第十四章
为基督教做准备的佛教

与基督教相比，在中国宗教中地位最高，最有权要求人们进行认真研究的是佛教。近来它被人们推出来作为基督教的竞争者，不仅仅是被传统的佛教徒，而且还包括一些在基督教世界的学校中受过教育的诗人和哲学家。[①] 诗人盗用了锡安山[②]之女的饰品来打扮一位东方美女，[③] 而哲人则在努力说服西方思想家们，即西方的最高智慧也在印度的天一派信徒的脚下甘拜下风。

人们不知道福音书是否会因为被指控部分抄袭印度传统宗教，或者被证明没有像释迦牟尼的悲观主义那样更有效地拯救人类的苦难，而变得不再可信。

在英国的法庭上，目前有一桩案件悬而不决。那就是原告通过证明自己是一个大家族古老分支的成员，而且他的贵族头衔要比另外一个人要早一百多年，从而希望收回一个庞大的家产，并将目前赖在那儿的占据者赶出去。

---

① 主要是阿诺德和叔本华。
② 锡安山（Zion）位于基督教圣城耶路撒冷的中心。——译者注
③ 在本文首次发表之后，埃德温·阿诺德爵士在他的《世界之光》中给我们描绘了一个出生高贵的帕林诺蒂娅。

在世界论坛上，关于究竟谁对于传统具有优先权的争论要比上面那个案例要激烈得多。在经过了凯洛格博士[①] 博学的调查之后，很难再说"这个案例仍有待于庭审"（*adhuc sub judice lis est*）。然而，它却是那种从不会宣称失败的案例之一，实际上，我们可以期望看到那些老的权利要求一次又一次地被提出来，就像它们从来就没有被驳倒过似的。

在目前情况下，我并不想对这个问题进行深入探讨；但我可以顺便提一下，即有一位新的和举足轻重的权威人士已经站出来反驳佛教的声明。在期刊《十九世纪》的一篇论文中，科伦坡的主教宣称：关于佛教，

> 我们必须区分两种非常不同的信息来源，其中只有一种我愿意把它当作历史。这个信息来源就是三藏[②]，即形成了南方佛教典籍的三套佛经圣书收藏。我把它称作公元前250年的书籍。
>
> 另一个信息来源是"佛祖传记"和《普曜经》[③]，形成于公元1至6世纪之间，后面这些作品成为阿诺德《亚洲之光》的素材。
>
> 我们的研究认为，三藏是唯一的历史信息源泉。由此得出的乔达摩[④] 传记中并没有什么东西显示出他是超自然的；也没有任何东西，在他那个时代，显得是奇异的，乔达摩的生平

---

① 凯洛格（Frank B. Kwllogg, 1856—1937），美国著名的律师和政治家。1925年曾山任美国国务卿，1929年获诺贝尔和平奖。——译者注

② 三藏（Tripitaka）即佛教典籍的总称。——译者注

③ 《普曜经》（*Lalita Vistara*）是有关释迦牟尼生平事迹的传说，给许多佛教艺术作品提供了创作的题材。——译者注

④ 乔达摩（Gautama）是佛教创始人释迦牟尼的姓，在锡兰和缅甸等地流行。

并不比莎士比亚的更为神奇。

这位主教有说服力地显示了埃德温·阿诺德爵士在他那首美妙诗歌中所采用大部分素材的非历史性质。作为诗人，他无疑有权利运用这些素材，但所有严肃的思想家们都有必要考虑一下他们该如何接受替代历史的诗歌。①

艾德②博士对于佛教有过专门的研究，他对佛教的研究结论总结如下：

> 没有一本佛经的手抄本可以与最早的福音书手抄本竞争古老性和权威性。最古老的佛经只包含了一些佛祖生平事迹，而且没有任何前面所提及的基督教特征。几乎所有上述发生在公元前许多世纪的传说，都不能被证明是在公元5或6世纪以前就已经在流行的。

艾德博士指出，早期的景教传教使团就是这些所谓"显然是基督教因素"的"准确来源"。

佛教在后来的时代里从其他宗教借鉴了很多，这一点无可置疑，而基督教借鉴了佛教的某些方面也是很有可能的。马克斯·米勒教授已经证明：佛祖本人已被封为基督教圣徒，以及教会曾有命令让大家在十一月二十七日那天在"圣约萨法特"（St. Josaphat）的名义下纪念他③。

---

① 《佛教讲演录》(Three Lectures on Buddhism)。
② 艾德 E. T. Eitel, 1838—1908), 1862 年来华的德国巴色会传教士。他对于佛教有精深的研究，出版过《佛教演讲录》(1871) 和《中国佛教手册》(1904) 等书。——译者注
③ 《当代评论》(Contemporary Review)，1870 年 7 月号。

事实上东西方两大宗教的类似之处要比诗歌传统的外部装饰或宗教团体和宗教礼仪的表面类似要深入得多。它们可以从两者的大致发展情况和适用教义中觉察出来。

这两种宗教的发展过程与孔德① 在他一篇著名的宣言中所详细描述过的方式正好相反。它们最初的发展阶段都离实证主义不远，然而两者都逐步形成了自己的精神世界。一个打破了印度种姓制度的束缚，另一个打破了犹太人封闭的墙，而且它们各自都向其他国家伸出了手，要为它们带来一个新的福音。最初两者精神上的差距如同地理上的差距一样遥远，后来它们开始逐步互相接触，在许多个世纪以后，两者在两种不同的意义上都占据了同一块土地，并且都给对方增添了一点光彩。

对于我们现在所调查的目标，佛教在某一国或某一时代跟在其他国家或时代有多么不一致并没什么关系，我们所要做的是评估它的效果。没有一种宗教能具有佛教这样的可塑性，它不仅能根据环境改变自己的色彩，而且还能在不同的时期发布完全相反和自我毁灭的教义。它最初作为一种自我修炼的哲学，后来发展成为一种宗教崇拜。刚开始时，它宣扬纯粹和质朴的无神论，最终它却创造出很多的神祇；而且更令人惊奇的是，它把上帝存在的否认者推上了至尊天神的宝座。在这样改变教义之后，原本重贫轻富的佛教体系变成掌握有大笔国家岁收和把托钵僧变成国王的宗教也就不足为奇了。那些反对佛教的争论者，可能会尽量利用它的错误和矛盾之处；但对于我们自己，在目前的情形下，只是想探究佛教在中国的历史上和现状下，究竟是扮演了好的角色还是坏的角色。

在现阶段它也许是个阻碍，但这并不证明它过去的影响也都是

---

① 孔德（August Comte, 1798—1857），法国著名思想家，实证主义的创始人。——译者注

坏的。西方的农夫在首次把草原开垦为农田的时候，常常被杂草的根所阻碍，但他知道正是这些杂草多少世纪以来年复一年的生长，才使得土地变得肥沃，使他能够种植庄稼。

中国的思想土壤中包括了三个主要的因素，它们混合起来相互作用，在一个肤浅的观察者眼里，它们呈现出一种性质相同的特征。这些就是三教——儒教，道教和佛教。

让我们来看一下佛教究竟贡献了什么样的因素，使得基督教时代能够在中国得以进一步的发展。

所有宗教的基础必要条件是两个：

1. 对于神的信仰，也就是对于神圣政府有效方法的信仰。
2. 对于不朽灵魂的信仰，也就是对于一个由现世行为所决定的未来状况的信仰。

我们发现这些基本教义在中国被普遍地接受。有一些人反对这些学说，但这些是儒教徒，不是佛教徒。对于这两种在中国最流行的宗教，我毫不犹豫地认为，佛教对于中国的影响可能更大。公元1世纪，佛教的托钵僧从印度来到中国时，他们发现书中存在的一个至尊上帝，实际上并没有受到广大民众的崇拜，因为他被认为过于尊贵，只有帝国的君王才能接近它。人们更热衷于崇拜自然间的物体和人间的英雄，他们所相信的神祇中间没有一个对他们具有强有力的影响，或能深入到他们的精神世界内部。

对于未来世界的期望，情况也并不是很好。对于祖先的崇敬保持着一种对于鬼魂的模糊信仰，但它很少会达到一种潜在的确信。这种确信的缺失导致人们把微弱的希望放在道士的炼丹术上——即冀望他们可能会发现某种能够战胜死亡的药物。少数狂热分子在山顶上试图寻找炼出仙丹的途径，伸出双手祈求天神——他们是否更愿意触摸到仙丹根本就不存在的证据，还是想要看到任何具有牢固基础的信仰的证据呢？

实际上正是人们内心深处这两个方面的缺失，使得佛教的引入变得如此容易。佛教填补了人们心中那种“痛切的空虚感”，而且它是用现有的材料来作为填充物的。

佛教摒弃了中国人的唯物主义概念，向他们灌输了一种对于远比现实世界更加宏伟壮丽的精神世界的信仰。在那个世界中，由佛和菩萨（第二等级的神）进行统治，它们的权力并不局限在某一座山或某一个城市，而是扩展到所有的地方，任何虔诚的崇拜者都可以得到它们的帮助。尽管在理论上，佛祖已经进入一种无意识涅槃的极乐世界，可是大家仍然认为它是世界的主宰。人们相信菩萨们具有驾驭自然和为人类祈福的能力。

这些佛教神祇相比那些被取代神祇的优越性主要就在于它们拥有一种道德的特性。它们按德行分成不同的等级排列，在至高无上的高处端坐着佛祖，沉浸在孤独的冥想之中。他们充满人性的宽恕使其充满魅力，其中最有魅力是观音菩萨。她怀抱婴儿，并且伸出一千只手臂来帮助那些需要帮助的人们，无怪乎她是中国人最喜欢的崇拜对象。她简称菩萨，在帝国的大部分地区，这个称呼都被用来表达一种警觉和宽恕的天意。天意也被认为是佛祖的旨意。“佛祖保佑”是在中国最常听见的一句话。在下面这组我在后面还会提到的诗歌中，北京西山的一个寺院住持把大地的果实归功于佛祖的仁慈。①

诗歌的文本如下：

---

① 这些诗行引自我从作者本人那儿借来的一部手抄本。

北海的佛塔

结米如造山，都需回天力。

若无佛祖神力助，世间如何得粮黍？

佛祖今安在？你我贴身边；
天地产硕果，众生共享福。

　　我们目前所讨论的主要是在中国的佛教；但是先来看一下关于佛的原有概念在其他国家，尤其是同属北方佛教的地区，所产生的同样转变，也不能算是离题。在日本，阿弥陀佛被赋予了保护神和救世主的特性。在蒙古，博伦（Borhan，这个名称我认为是从 Buddha 和 Arhan 这两个词演变而来的）也被赋予了同样的特性。所以传教士在翻译圣经时毫不犹豫地用这个词来翻译上帝。在尼泊尔，本初佛（Adi-Buddha）被认为是至高无上的活佛。一首我从法语（它是从霍奇森的英译本翻译的）翻译过来的颂歌①如此赞美他说：

> 1. 泰初，世界一片虚无；五大皆空，五种基本元素也不存在。
>
> 本初佛像一道闪电现出了自己的真形。
>
> 2. 他是自己存在的伟大佛主。
>
> 3. 三个世界②中所有的一切归根结底都是他创造的，并且仰仗他才存在。通过深奥的冥想，他赐予了万物生命。
>
> 4. 他尽善尽美，无穷无尽，既无形体，也无激情！寓身万物而无形。
>
> 5. 本初佛的快乐给一切有知觉的生物带来幸福。
>
> 他赐福于所有为他服务的人们；
>
> 他的威严使人们的心中充满恐惧；
>
> 他给所有受苦受难的人们带来安慰。

谁又能够否认这是一首崇高的颂歌；以及它所包含的那种庄严的归属感可以像祭品那样被献到耶和华脚下呢？

我们难道不能说，已从佛教的教诲中得到启示的人更能接受基督教信徒所带来的信仰，并宣称——"你们这些盲目崇拜的人，我告诉你们谁是真的天神"？

让我们来看一下，在佛教有关灵魂的概念中，究竟有哪些为基

---

① 《环绕世界，去尼泊尔的旅行》，1888 年。
② 佛教相信有三个世界：天上的极乐世界、地上的现实人间、地下的万丈深渊。——译者注

督教做好了同样的准备。如前所述，在佛教传入中国以前，人们已经感到，在灵魂这个话题上，有一种痛切的缺失感。

佛教给人们带来了希望的福音，教导人们不朽是人类以及其他一切有意识生物所不可剥夺的遗产；世上所有的生物都联结成一串无穷尽的链子，不断地上下起伏、向前推进，下一阶段的现实要比现实的物质世界更加肯定，灵魂的本质是非物质的，物质的转化是无法毁灭它的；最后，来世的幸福或悲哀取决于每个人在现世的表现。

通过《六言杂字》这本在北京学校中最流行的蒙学读物中的下列选段，可以清楚地看到这种思想如何弥漫到了中国人的头脑之中。

> 现世福前世修，
> 现世穷前世孽。

引自另一本书①的下列诗歌谴责了道家的物化观点。

> 尔等潜心习道教，
> 费尽心机炼金丹，——
> 何不反省自身事？
> 金丹就在你心间？
> 道德精神乃生源。

在这同一本书里，还有诗行描写了一位公主（后成为观音）叛

———

① 《观音经》是一首有关观音生平的韵文传记作品。

依佛门的事情，并含着眼泪劝其父母也这样做。她这样说道：

> 人生百年宛如梦，
>
> 荣耀富贵同浮云。
>
> 冀望父母诚信佛，
>
> 阅读经书心向善；
>
> 积累功德为来世，
>
> 脱离苦海绝世尘。
>
> 前世修得功圆满，
>
> 今世可以成国君。
>
> 若能努力更向上，
>
> 求神写进紫轴里；
>
> 可享天堂极乐事，
>
> 超越世间众生灵。

出于本文的主旨，我并未到大图书馆里去探究其深奥的背景传说，而只是从家庭的皇历和普通学校的课本中去寻找证据，以显示有哪些佛教教义真正进入了普通百姓的头脑里。不可否认，佛教传授来世生活的极端重要性。他们最好的观点也因夹杂着轮回转世的错误观念而变得没有说服力，但这难道不是为从上帝那儿接受更好的希望在做准备吗？因为上帝已经废止了死亡，并"通过福音书阐明了生命和不朽的含义"。

让我们下面来探讨一下这种被誉为含有基督教恩惠的思想在人们心里所带来的影响。出于时间的考虑，我将不去深入探究佛教的十诫，以及进行佛教与基督教之间在伦理道德方面的笼统比较。我们现在所要谈论的伦理道德是积极向上的，即具有实用性的宗教。

我们基督教的伦理道德，在宗教层面上被漂亮地归结为："信仰、希望和博爱"。佛教有任何可与此对应的伦理道德吗？如果有的话，它也会在这一点上跟其他异教有所不同。在希腊和罗马的古老宗教中，对于这些重要的概念人们一无所知，以至于这三个词在基督教中获得了全新的含义。在中国的早期宗教中，在信仰和希望的红字标题下找不到任何记载，尽管孔夫子已经在强调博爱。那么，这是否可以认为佛教和基督教的体系更为接近，并可以宣称它含有全部这三个词呢？

信仰可以使人们看到未知世界的现实，也可以在很大程度上取代替视力和理智。因此它在佛教中的位置，就像基督教那样，是被列于首位的。宁波一位博学的牧师在一篇发表的文章中写道，信仰被称作"美德之母"。

我们那位西山的寺院住持也给予了它同样崇高的地位，并且，像圣雅各那样，他把信仰跟"行善"联系起来，以验证信仰的真实性。他说："作为一个佛教徒，信仰总是被列为第一个必不可少的条件；但只有信仰而没有行善，则是徒劳的。"

还有什么东西可以比上述对偶更能证明，这些词在佛教中的用法跟它们在基督教中的意义是一致的吗？

从这个特别突出的恩惠信仰出发，佛教平时理所当然地把信仰的拥护者称作"信徒"。"善男信女"是经常可以听到的一句话。它也告诉了我们佛教信徒中的男女比例。

希望是佛教中一个特别突出的恩惠，尽管它一个字都不用说。佛教所强调的希望是永生。我已经论述过了这一重要教义。一位虔诚的佛教徒是不是一定会从现世的工作和受苦受难中得到来世的回报呢？在中国的佛教中，给人们带来最大希望和激励的是进入"极乐世界""净土"和"西方乐园"的前景。这就是佛教徒对于天堂所怀的希望。

关于博爱在佛教教义中的位置，我并不需要加以详述。热爱生命，在最宽泛的意义上，是佛教戒律所规定的；这一点可以从佛祖的生平中得到证明，也可以从佛教徒生活的方方面面表现出来。怜悯是他们采取的一种主要方式。基督教体系中那种尊崇神圣完美的更高形式的爱，在佛教中是不常见的，但也不是完全没有。当那位寺院住持说"我的愿望是拯救一切生命脱离苦海"时，这难道不是博爱吗？当他说"你走路的时候心里要想着佛，记住他光辉的形象，每走一步都默念他的名字，不要让你的心被头脑所欺骗"时，这跟我们爱上帝难道不是很相像吗？

从我们观察所得，佛教已经在很大程度上丰富了中国人的宗教语言。对于从印度整体进口的佛教梵语祈祷词和大量的神学术语，我不必称赞或道歉。但是在纯粹的中文领域里，佛教的确丰富了汉语的词汇，正如它开拓了民众的思想一样。

它给中国人带来了天堂和地狱的概念；还有在凡人之上等级森严的天神，或因道德沉沦而被打入地狱的鬼怪。它给中文提供了涉及罪孽、功德、信仰和悔过的所有耳熟能详的术语，更重要的是，它还提供了关于正义惩罚，包括来世报应等的概念和术语。

所有这些传到中国的佛教词语中没有一个能准确传递基督教教诲所必需的含义。然而最早来到中国的基督教传教士们很好地运用了这些现成的材料，在它们上面喷洒圣水之后，赋予了它们新的用途。利玛窦很快就脱下了和尚的袈裟；但无论是天主教，还是新教的传教士们都没有放弃那些佛教的术语。

罗马的教堂建筑所用的石头，有一半是来自其他宗教的庙宇；其中有一些，如万神殿（*Pantheon*）和祭天坛（*Ara Coeli*），仍然保持了它们原来的名称。所以说有一半的基督教义是披着佛教外衣传入中国的。当时没有别的办法。而单凭这一事实，对于肯定我们正在讨论的问题就似乎起到了决定性的作用。

倘若正如雄辩的索林所断言的那样，上帝引入希腊文，旨在为传播一个新的教规提供更加完美的工具，即把犹地亚纳入希腊的控制之下，那么是否可以说，佛教也有着类似的使命呢？它是否也为传播神圣的真理而准备了一套语言呢？它难道没有通过引入一整套的宗教观念和培养人们的精神感受，使人们在心态上做好了接受神圣真理的准备吗？

然而，无论我们在心里对佛教如何抱以同情的态度，必须承认它的使命已经完成，而且它在未来所能做的最高尚服务就是为嫁接基督教的葡萄藤提供新植株的砧木。通过向中国人显示一个外来的宗教信条如何克服来自各方的抵制，成功地在中国站住脚，佛教使他们为这一现象的重复做好了心理上的准备。作为佛教徒（尽管许多中国人自以为是儒教徒，但他们多少都跟佛教有关），他们所受到的教诲就是相信目前的信仰形式并非是最终的，必须在一个出现了更高级宗教形式的时代里去寻找更完美的宗教信条。当传教的浪潮来到中国时，这是否能为中国人接受基督教，以实现人生目标，而做好思想上的准备呢？①

莫尼尔·威廉斯爵士以相当直接和坦率的方式指出了佛教信条的负面特征。他说：

> 佛教中没有造物主，没有创世记，没有万物的起源，没有世界的灵魂，没有人性，没有非人性，没有超尘世，没有创

---

① 里斯·戴维教授在《佛教与基督教》一书中有下列的评论："在佛教中，我们有一种伦理道德体系，但没有立法者；一个没有造物主的世界，一个没有永生的超度，一种罪恶感，但没有宽恕、补偿、和解或赎罪等概念。"

世前的原则。

　　对于最初和古典的佛教来说，这完全是正确的了；而且这些最初的缺陷或多或少地影响到了佛教的所有分支。然而发人深省的是，在我现在所讨论的北方佛教中，人的宗教本能还是战胜了由无神论哲学所制造的障碍，使佛教成为东亚最有影响的一个宗教流派。①

---

①　使佛教具有明显宗教特征的主要是大乘教派，艾德称其为"佛教教义的一种后期形式——即它的三个发展阶段之一，其特征是充满了超验的思索，这是南方佛教所没有的"。

　　日本的佛教徒们正在开始争论有关大乘教是否在任何程度上背离释迦牟尼教诲的问题。

　　日本经过改革的佛教离基督教是多么接近可见于下面这份刊印的声明，它是由起草这份声明的那位和尚送给我的：

　　"我们'真教派'（Shinshiu）推崇他助的教义。

　　那么他助是什么意思呢？它就是阿弥陀佛的伟大力量。阿弥陀的意思是'无边无际'。因此阿弥陀佛就是佛主。我们的教派毫不关注其他的佛，然而信仰阿弥陀佛就是要脱离这个悲惨的尘世，进入来世的天堂。从开始信仰佛主起，我们就不再需要任何自助的力量——只需要在心里记住他的宽恕，并默念他的名字，以便能随时记住他。

　　我们在救赎的方式上不分和尚与俗人。和尚可以结婚，也可以吃鱼肉——其他教派的佛教徒是禁止这样做的。"

第十五章
中国人的祭祖

在遥远的古代，当摩西正在向孟斐斯的祭司求学的时候，凯克洛普斯^①尚未在阿提卡海岸登陆，但中国的文明已经形成了永久性的状态，而它的国教中包括了三个因素：一是对至尊统治者上帝的崇拜；二是对假想中控制大自然各个部门的神祇的崇拜，三是对已故祖先的崇拜。

对于祭祖的最早实例记载可追溯到上帝感召亚伯拉罕的时代之前。公元前2300年，一个瞎眼农夫的儿子舜被尧帝所收养，并被公认为是帝位的继承人。

当时的祭祖仪式是什么样子的，我们没有相关细节的文字记录；按照史书的说法，舜"受终于文祖"，即舜在尧的祖先文祖的宗庙里举行的祭祀仪式上继承了尧的帝位。然而这一简洁的记载后面又隐含了多少细节呢？

它意味着尧在祖先的灵位前宣告了他想要改变继承权的想法。而对于舜来说，它暗示了舜尊崇地接受了尧的祖先，以取代自己祖

---

① 凯克洛普斯（Cecrops）是古代传说中阿提喀的首任国王。据说他制定了许多法律，包括祭祀祖先的仪式。——译者注

先的位置，并且在这位祖先的灵位前发誓要承担起帝位的重任。

当垂帘听政的慈禧太后把光绪皇帝收为他亲伯父咸丰的继子时，她也在已故咸丰皇帝的宗庙里举行了一个类似的仪式。对于这件事，一个狂热反对将光绪过继给咸丰的御史吴可读争辩说，这是对前任同治皇帝的一种污辱，因为他没有留下后代。为了强调他的抗议，他以尸谏的形式在前任皇帝的坟墓前自杀。

这个可以为四千年前那次祭祖仪式做注脚的事件足以说明：在当今的中国，祭祖并非是一种被废弃的形式，而是一种活生生的信仰。

不仅收养帝位继承人须在皇家祖先宗庙里举行这样正式的宣告仪式，就连正常的继承帝位也要举行类似的仪式来通报祖先。

公元前12世纪，武王推翻了商朝，并且创立了周朝。为了证明伐纣有理，武王在讨纣檄文中就已开始指控他淫酗肆虐，荒废了对上帝和诸神祇的祭祀仪式，甚至忘记了要祭拜自己的祖先。

在第二份宣言中，武王提到了自己已故的父亲文王，并且补充道："如果我能取得胜利，那并不是靠我自己的努力所取得的，而要归功于我父亲的功德；如果我失败，它并非由于我父亲的任何过失，而仅仅是我没有功德。"

他提醒士兵说，如果他们英勇杀敌，就会在祖先的宗庙里受到公开的奖赏；但如果表现怯懦，他们将会在土地神的祭坛前被杀死。

史前祭祖，以及祭祀上帝和诸神祇在人们心目中的地位如此之高。如今，人们在拜谒雄伟的明陵和见证修建清陵所花费的大量钱财时，都不禁会深深地感受到，对于祖先的祭拜仪式丝毫也没有失去其古老的神圣性。

1889年，光绪皇帝和慈禧太后对于父辈的陵园进行了一次庄严的朝圣；前者是为了亲自向祖先禀报自己的婚姻和亲政，后者则是为了禀报自己在垂帘听政期间的情况。关于祭祖在国教中的重要地位，我们还需要比这更强有力的证据吗？

然而祭祖并不局限于统治阶级。它也构成了大众宗教中的一个最主要的因素。

事实上，它是政府在民众中进行推广传播的唯一宗教形式。

每一个家庭在房间里都有一个小小的祭坛，来放置祖先和所有已故的家族成员（婴儿除外）的神主牌位。

每个宗族都有一个祠堂，它形成了召集所有族人的集会场所，在这些祠堂中供奉着每位祖先的神主牌位，而不是画像。那些木制的牌位上写有死者的姓名和生卒年月。按照民间的信仰，死者的灵魂就寄寓在这些牌位里。在牌位前面是每天都点燃着的薰香，并且每月两次供奉水果和其他食品，同时还有庄严的跪拜。

在有些情况下，特别是服丧期间，家庭成员会如同生前一样，向死者早晚各行礼一次。在特殊的场合，如婚嫁或丧葬，会有僧尼来做法事，也会有筵席和戏剧演出。

除了对神主牌位的供奉祭拜，还有定期的扫墓。在春秋两季，当气候温和，适合于郊游时，城里的人家就会选择某一天去死者的墓地祭祀。他们除去那儿的杂草，在墓上施上一层新土，然后献上祭品，进行祭拜。过后，人们会在剩下的时间里享受野外的美丽景色。

祭祖与三教的关系

上面就是祖先崇拜体系的概况。它构成了中国宗教信仰的核心。至尊统治者的地位过于威严，使得普通人很难接近。至于其他神祇，对于它们的祭拜必须要由和尚或知县来主持方才有效。但祭拜祖先却是每一个人的义务和职责。祖先是每个家族的守护神。祭拜他们就是宗教，忽视他们就是最大的不虔敬。

这种习俗的产生过程就像死者坟头长出来的青草一样自然。古代中国的葬礼和其他国家没有太大的差别。但与众不同的是，中国并没有使祭祖受到多神教的影响，而是形成了自己的丧葬和祭拜仪式，并使祭祖发展为一种无处不在的有效膜拜形式，对全帝国每一位个人的社会和精神生活都产生了影响。

从它的自发产生算起，祭祖形式的缓慢发展已经持续了三千多年。在中华民族历史的黄金时期，即耶稣诞生的两千年前，就有人在祭祖了；到了一千年后的周朝，我们发现祭祖已经发展成精确而繁复的礼仪；但它并非是刻板定型、一成不变的。它被一些稀奇古怪的仪式所扭曲，如果在今天重现仪式的话，看上去就会如同恢复陪葬制度一样令人震惊。尤其是那些把庄严的宗教仪式变成了可笑的假面舞会的做法，比如把小孩打扮成祖先，穿上阴间的衣服，来接受父母的崇拜。在孔子的传记中记载着一件令人惊讶的事实：孔子在成年后并不知道父亲的葬身之地，后者在他小时候就已辞世，直到母亲去世之后，孔子才下功夫去寻找父亲的墓地。这表明祭祖的习俗当时有一定程度的松弛，若是在今天，这根本就不可能发生，因为人们每隔半年就必须去祖先的墓地上坟。

然而目前人家公认，孔夫子比其他任何中国人更注重这种祭祖的仪式。因为他把孝当作了自己伦理道德体系的基础，而且只是含糊地认可了"天"这一至尊统治力量的人格化。他试图为祭祖寻找必不可少的宗教认可。他说："假如丧葬礼仪周到齐备，就会得到远祖的认可，那么人们的美德就会得到加强。"[①] 这是作为中华帝国

----

① 当指"慎终追远，民德归厚矣"（《论语·学而》）。这句话是曾子说的。——编者注

宗教政体基础的一句格言。

祖先崇拜中更会引起人们反感的特征并非源于孔夫子，也没有得到过他的认可。我指的是将故人封为神祇的做法，以及关于家族命运由祖坟的位置所决定的荒唐说法。

前一种做法很容易产生于人们的心中，所以不必寻找它究竟是出自哪个具体宗教流派的学说。墓志铭读来常常很感人，当一个服丧的家庭把去世的父母安放在后者的最终休息所时，他们会祈祷死者的亡灵永远保佑家人。但这种想法并非孔子所传授。当孔子被问及人是否有灵魂存在时，他拒绝承认人死后，其灵魂还能有意识地存在，只是要求人们诚恳地祭祀死者："祭如在，祭神如神在。"①

另一个信条来自"风水学"，即由道家学说派生出来的一个分支。这种伪科学跟地质学有如同占星术与天文学那样的关系，它假定地面的外部形状存在着某种可以左右当地居民命运的影响力。在挑选一个住所、学校、店铺，甚至马厩，而尤其是墓地的时候，必须要考虑这些因素。人们对于墓地风水的重要性深信不疑，以至于在一个家庭遇到了一连串不幸事件之后，人们会不惜挖出先人的尸骨，把它们换一个新的地方埋葬，也许还不止一个地方，以希望能碰上一块风水宝地。这种迷信甚至影响到了政治：政府在镇压反叛时，经常会下令挖掉叛军首领的祖坟，以便从根源上给对手以致命的打击。

佛教对于祖先崇拜也施加了重要的影响，加强了对于来世的一种出自本能的信仰，并且引入了一套复杂的祭奠死者的礼仪。

———

① 这句话出自《论语·八佾》。—译者注

祭祖与社会秩序的关系

"在中国，孝是维系社会秩序的纽带。"

皇宫可被视作为孝行的最高形式树立了一个典范。不仅为皇家的祖先单独设立了用于祭祀的帝王庙，而且皇帝还根据自古沿袭的礼仪，在他亲自担任祭司的天坛祭天仪式上，把祖先和至尊统治者上帝放在一起祭祀。

有幸得以进入位于天坛主祭坛北部一个天蓝色殿堂①的来访者能够看到，那儿写有上帝名字的一个神主牌位被摆在了殿堂中央最引人注目的地方，左右两边摆放着清室祖上十代祖宗的名字，其中有三个人生前从未进入中国，也没有任何证据可以证明他们曾经登上过王位。

有两个清室的祖宗是辽东的统治者，而另一个在满洲里的戈壁草原上担任部族首领；然而当他们的子孙占领了中国以后，他们也就被追加了皇帝的称号。

这种给祖先追加荣誉、使他们成为高高在上的神祇的习俗为中国所特有。只有一个出人头地的儿子才有可能使他出身卑微的已故父母名满天下，并将与他自身相匹配的光辉反射在父母的名字之上。

对于西方人来说，很难估价这种孝的动机给人们所带来的力量，它已被用来标志那些在孝悌传统下得以成熟的心胸开阔的人。"光宗耀祖"是一种勉励年轻人的套话，一般用于战场上的士兵和学堂里的学生。

———

① 即祈年殿。这个建筑的琉璃瓦是天蓝色的，但并不是通体都是蓝色。——译者注

假若正如海斯总统① 洛杉矶演讲中所说，"那些对祖先显示出最大尊敬的人最有可能因他们对后代的器重而出人头地"，中国人在这方面应该会胜过其他所有的民族，这对于一个国家来说是至关重要的，他们对于祖先的崇拜肯定是以最有效的方式培养了他们的这种情感。

一个崇拜先人，并相信先人的灵魂有意识存在的人，往往希望能有子嗣可以续香火，让自己的灵魂享受定期的祭祀。孟子因此有一句格言："不孝有三，无后为大。"这句话不仅在很大程度上促使了早婚，也导致了中国的人口不断地增多。从后一种角度来看，祭祖所带来的影响是值得商榷的，但其背后的那种情绪，只要得到明智的引导，确实直接给下一代带来了福利，它的有益效果将是难以估量的。

祭祖加强了血缘关系的纽带，并且将那些家族和部族都连接在一起，而政府为了控制它的每一位臣民，对这些家族和部族的依赖性很强。祠堂被用作教堂、剧场、校舍、议事场所。实际上，根据村庄社区的各种需要，祠堂会被用作各种不同的用途。因维持祭祖仪式而附加于祠堂的各个领域都被视为公共的财产，就连附属于祠堂的土地也被用来支持与家族有连带关系的贫困成员。我曾经看到过一个拥有二万五千人口的镇子，所有居民都从属于同一个氏族，有着相同的姓氏。靠近镇子中心，有一座十分显眼的高大建筑，门口的牌匾上写着"始祖庙"，意为"最早祖先的庙宇"。这一氏族的不同分支在此处汇合；所有的居民都笼罩在同一个祭祀所袅袅升起的焚香烟雾之中，他们感受到自己都是来自同一个根源，尽管已经分开了近五百年。这样的村庄类似于一棵菩

---

① 海斯（Rutherford B. Hayes, 1822—1893），美国第 19 任总统。——译者注

提树的生长——树荫下离得最远的那个支柱根，尽管有自己的根基，但仍然与主树干保持着生死攸关的联系。

以下是一些人们会对祖先的灵魂发表正式演说的场景。当一个年轻人行弱冠之礼时，就会被带到始祖庙。在那里，他父亲会替他祈求祖先的庇护："但愿他能出人头地，成为一个完全的男子汉。"这种仪式给人留下了极其深刻的印象。假如是对着活的上帝祈祷，而不是对已故祖先祈祷的话，那么该仪式将不失为一个庄严的礼仪。

当儿子或女儿订婚的时候，父母也会跟通知其他族人一样，前来告知祖先，但不会请求后者来监护照顾。当男青年前去迎娶新娘时，父亲会"虔诚地将喜事告知给祖先，并摆上水果和酒作为贡品"。当新娘离家前往新郎家去的时候，她的家长也会这样做。

在结婚庆典上，新郎会把新娘作为家里的新成员介绍给祖先，并替她祈求祖先给予"家长的祝福"。

在与葬礼相关的所有仪式中都没有任何有关祝福和保护的祈求。在这些场合所用的语言只是简单的宣布，伴随着表达沉痛悲伤的感情。但在家族墓地定期的扫墓仪式上，这个令人不快的因素就会表现出来，祭拜者会说："我们来为您扫墓，以感谢您的庇护和照顾。现在我们恳求您接受我们的祭献，并保佑子孙后代繁荣幸福。"只需改变几个字，这些所谓祈祷就可以变成一种自然感情的流露。反对这种改变的人，会去谴责柯珀① 面对母亲肖像所说的那些可怜的话吗？

　　母亲啊，当我得知你已经去世，

---

① 柯珀（William Cowper, 1618—1667），17世纪英国诗人。——译者注

你能意识到我所流下的眼泪吗？

你的灵魂在悲伤的儿子头上徘徊，

可怜的人，他人生旅程刚刚起步？

在《爱尔那尼》这部维克多·雨果的崇高悲剧中，给人印象最深刻的场景之一就是在祖先坟墓前的祭拜仪式。

唐卡洛斯，即后来的查理五世，在被选为德意志国王的前夕，进入在艾克斯拉沙佩勒的查理曼大帝陵墓中，跪在地上祈祷说：

把你崇高的精神注入我的心；您的儿子在聆听您的教诲，请用您的光芒照亮他的前程。

这席话可以说是诗歌，而非宗教；然而中国的祭祖确实是宗教，很少会有什么诗意。

除了它与社会和经济的关系之外，这种祭祖的崇拜形式所施加的宗教和道德影响要比中华帝国迄今所知任何其他教义系统都更为重要。在这个充满怀疑的世界中，以及在不利于"揭示生命与不朽"之神示的漫长岁月中，这种祭祖的崇拜使人们对于来世的生活仍然怀有信仰。一个正统的汉人会认为自己是在祖先的注视下生活。他的行为举止要接受祖先所谓的评判，而他临死前的安慰主要来自他如何能被祖先的魂魄所接受。

"假如我接受了这样一个提议的话，我将如何面对我的列祖列宗？"这是很多官员在受到腐败诱惑时的回答。一个能如此有力地抵制堕落的动机，也可以具有激励人们向善的潜质。实际上，在一个无所不见的神祇面前，祭祖的道德功效仅次于信仰。它的有效程度可以从下列事实来推断，中国人在试图找出最敏感的部位来伤害

帝王庙

对手时，他所咒骂的并非可憎的对手本人，而是他的祖先。因为对于祖先的尊敬，是中国人内心最深层的宗教情感。

祭祖与基督教的关系

总之，一个伟大民族堪称崇高的奇观，就是所有的人都聚集在祖先的祭坛周围，将他们的家谱一直追溯到一百代之前，并将这种亲缘的情结精确体现在百分之一的刻度上。此外，它暗示着两个极为令人感兴趣的问题：首先，在中华民族的文化体系中是否存在着某些可以为西方文明所借鉴和吸收的特征？第二，在中国传播基督教的过程中，传教士应该对中国这个古老的社会机制采取什么样的态度？

假如有人反对说，关于这两个问题的答案在祭祖通过使人们模仿过去来束缚进步的趋势中就足以明了了，我们的回答是：这样的效果并不是必然的，中国的保守主义是由其他原因所造成的，而且现在这一代人可以怀着感激的态度来承认他们对于过去的义务，同时又意识到自己处于不断发展的人类社会擎天柱的最高层。在利顿勋爵① 颇具教育意义的浪漫传奇小说《未来的种族》一书里，我们得知具有先进思想的弗里利亚人仍然尊崇地保留着他们尚未长成人类形状的先祖肖像。

采纳这样一个祭祖制度的问题是有别于将它从充满祝福的土壤中连根拔起这一问题的。它是否仅仅是许多异教的众多形态之一，即无论它们在混沌时期如何促进过伦理道德的形成，但是在基督教的时代必须被认为是起到了纯粹的阻碍作用；或者我们是否可以认识到它具有某些永久性善的因素、在改变整个民族信仰的同时可以把它保留下来？事实上，所有的传教士团体都采纳了前一种观点，只有那些最初将基督教介绍给中国人的耶稣会士们除外。由于传教士们观察到了确凿无疑的证据，即孝悌已经发展成了偶像崇拜，神主牌位转化为偶像崇拜的对象，所以他们已经向整个系统宣战。

我承认，在发现耶稣会士们容忍传统的祭祖仪式，而多明我会士们、方济各会士们、东正教和新教的传教士们竭力反对这些仪式时，这确实令人困惑。但是我不能使自己相信后者全都是正确的，或者说前者是完全错误的。倘若耶稣会士们的政策受到教皇的批准，罗马教廷的追随者们可能会避免中国政府对于传教士们长达一个世纪的迫害，并且从印度传来的佛教很可能会被来自欧洲的基督教所取代。因为从来没有任何事物唤起过中国人对于基督教如此强烈的反对，因为他们发现它对祭祖采取了不可调和的敌对立场。

———

① 利顿勋爵（E. G. Lytton, 1803—1873），英国政治家和作家，以多产小说而闻名。——译者注

教皇把天主教推入如此境地的决定使我们回想起一位撒克逊传教士对于弗里斯兰国王拉德勃德的不幸回答。国王的一只脚已经放在洗礼盆中，作为最后一个问题，他问这位传教士：他该想象自己的祖先是在天堂还是在地狱？回答是"在地狱"。"那我得跟祖先们在一起。"国王喊道，同时收回脚，拒绝了基督教的洗礼。成千上万的中国人在即将接受基督教时也被类似的动机所阻止。

我承认，这个问题不仅仅是一个权宜之计。然而考虑到我们对于真理和正义所承担的所有义务，我觉得完全没有必要将它们置于这个残酷的两难境地之中。如上所述，祭祖中所涉及的偶像崇拜因素只不过是一种赘生物，并不是整个系统的本质。为何不把它们削减掉，并且保留这种制度中所有善和美的部分？写了名字和日期的神主牌位就其本身而言，只是一个简单的纪念物，并不比那些火葬主义者用来保存骨灰的盒子危险多少，更别提那些画像和雕像了；为什么必须让那些本土的皈依者交出或毁坏它呢？每半年拜访一次家族墓地是一种尊敬死者的得体行为，为何必须禁止呢？至于作为祭品的酒肉，为什么它们必须用花束和周期性的种花和种植开花的灌木丛来取代？不取代又会怎样呢？甚至在坟墓和神主牌位前的跪拜也不能被视为是令人不快的，因为在这个国家里，孩子们被要求跪拜他们活着的父母。当我回顾以前所犯的错误时，有两件事情特别使我感到懊悔：一件是不许基督教徒们顺从普通的结婚仪式，跪在一张写有五个崇拜对象的纸条前面；第二件是坚持让基督徒们交出祖先的神主牌位，以作为他们诚心想要参加洗礼的证据。在这两件事上，我都没有权利来考验对方。

真正值得反对的是泥土占卜和祈求死人灵魂的保护。最简单的科学观点就足以驱逐一种形式的迷信，而少量的宗教知识就可以提供对付另一种形式迷信的解药。这样，对于祖先的崇拜就可以被恢复为孔子那个时候的状态，或是他曾经参加过的那种形式，即仅仅作为一种纪念仪式的系统。

任何采取这种立场的传教使团将会在争取皈依者的竞争中占有很大的优势。传教士们可能永远也不会接受它。但是我们不能期望中国人的教堂亦步亦趋地步其外国传教士的后尘。当上流阶层也大量皈依基督教时，他们将很乐意放弃佛教和道教，但是他们决不会同意抛弃祭祖，虽然他们可能会屈从于某些对祭祖形式的修改，这正是我一直努力想指出的。

第四卷

中国的教育

第十六章
学校和家庭训练①

一、对于国民性的影响

我们即将涉猎的这一研究，其兴趣基于这样一个假设：国民性的差异主要是由于教育的影响。除了极端的事例之外，我们认为这种假设是真实的。所谓极端的事例就是指在热带或寒带地区生活的居民，在那些地区，所有的事物都向暴虐的自然力量低头妥协。按照孟德斯鸠的观点，在这样的环境中，气候对于教育发挥了重要的

---

① 本章最初由美利坚合众国教育部于 1877 年以小册子的形式出版。以下这封已故美国驻华公使艾忭敏先生的信函可用以解释其缘起：

致教育部长：

　　阁下，在我来中国之前，我收到了您的　封信，请我写一份准确而全面的报告，介绍中国教育方法，以及这种方法与中华文明衰落之间的关系，以供您的教育部参考。

　　我到达北京之后，心里一直惦记着你的请求。我所听到的意见更加坚定了我以前的想法，即没有人能够比我们的同胞，时任京师同文馆总教习的丁韪良博士更适合于提供这样的信息。他长期在中国生活，对于中国文学具有精深的了解，而其对于中国教育方法的熟悉程度想必您也曾有耳闻。

　　在我的恳请之下，丁伟良博士同意提供一篇论述您所指定题目的论文，即这篇我刚刚收到，并且现在以最真挚的敬意寄给您的文章。毋须赘言，您将会发现它既有趣，又有价值。

您忠实的仆人，

艾忭敏

致教育部长，尊敬的约翰·伊顿

影响，正如气候能够决定伦理道德和制定法律那样。在温带地区，自然环境的差异较之思想和道德的影响，就成为个性形成中一个微不足道的因素。例如有很多人提到山区风景给人带来的灵感，这种灵感在那些最少看到山景的人身上显得最为敏锐，假如不是最有效的话。但正如约翰·福斯特所说，对于一个在阿尔卑斯山脚下长大的少年来说，一起玩的同伴对于他性格塑造的影响，要千倍于他屋子后面那些高耸的群山。

中国人的独特个性——因为他们确实有一个明显的个性——并不能用他们居住在大平原上这一理由进行解释，因为中华帝国的疆域有一半是山区。它也不能用中国人吃米饭这个理由来解释，因为在中国的北方，大米是一种奢侈品，只有少数人才能够享用。更不能把它解释为是受气候的影响，因为中国人口分布很广，疆域跨度很大，而且中国人向四处迁移，并在各个区域都繁荣发展。甚至也不能用原始族群的统一性和持续性来解释，因为在早期发展过程中，他们吸收并融合了好几个其他部族，而且历史表明，他们自身的特质在不同的时代中也经历了重大的变化。这种现象的真正秘密在于这样一种力量，我们目睹这种力量强大得足以将满族这么一个狂暴的游牧民族改变成为中华帝国居民中最中国化的民族。这种包含了上千种因素的力量统称为教育。正是教育给生活在各种不同自然环境下的中国人身上打下了一个统一的烙印，正如把连续不断的纸张送到一个雕版下面去压一下的话，都会带走一个大致相同的图案，尽管这些纸张的质量可能会有差异。

我们将不试图从这个宽泛的意义上去论证这个话题，尽管说中国人用了一个同样宽泛的词去对应教育这个概念也并非失当。例如，他们认为对于一个儿童的教育在其出生之前就已经开始了。据说中国古代的妇女一举一动都要顾及对其后代性格的影响。他们把这个称之为"教"，这一说法使我们想起歌德在其自传中提及，某些前世发生的事情铸就了他的秉性：

> 那和谐力量的协调一致
> 铸就了这颗幸福的灵魂。

以上所有这些因素，无论它们的意义有多大，都属于物质范畴。我们在论述典型中国人的历史时将不会回溯到那么远，而是把我们的研究范围严格限制在智力影响之内，即从小孩刚产生思想开始，追踪他在几个成长阶段的发展，直到他最终成为一个正式的翰林为止。①

二、家庭教育

对我们来说，家庭是第一个学堂。我们不仅在这儿学到最重要的语言本领，而且受过良好教育的父母对于促进他们后代的思想成长，发展理性，形成兴趣爱好和增强记忆力，都将会产生持久的影响。

在很多情况下，父母的虚荣心往往使他们在该对孩子进行约束的时候进行了鞭策，结果就造成了孩子病态的早熟。但总的来说，对思维进行明智的鼓励对于孩子的身心健康是无害的，无疑正是这种家庭训练的差异，而不是种族的关系，造成了欧洲儿童要比中国儿童智力开发更早。中国人确实有他们关于神童的故事——他们的

---

① 关于对翰林院的描述，请参见本书第四卷。

巴瑞蒂尔和查特顿[1]。据说有一个叫李泌的小孩，七岁就考上了进士，相当于文学博士学位；还有一位神童叫解缙，他在十岁时就出了一本诗集，至今仍被用作启蒙课本。但这些只不过是个别的例外情况，中国的神童要比西方少得多。

中国儿童手与脚的活动要晚于西方的儿童，因为他们在生下来之后的头一个月里被紧紧地裹在襁褓之中，此后又穿着过于臃肿累赘的衣服。中国儿童思维发展缓慢的原因与此颇为类似。一个欧洲的五岁儿童能比十岁的中国儿童表达更多的思想。这并非一面之词，也不能把它归结于种族差异；因为我认为中国人在智力上并不逊于所谓的"最优等民族"。假如我们的婴儿室里没有那些在儿童眼中含意无穷的拼写图画，没有瓦茨和巴伯德等人的儿歌童谣，没有那些把儿歌印入儿童脑际的甜美音乐，更重要的是，假如没有那些能激发儿童看书渴望的圣经故事和历史逸闻，那么他们的思维发展将会减缓多久，童年的快乐又会多么地匮乏！对于我们来说，知识的启蒙要早于上学读书，就像被大气层所折射的玫瑰色霞光总是先于日出那样。在中国没有这样的相应媒介，也没有这种红色的朝霞。火炉旁的语言并非书本上的语言。

中国的母亲和奶妈往往不识字；父亲也更倾向于把启蒙工作留给私塾老师去做。他们更倾向于这么做，因为按照古老的习俗，禁止父亲成为自己孩子的启蒙老师。[2] 尽管如此，还是有一些父亲服从于自己的理性，以教授自己的幼子为荣；也有一些母亲拥有出类拔萃的文化修养，在女子无知便是德的夜空中如明星闪耀，引导自己的孩子们最初踏入文学生涯。

---

① 查特顿（Thomas Chatterton, 1752—1770），18 世纪英国诗人。他非常早熟，10 岁就开始写诗，11 岁便伪造了 15 世纪诗歌作品。18 岁服毒自尽。死后被世人誉为天才。——译者注

② 古书云："其易子而教。"

最终能在翰林院拥有一席之地的人中究竟有多少是得益于这样的早期教育，现已无从考证。但其数目无疑是很可观的。我们曾听说有两位浙江的文人在一位受过教育的母亲哺育下，不仅学会了机械性的书法技艺，而且还掌握了更为高深的写作艺术，最终两人都获得了成为翰林的荣誉。

还有一个同样的例子，翰林院的史料中记载了这样一位崇高母亲的事迹，以及她声名显赫的儿子的名字。乾隆皇帝曾用朱笔御批，称颂儿子的才华和母亲的美德。

皇帝对钱采臣这样写道："获其学识自隐途，其母以德授之以文。"在诗歌的序文中，皇帝陛下还写道："钱母陈氏长于骈文，于幼时多励而引其学。钱曾作画，述其母持轴释以典籍之义。朕甚以为然，做彰文记之。"在中国人的眼里，这样一篇御笔褒词比堆在她坟上的所有大理石或花岗岩都更加珍贵。

三、学校生活的开始

然而总体而言，一个中国家庭并不是心智发展的温床。儿童在满七八岁之前都无所事事，听凭其自然发展。然后人们会打开皇历，选一个黄道吉日，使一位男童开始他的学习生涯。身穿节庆的礼服，头戴饰有流苏的帽子，打扮得像一个小官吏之后，他便离家前往乡塾，脸上焕发出幸福和自信的光彩，似乎天上的星星都把光投到了他的脸上，他的朋友们都预测他将最终成为一个翰林。进屋之后，他要进行两项崇拜的仪式：首先是在孔圣人的画像前行叩拜之礼。孔圣人被尊为智慧的源泉，但人们并不指望他会真的给崇拜者以任何监管。然后，男童要以同样的方式，并怀着几乎同样的尊崇，来叩拜即将引领他懵懂的脚步走上知识探寻之路的老师。没有任何一个国家的教师职业能比在中国更受崇敬了。人们不仅以最尊崇的形式来向活着的老师致敬，就连抽象意义上的"师"这一名字本身，也会成为几乎是偶像崇拜的对象。在某些场合，它会跟天、地、君、亲等字样一起刻在一块排位上，成为"五圣"这五个主要的崇拜对象之一，在庄严的仪式中被顶礼膜拜。这是原始时期的一个古老遗俗，当时的书籍很少，学生完全依赖于睿智导师的口头传授。那个时期，东亚、西亚和希腊的学校是漫游型的，或者说（就像杰里米·泰勒① 所描述他那个时代的教堂那样），老师都是一边散步，一边授课。学生们习惯于夜以继日地追随他们的老师，跟随他从一个国家漫游来到另一个国家，以便能抄录和铭记他最不拘礼节的谈吐。

在追求知识上，他们的客观条件无法跟现代的学生相比拟。后者的图书馆里有成千上万的藏书，而身边的教师也有数十名。然而古代的学生生活也并非没有它的补偿条件。实用的伦理道德，即性格的形成，是主要的目的，而智力的培养则降到了次要的地位；而且在这样一个社会状态下，体育当然也不会被忽视。教师的人格力量对学生产生了深远的影响，激励他们去热切地追求美德；而通过问答来进行学习的方式也激发了学生的一种探索精神，并鼓励学生思想的原创性。但现在所有这一切都改变了，名称和形式仍在继续使用，而实际内容则已经丧失。

一个一生中从来就没有过多少思想的人可以坐在哲学家的位置上，接受学生们的顶礼膜拜。为什么不能这样做呢？因为教授过程中的每一个步骤都严格按照固定的模式。这样的情况是如此严重，以至于当我描述了一个学校以后，我实际上就已经描述了所有的学

① 杰里米·泰勒（Jeremy Taylor, 1613—1667），17 世纪的英国教士和散文作家，以《神圣生活的规则和练习》（1650）和《神圣死亡的规则和练习》（1651）这两部作品而闻名于世。——译者注

校；而当我追述一个学生的求学过程时，我也就指明了所有学生求学的道路；因为在中国，没有所谓新的方法和捷径存在。

在其他国家，哪怕是一个启蒙课程的教师，也会给随机应变和原创性留出空间。对于那些不喜欢学习的人，老师会通过教授"符合学生兴趣爱好的知识"来激发学生对学习的热爱，迟钝的理解力必须要用引人注目和恰如其分的例子来唤醒它。而对于那些热切和勤勉的学生，"通往帕纳塞斯山①之路"虽然并不平坦，但老师至少会把道路指得非常明确，以便学生们在攀登时不会因为走错路而白费力气。在中国却没有任何这样的情况。在这个以整齐划一而著称的国度中，艺术和文学的所有过程都采取固定的模式，就像他们的衣服样式和梳头的方式那样。学生们全都沿着他们的祖先在一千年前所走过的道路，而这条路也并没有因为有这么多人曾经走过而变得更为平坦。

四、学习的阶段

考秀才之前的课程可以被分为三个阶段，每一个阶段中都有两项主要的学习内容：

在第一阶段中，学生的任务就是背诵（并非阅读）四书五经和进行不计其数的书法练习，抄写形态各异的方块字。

在第二阶段中，学生们要把课本中的古文译成文言文（即阅读），并学习写作。

在第三阶段，学生们要学写诗词骈文，以及写八股文。

------

① 帕纳塞斯山（Parnassus）位于希腊中部，传说是太阳神和文艺女神们的灵地，因而经常成为诗歌艺术的代名词。——译者注

没有比第一阶段的学习更枯燥的东西了。学生来学校上学，正如某一课本告诉他的，"玉不琢，不成器"，然而这个过程是缓慢和痛苦的。他的课本是用一种死的语言所写成的，因为在帝国的每一个地区，文学作品的风格与口头的方言有着天差地别，所以当学生大声朗读课文的时候，其内容就连受过教育的人也很难听懂，那些方块字的发音对于一个初学者来说，根本不能传达任何意义。而且一般来说，老师也不会做任何的努力来讲解它们的含义，以便使课文变得生动起来。第一阶段的学习完全是一种填鸭式的记忆，没有任何针对其他能力的练习来减轻学生的负担。这就像在西方的学校中，年幼的学生只局限于拉丁文的学习，并被要求在没有理解任何一个词的含义之前就把主要古典作品的内容全都背诵下来。

四书的全部和五经的大部分内容通常就是通过这种方式学完的，这项枯燥无味的工作大概要花去四到五年的时间。在这段时间里，学生的头脑并没有被任何一种思想所充实。这个最初阶段学习的唯一目的就是使学生能够识字，并将这些字用毛笔写出来。设计出这种学习方式的睿智古人似乎最害怕儿童思想的早期发展，他们就像小心谨慎的园丁那样，试图通过在幼苗的根部堆积冰雪的方法来预防其过早开花。整个教育体制的所有安排都是防止学生早熟。就连学习过程中同伴之间的互相促进通常也会遭到否定，班级的组合方式所带来的益处就像那些节省劳力的机器一样不受人重视。每个学生都独自完成读写的功课，如果完不成功课就会受到戒尺反复打手心或是长时间跪在粗糙砖地上的惩罚。

在这一阶段中，恐惧是学生心里想要学好的最强烈动机。很难说这种严厉的纪律在给学生上政治责任（即无条件顺从）和对上司唯唯诺诺的启蒙课上究竟能起多大的作用。那些在西方学校中常见的诙谐幽默和无伤大雅的调皮捣蛋在中国几乎难觅踪影。

　　我曾经在一幅画中看到过学生对老师玩恶作剧的情景，但在现实中却从来没有看到过。那张用毛笔画的中国画是我所看到过的最生动的一幅画，它画在位于北京郊区西山的一个寺院墙上。它描绘了一个乡村的私塾，老师在椅子里睡着了，于是学生们便开始玩各种恶作剧，其中最轻微的，一旦哪位蛮横的老师碰巧醒来的话，都会使他取下那根可怕的短棒。然而，虽然冒着被发现的危险，有两个天不怕地不怕的小孩还是站在那个宝座的后面，试图用蝎子的尾巴去搔他的耳朵，以唤醒睡者。

　　这一情景跟中国学童的习惯是如此格格不入，以至于我觉得必须把它视作神秘的幻想，而非真实的描绘。画中的老师代表理性，而学生们象征激情，而蝎子则寓意良心。假如激情在理性熟睡时来到灵魂耳边的话，那么肯定会发生良心的刺痛——那些

> 补偿尽情享乐的剧痛
> 会带来苦涩的高利贷。

倘若这样来理解的话，那么这幅画就是传达了一种不亚于基督教或佛教的伦理道德。

　　严厉被当作老师的首要美德，它的反面并非仁慈，而是疏懒。在家族祠堂的学校里，老师要经过仔细的考察，他务必要做到足够的勤勉和足够的严厉，才能够使那些挑剔的东家们感到满意。在其他类型的学校里，尤其是在义学里，《尼古拉斯·尼克尔贝》中斯奎尔斯[①]的肖像画将不会被看作漫画。除了调整和改进课程之外，

———

① 《尼古拉斯·尼克尔贝》（ *Nicholas Nickleby* ）是 19 世纪英国小说家狄更斯的一部长篇小说。小说中有一位凶神恶煞般的校长名为斯奎尔斯（ Squeers ）。狄更斯小说的特点是描写比较夸张，因此斯奎尔斯校长是一位漫画式的人物。——译者注

老师几乎没别的事情可做。他的职责就是使碾磨永不停止转动，而已经过长时间考验的"归纳式"思辨方法则是他唯一会用来说服学生的方法。

一旦学生度过了这个单调劳作的严冬腊月，一个更为吉祥的季节便会降临到理解力过于青涩的学生头上。他长久盲目寻找的那个能打开宝库的钥匙终于交到了他的手里。他开始接受翻译和阐释那些经书的入门训练，这些书的内容他以前只是储存在记忆之中，似乎怕它还会在另一个秦始皇手里遭受厄运。然而，光线是一点点逐步地进入学生心灵的，就像它是在漫长而黑暗的通道裂缝中勉强投射进来的那样。偶尔有一个简单的字得到了解释，接着，也许是在一两年之后，老师开始解释整个句子。此时学生的心灵才第一次开始接受那些过去被视为智慧神谕的思想。他沉睡的感官突然苏醒，恰如因经过长期冬眠而恢复速度特别快那样。对于他来说，这就像

> 春天那辉煌的时刻已经来到，
> 降临在幽暗北方的荒凉山川之上，
> 陪伴着明媚的阳光，神奇的春风
> 唤醒了死寂般沉睡的所有可爱生灵。

这种训练的价值是难以估量的。假如运用得当，它对中国人所起的作用就相当于我们对西方死的语言用英语进行对等互译那样。它综合了记忆力、判断力、鉴赏力等各种不同的能力，并且可以使学生对于本国语言运用自如，可以有把握地断言，通过别的途径绝不能获得这样的能力。然而即使是对于这一阶段我也没有资格做出评判或推荐。这一部分的课程似乎显得过于轻松，正如前一阶段过于艰难那样。老师并不是要求学生手里拿着字典，去推敲和查找出

作品中深藏的意义，而是对学生逐句讲解，并要求他原封不动地接受老师讲解的内容。这又是靠记忆，全凭记忆！这种方法对于初学者来说也许是可取的，但如果像中国人那样把它贯穿于整个学习过程始终，就不可避免地会损害学生的独立判断和创造性思维——中国文人的这些品质相当平庸，而这种能力的匮乏则无疑应归咎于这种错误的课堂教学模式。

与翻译练习同时进行的是学生开始学习写作的技巧——这一技能在任何语言中都归功于练习。中文写作会遇到许多特殊的困难。在大多数文雅的语言中，句法都有规则可循，而词尾的屈折变化就像榫眼和榫头那样能使句子结构的衔接严丝合缝。

但是在具有人类语言最原始形态的中文中却并非如此。动词和名词没有任何形式上的差异：动词没有语态、语气或时态的区别，而名词也没有性、数、格的变化。到处都是词组的搭配，主要靠它来区分词类和确定方块字的意义。就这样，语言结构的简朴结果变成了困难的源泉，它阻碍了中文形成像大多数具有词尾屈折形式的语言中所具有的语法规则系统，并将学习中文的负担全都压在了学生的模仿能力上。学习中文的困难之处就在于，它并不是用可以调整和做出标记的建筑构件来造房子，而是用鹅卵石来堆砌一个圆拱门。

假如这些统一和未分类的原子对于位置没有任何的要求，那么排序的工作将是徒劳无益的，风格也不可能存在。然而中文的大部分词汇似乎都具有一种神秘的控制词语搭配的二极性，使得特定的一个字只能跟某些其他特定的字组成词组，而这些选择看上去完全是任意的。这些特殊性的根源并不难发现。与中国人的其他事物一样，在中文里，约定俗成已经成了法则。古代经典作家们那些偶然和随意的词组组合，甚至有些是错误，在他们习惯于模仿的后代眼中就成了"金科玉律"（*jus et norma loquendi*）。当中文还处于初级阶段和可变性很大的状态时，单字可以自由搭配，但是现在它们已经形成了固定不变的形式。在没有语法规则的帮助下来掌握这种预先确定的词组搭配则需要多年的实践和努力。

中文写作的第一步就是掌握有两个方块字组成的词组。第二步是掌握对仗和对句——这是贯穿于整个中国文学的一个概念，因此学生一开始就需要浸润其中。一般的学习方法是这样的：老师写"风吹"，学生就对"雨落"；老师写"河长"，学生便加"海深"或"山高"，等等。

从这样的简单主谓结构（在中国人简陋的语法中，被分别称作"死"字和"活"字）开始，老师会引导学生去学习增加了修饰字或词组的更复杂形式。他会给学生这样的例句，"皇恩浩荡如天地"，学生便对"帝爱深长似湖海"。这些对句每一句里通常包含两个主题，以及所有那些通常用来修饰它们的词语；它们必须按照规则达到完全的对称，不仅名词、动词、形容词和语助词在两个句子中要严格对称，而且每个单字的声调也必须像音乐中的调音那样达到字正腔圆。

从用毛笔写下第一撇开始，学生就会固守这种对仗的结构，无论他的学问有多深厚。当他成为翰林院编修或内阁大臣时，在节庆和聚会的场合按旧诗句的形式来即兴创作对句更是一种流行的娱乐活动。每一个音节都可以折射出一个诗意的画面，或隐匿一个深刻哲理的锋芒，这种对句提供了一种表现急智的绝妙方式。诸如米里巴俄斯和米纳尔卡斯之间所展开的那种诗歌竞赛[1]在中国简直是每

---

[1] 米里巴俄斯（Meliboeus）和米纳尔卡斯（Menalcas）均是典型古典田园诗主人公的名字，他们通常是牧羊人，其生活中除了谈情说爱之外，很大一部分时间就是在对歌吟诗。——译者注

天都有。无论是婚礼、祝寿，还是在其他的场合，凡是要送礼物的时候，没有什么能比送一双写有对仗贺辞的卷轴更为风雅和得体的了。

当一个初学者做了足够多的对句练习，使对称的观念已经成为本能的时候，他就可以进而学习写其他形式的文章，后者为他的能力提供了更自由的空间。比如用简单的语言来扩展单一思想的"授帖"；用较为正式的文体来阐发某一主题，篇幅也较长的"论"；还有些给假想人物，并适合于各种情景的书信。在这最后一种文章体裁中，"书信大全"中的各种形式得以被亦步亦趋地抄袭；但在其他两种文章体裁中，内容往往被视为比形式更重要，不成熟的思想也被允许展示其力量，在几乎没有限制的情况下来详加阐发。

在第三个阶段，写作是主要的目标，而阅读则完全成为辅助的课程。作文大部分采用韵文的雕琢形式，和一种被称作"文章"的散文形式，后者修饰的成分甚至更大。必须阅读的作品内容主要包括修辞范本和历代的诗文选集。历史也要读，但仅限于中国历史，而且是概略。其目的并不是为了增长才智，而是为了能在写八股文时可以引经据典地进行修饰。其他课程的学习也是如此。知识和修养并不受到重视，而文章的形式风格却放在首位。十年寒窗的目标，整个教育制度的成果就是"文章"，因为凭借这一点就可以在科举考试中确保成功，以进入仕途，所以学生在进入了他们准备课程的第三阶段之后，马上就要开始新的探险。

我们将在后面的章节中讨论科举考试，这儿我们着重来讨论一下"文章"。然而，我们也可以顺便提一句，把参加科举考试定为学习的永久目标必然会使教育的影响变得肤浅。在我们自己的大学中，目标往往是表面的，而非深层的东西，但是我们可以问一句，假如我们的学生的目标只是成为一个受欢迎的报社记者的话，那么除了空虚的光彩之外，还有什么东西能够剩下来呢？然而成功的散文家和写一行字就能挣一美分的记者必须要有坚实的知识作为基础和准备，才能够发挥他们的才华和功能。他们必须要努力与时代同步，因为重要的事实和伟大的思想在瞬间就会传遍半个地球。但是进步的观念与"文章"的本质是格格不入的。这种作文耗费紧张而无用的大量精力，这就好比是西方人对于拉丁语诗歌的热忱，后者曾经统治了教育机构，直到现代科学的兴起推翻了这种统治。

五、学校的等级

我们在前面所描述的相当于本科生课程的三个阶段造就了三种不同等级的学校：在小学里，学生除了机械的背诵和书法临摹之外很少学习其他的东西；在中学里，四书五经得到了讲解；而在经典学校里，作文是主要的练习。这三个不同的等级也会经常被整合在同一所学校之中；更经常的是那种单一等级的学校几乎无人管束，以至于在任何有用的目标上它都是完全失败的。就像我们在别处已经提到过的那样，一些公共学校的衰败情况尤其严重。国立的学校目前还没有，除了在京师为旗人受教育所设立的学校是例外，那些学校最初建立时具有相当的规模，但现在则衰败之极，几乎很少被算在现有的教育机构之内。

还有一个例外是在各地由各行省官员为了特殊目的而开办的学校。然而中国目前还没有形成一个为在民众中传播普及教育福音的普通学校体系。实际上，教育一贯是通过私人集资和公共募捐的方式来办的，而政府则满足于摘取最好的果实和采用适当的激励措施来促进人才的培养。一个这样做的政府不能被指控为忽视教育的权益，尽管这种赞助的有益影响很少能渗透到社会的底层。

就连那些挂名高等学堂的高等教育机构大多数也是按同样的原则来开办的。这样的高等学堂跟初中和高中没有什么区别，只不过在老师和学生的人数上会有差别。但无论老师的人数有多少，他们所教授的也不过是中文，无论学生在校的年限有多长，他们所学的课程也不过就是中文。现代意义上的高等学府，即由特殊领域的专家来教授若干门科学课程的教育机构，目前在中国还不存在。但有理由相信，中国政府将很快会认识到这样做的必要性，即向国民提供比中文语法和修辞更为高级和广泛的文化。

在创办学校和为办学而募捐等方面，士绅们表现得特别慷慨，但是他们常常疏于关注这些学校是否得到了有效的管理。在中国，如果得不到私人的捐助，任何事情都很难办成。因此，所有能够承担教育费用的人都会在自己家中聘用家庭教师；若是一个家庭付不起这笔钱，那么同一宗族的两三户人家通常就会合聘一个老师。

开明的地方长官会特别鼓励为促进教育而做出的努力。据报道，由于官方的影响，广州省的一个部门最近开办了三百多所学校，但没有动用政府的开支。光绪皇帝也有办法运用自己的影响来推动教育事业，而不动用国库的一分一毫。下面我将举三个例子来说明这个情况。

去年，在山东有一位享有文学声望的人为创办一所乡村学校捐了四亩地。山东巡抚上奏折向皇帝禀报了他的事迹，于是皇上授予了这位捐助者以国子监教习的名誉称号。

三四年前在湖北省，有一位告老还乡的道台为武昌创办一所书院捐了两万两银子。湖广总督李汉章[①]向皇上禀报了这一慷慨的施

---

① 李汉章是李鸿章的哥哥，曾任湖广总督。——译者注

舍行为，这位中国的皮博迪[1] 的官品得以提升，官帽上的蓝顶子换成了红顶子，而且名片上还写上了"按察使"的头衔。

第三个例子是广西省会桂林府的一所书院。由于长期的太平军叛乱，这所学堂已经变成一座满目创伤的荒凉废墟，当地士绅们在重新安定之后发起捐款，修缮了学校建筑，并且又重新把它开办得很成功。该省巡抚为这些热心于公共事业的士绅们向皇上请求嘉奖，于是皇帝便给他们送来了一块出自翰林笔下、文字精美高雅的赞誉碑刻，以示表彰。

但是私人的努力，无论受到了多大的鼓励，对于满足公众需求来说是完全不够的。在西方国家中，宗教社团的巨大努力，尽管受到虔敬热忱和宗派竞争的促进，也总是满足不了民众的教育需求。众所周知，假如没有国家财政的支持，任何学校体系也不能够成功地普及到社会的所有阶层。

在中国，由于私立学校不可避免的局限性和慈善学校效率低下的可悲状态，只有很小一部分青少年才能够有机会受到力所能及的最基础教育。

我在这儿并不想指责中国女子完全被排斥在学校之外的现象，因为中国人从小就被灌输了女子无才便是德的思想。由于政府并不需要妇女担任公职，所以也就没有为她们提供受教育的机会。公共舆论认为读书写字对于妇女来说是一项危险的技艺。然而，假如有一位女子由于偶然的机缘，从社会偏见所认定的角色阴影（*si qua fata aspera rumpat*[2] ）中脱颖而出，以史家、诗人或文人的身份来证明

——

[1] 皮博迪（George Peabody, 1795—1869），美国著名的慈善家。他一生聚集的两千万美元的家产绝大部分都捐给了慈善事业。哈佛大学的自然博物馆最初就是他捐助创办的。——译者注

[2] 拉丁语：假如她挣脱其悲惨的命运。——译者注

自己的价值，那么她肯定会从公众那儿获得更高的赞赏。这样的事例会不时地引导宽容的父亲来培养聪慧女儿的才能，所以偶尔也会有为女童而开办的私塾。但是中国人还应该懂得，倘若要为儿子们提供最佳的启蒙教育，就应该先教育他们的母亲，而对母亲的教育则肯定会改进后代的智力水平。但即使是对最受宠幸的男孩子来说，上学的比例也很低，而且由于我们在前面已经描述过的荒唐教育方法，只有极少数的人才能够有机会了解中文这种表意文字的奥秘。

在这个话题上，国外流行着一种错误的观念。我们听到有人断言："教育在中国已经普及；就连苦力们也会读书写字。"在某种意义上来说，这是对的，但这并非我们所理解的"读书写字"。在西方以字母为元素的民族语言中，读书写字就意味着可以用笔来表达自己思想，并在别人这样写的时候能够理解对方思想的能力。在中国，尤其是在文言文中，它的含义却截然不同。一个店主也许能够写数目和记账，却不会写任何其他东西；一个上过几年书的小男孩可以准确无误地读出一本普通书籍中的每一个字，却不明白任何一个句子的意思。关于那些可以理解所阅读内容（这才是名副其实的阅读）的人，其比例在城镇要大于乡村。但是根据我的观察，平均的比例在男子中不会超过二十分之一，在女子中不会超过万分之一。对于一个已拥有翰林院这么一个崇高的学术机构长达许多个世纪的国家来说，这样的数字确实是令人感到羞愧的。

在没有精确的官方统计数字的情况下，我们可以用这些数字跟美国 1870 年人口普查时的教育状况统计数字作一番比较。全美国十岁以上的文盲比例是六分之一，而美国北方各州的文盲比例的是千分之五十七，或十八分之一。①

———

① 美国教育部长的报告，1871 年。

六、政府机构

在一个敬惜字纸，而且文字发明者位居天神的国家里，对于大众教育居然放任自流，有些人也许会对这种现象感到吃惊。但对于其他人来说，在传达思想的工具如此笨重，要真正掌握它是如此困难的情况下，对于智力的开发仍然如此广泛，这也是相当奇怪的。这两种现象都可以从以下事实中找到答案：政府并没有看到教育本身的价值，而是把它当作了达到目的的一种手段。教育的伟大目标就是国家安定，能够保证国家安定的就是能干的官吏，而教育就是使官吏们为履行职责而做准备的一种手段。这个目标一旦实现，政府一旦获得了这种能干官吏的适当来源，民众的教育便不再是一个目标。一位古代的哲学家告诉我们，国家的安定也可以用相反的方法来获得："虚其心，实其腹，弱其志，强其骨。常使民无知无欲，使知者不敢为，则无不治。"这是老子的忠告。我倾向于把它看作是苏格拉底式讽刺性劝诫，而不是马基雅维利式的恶意谋略。所以，中国政府没有按这句话的字面意义去赞许它所表达的这种观点，而是让官员们负责教化臣民，以履行各自的职责。在中国社会里，"教"这个观念作为一件必要的东西已如此紧密地跟词语形式结合在一起，以至于成了一种令人厌倦的套话。邀你去参加某个招待活动的红色请柬上会写着"请多赐教"。当一个朋友遇见你的时候，他会因长久没有看到你和获得你的"指教"而向你道歉；在日常交谈中，简单的思想和观点经常会被那些根本就不会接受它们的人称作"宝贵的教诲"。还应该补充一个更有说服力的例子：有一本经书[1]谴责说："子不教，父之过。"这就涉及了教育的伦理道德

---

[1] 即流传很广的《三字经》。——译者注

方面，而不是开发智力的方面。然而中国政府所鼓励的纯粹是智力文化，而且它是用一种最坚决和有效的方式——即检验才能，奖励尽力者。在进行这项工作的宏大规模上，世界上没有一个国家能够与中国相匹敌。

马洪勋爵在他的《英国史》中论及前沃波尔时期的恩赐已经涉及学问领域时，这样评论道：

> 虽然这位英国君主从未成为一个奥古斯都，但他的首相却一直是一位梅塞纳斯[①]。牛顿成了皇家铸币局的局长，洛克是上诉法院的院长，斯梯尔做了邮票专员，斯特普尼、普赖尔和格雷受雇于薪金优厚的重要驻外使馆，艾迪生是国务卿，蒂克尔是主管爱尔兰事务的大臣。还有几个优厚的闲职先后赐给了康格里夫、罗、休斯和安布罗斯·菲利普斯。

他接下来又指出，此后几届政府的吝啬是如何被民众的喜欢所化解，知识的传播使得人民成为天才和学问的恩主。

中国人并没有采用以上三种方法的任何一种。中国的皇帝不像西方的君主那么专横，并不觉得可以随便以授予官职的方式来褒奖作者，他手下的大臣也没有权力这么做。民间赞助的效能太低，难以成为气候；作者们从他们的作品中获取的是大量的荣誉和极少的报酬。需要进行补充的是，这三种方法融合在一起，便成了一种有监控的国家赞助。按照这种国家赞助，对于文学才能的奖赏是帝国的法律和民众的权利。这就使我们转向了对科举制度的介绍。[②]

———

[①]　梅塞纳斯（Gaius Maecenas，公元前70—公元前8年），罗马皇帝奥古斯都手下的大臣和文学赞助人。他曾经赞助过古罗马最有名的两位诗人，维吉尔和贺拉斯。——译者注

[②]　这个话题在此只是顺便提一下。接下来的两个章节是更详尽的介绍。

虽然西方公众对此并非一无所知，但他们对于这些科举考试并非完全了解，因为正在占上风的观点是它们的价值被高估了，而且它们要为中国智力文化中的所有缺点负责。实际情况恰恰相反。这些缺点（我并未企图加以掩盖）也可以归结到其他的原因，因为在近一千年的时间里，这个科举制度都在作为一个激励性和保守的机构而运转，它本身所承载的并不仅仅是民族教育的功绩，还是它存在的本身。

由于是从古代传承下来的，而且经过了许多个世纪的积累，科举制度已经扩展成为行政机构的一个分支，它不但机构复杂，而且规模庞大。它的分支延伸到了帝国的每一个县，而且它得到了知县、府尹，乃至巡抚和总督的其他民政官员的支持和帮助。所有这些官吏都是正式科举考试官们的辅助人员。

在每个县都有两名常驻的考官，其头衔为县学教官，其职责是为报名参加科举考试的童生和生员登记在册，并且不时地给他们布置练习，以激励他们努力学习，为更高一级的考试做好准备。在每个行省都有一位学政或提学使，三年一任，他必须巡查自己管辖的每一个县，在规定的时间举办例行的院试，并向一定比例的童生授予秀才这个初级学位的称号。此外，每个行省还有两名特别考官，通常是翰林，他们是从京师派来的，负责举办三年一次的乡试，并且颁发举人这个中级学位的称号。

正规的学位有三种：

第一是秀才，其意思就是"优秀的人才"。

第二是举人，其意思就是"经过推举的文人"。

第三是进士，其意思就是"准备进入仕途的人"。

在以上这三种学位之外，还可以补充第四种学位称号，即"翰林"，即"毛笔森林"中的一员。第一种"秀才"的称号相当于学院或大学授予的学士学位；第二种"举人"称号相当于硕士学位；第三种"进士"称号相当于民法博士或法学博士。最后一种"翰林"被准确地描述为皇家学院院士，但必须时刻牢记中国的翰林院跟西方类似的皇家学会之间有着天差地别。然而其他的中国学位与西方的文学学位之间的相似之处也是微乎其微的，假如这些术语混用的话，肯定会导致误解。中国的学位代表的是才能，而非学识。它们是由国家授予的，没有经过学校或学院的干预。它们还带有官衔的特权，而且只授予考生中比例很小的一部分人。西方的学位正好相反，它们与做官无关。它们所证明的，假如能证明的话，是学识的长进，而非能力。考生中被淘汰的人数通常要少于学生获得学位的人数。但毕竟西方学院中刚获得学士学位的人头脑里充满了普通知识的概要：

> 他们的灵魂受过尊贵科学的熏陶，
>
> 绝不会偏离银河或太阳系的轨道。

他们与新出炉的秀才相比较，就像西方的一位将军跟一帮乌合之众的头目之间的差距那么大。

下面是山东省学政使潘斯濂[①]的一个奏折，尽管意思有点含糊，但也可以使我们对于一名主考官和他所表示要履行职责的精神有一个大致的概念：

---

① 潘斯濂（1820—1880），道光二十七年进士，曾任翰林院编修和国史馆纂修官。他于同治九年（1870）出任山东学政使。——译者注

> 臣以不胜惶恐之心详以督查。弄奸耍滑被查即遣回以待
> 处置。凡于下轮考察笔迹与前相异者，着即逐出贡院，不予姑息。
> 臣处处劝诫生员以修德为重，引典而判文之高下。每考毕，臣
> 必亲面生员，勉其不可虚度光阴，亦不可心有旁骛，须着力于
> 学，竖文名于乡。臣亦四地巡查，视瑞雪普降，稼实初发；民
> 生安定；物钱不波；为水患之民既返其土。学名之业，以忻州
> 为先；曹州则以兵事见长。

这就是奏折的全文，除了篇首和篇尾惯用的一些陈词滥调和干巴巴的地名和日期罗列没有在此引用。它没有包含统计数字，没有说明生员的人数，也没有说明通过考试的人员比例；说真的，没有提供任何实用信息，只是在结尾处才偶尔提到了一句。

由此我们得以获知，学政使还负责兵学的考试。或许由此可以推测，他也检阅军队，并测试生员们的军事史、工程学和战术等科目的知识。但实际情况并非如此：他只是观看他们拉弓射箭，扔铁饼，以及持长矛和盾牌的操练，后者在文明的战争中已不再占据任何位置。

秀才这个第一级的学位是由各行省的学政使来颁发的，每科十五至二十人，大概只有百分之一的童生有机会获得此项称号，并成为九层宝塔的底层。第二级学位的考试，即考举人的乡试是在每个行省的省府举行的，三年一次，由特别考试官所主持。它共有三场考试，每一场考试要考三天，加起来就需要有九天几乎连续不断的不懈努力——这种对精力和体力的严酷考验常常使年老体弱者难以坚持。

除了能用散文和骈文来写文章之外，生员还必须显示他对于历史（中国史）、哲学、评注和考古学各个分支的熟悉程度。仍然

只有百分之一的考生才能够获得举人这个头衔。直到这些幸运儿成功地通过了京师三年一次的会试，才算真正有了当官的机会。然而他们还要通过在皇宫里举行，并有皇帝亲自在场的两场殿试，才会被分配到各自的职位上去。在这次考试中成绩最优秀者会得到"状元"的殊荣——这一荣誉是如此显赫，在西方的课程表上根本就找不到可与此相提并论的东西。在上一个皇帝的任内，人们甚至认为有必要把一个状元的女儿召进宫来作为皇后。①

殿试中大约二十名成绩最好的考生被接纳为翰林院编修，大约有四十到六十个人成为翰林院庶吉士，其余的人则被选派为京师和各行省的各级官员，即使是最下等的官职也足以补偿一生的贫困和辛劳。

总之，科举考试的竞争制度似乎注定要在推动思想运动中扮演一个极其重要的角色，而这个思想运动的起始阶段已经清晰可见。它已经给现有的国民教育带来了希望；即使说它迫使中国人的心智在过去长时期内都像碾磨一样在原地打转的话，那并非该制度本身的错，而是人们滥用了这个制度。

当不断增长的西方科学影响激发出一种新的精神时，我们将会在不久的将来看到一百万或更多的耐心的学生以全部的热情投入到科学研究中去，就像他们目前热衷于参加科举考试那样。

———

① 作者在这儿所指的就是同治皇帝的皇后阿鲁特氏，她的父亲是清朝唯一的蒙古状元崇绮。——译者注

第十七章
科举考试

美国政府组织因考虑引入一个竞争性考试制度而提出的改革方案对其他国家的经验做了及时的调查。英国、法国、普鲁士都已经在公共服务部门的某些分支中实行了竞争性考试制度。在所有这些国家中，结果都是一致的——即人们确信这样一个制度，假如能够实行，会成为了解政府雇员候选人资质的最佳方法。但是在这些国家中，这种实验最近刚刚开始，而且应用范围也很有限。假如我们想要了解这一机制在大规模和长期条件下运行的状态，我们就得把目光投向更遥远的东方，以便我们能全面了解其优点和缺点。

正是在中国，科举考试以最令人满意的方式经受住了考验。假如我们想在这一点上吸取他们的经验教训，这将不会是我们从中国人那儿学到的第一门课，也不会是他们所能教给我们的最后一门课。我们在许多方面都受惠于中国人，如罗盘和火药，也许还有印刷术带给我们的一点启示。这些技艺发明对于社会的进步起了极其重要的作用——它们中间的一项发明已经造成了现代战争性质的彻底革命，而其他发明也都强有力地推动了思想文化和商业计划。我们做出如下断言绝不会显得过分：假如我们采取中国选拔人才的方法来为我们的国家政府选择最优秀的人才，那么它对于我们的政府管理机构所带来的有益影响绝不会小于上面提到过的那些技艺发明。

只需稍微暗示一下这个情况就足以博得会心的微笑。中国政府的长期统治及其治下众多百姓所享有一定程度的繁荣，这些现象难道不值得我们钦羡吗？为什么西方文明打算复制一种被公认为行之有效的精密机制会被认为是自贬身份呢？

在从中国人那儿借鉴过来的技艺中，我们并没有一味模仿，而是对每一件事例都做了改进，甚至连最初的发明者都感到惊讶。我们采用了铅活字，并在印刷中使用了蒸汽和电力；我们用罗盘导航，穿越了中国平底帆船从来就不敢穿越的海洋；我们制造的大炮就连火药的发明者做梦都没有想到过。一个被移植的竞争机制难道会有截然不同的结果吗？难道我们不能够摒弃它在中国的一些缺陷，并使它产生比在本土的环境下更好的结果吗？因此我认为，假如我能够用简短的篇幅来介绍一下这个中华帝国的绝佳机制，将不仅能满足读者简单的好奇心，而且还将达到一个更好的目的。

科举考试的首要目的就是为国家政府选拔人才，而且无论它在哪个方面有失败的地方，都不能否认它在很大程度上已经实现了它的特定目标。中国的官吏几乎无一例外是受教育阶层的最佳人选。无论是在京师，还是在各个行省，在每一个文学领域拔尖的都是官吏。皇帝正是借助了他们来教化和统治中国的白姓，而书商们则借助他们来寻求增加中国的文学作品——十分之九的新书都是由官吏们创作的。在社交场合，他们的交谈充满了对古典作品的引喻。他们不做饭后的演讲，而是习惯于用即兴赋诗的方式来作为消遣，显示出了令人不可思议的才华横溢。他们的职责包括鼓励童生们努力学习，主持各级的公共考试，并且巡视乡学、县学和府学——总之，以身作则，用榜样和箴言来推动教育的发展。对于地方官员来说，没有什么能比他在官方职责的这一领域失察更感到羞耻的事了。事实上，官员们被如此认同于中国人思想生活中的一切事物，以至于外国人把他们看作是一个优雅的种姓，就像印度的婆罗门，或像埃及僧侣那样，是一个与众不同的宗教团体，对于学问享有垄断的地位。

这简直是一个莫大的误会。这些令人敬畏，穿着刺绣官服，在随从簇拥下大摇大摆从街上经过的威严官员们其实并没有世袭的爵位，也不是因皇帝宠幸而做官，更不是由臣民们普选出来的。他们是自选的，并因此获得人民更深的崇敬，因为大家都知道他们是靠自己的学识和能力获得官职的。还有什么能比给所有人"机会均等的激励灵感"（安森·伯林格姆语）更能称得上是真正的民主？中国就是以这种真正的民主而傲视世界民族之林的。因为无论它的社会结构和政治制度有何种缺陷，人们都必须承认，中国在鼓励人们发奋努力和奖赏学业成就上设计了最佳的方法。至少在这个国家里，财富无法使它的拥有者登上权位，就连皇帝也无法把官职授予没有受过教育的宠幸者，而乌合之众的反复无常则更难使没有能力的蛊惑民心者获得国家的荣誉。

能够带来上述结果的科举制度并非是对中华帝国传统政策的创新。它的基本特征可以追溯到有记载历史的最初阶段。在经历了漫长岁月之后，中国人仍然在坚持这个制度，这正说明其国民性中的保守因素，而科举制度所经历的重大变化也证明中国人并没有为传统所束缚而止步不前。

科举制度的起源来自先贤的一个四字警句——"举贤任能"，意为"任用有能力的人，提拔贤达的人才"。考试就是检验能干贤达之才的最佳方法。据记载，生活在公元前2200年的先古圣帝舜每三年要对他的官员们进行一次考查，考试完毕之后决定对他们提升或是贬谪。在那个文字刚刚发明、书籍尚未存在的时代，舜帝考查的是哪些科目，我们不得而知；我们也不知道他是否在任命官员之前都要对候选人进行考试。然而阶段性考试这一事实本身确立了一个先例，而且它至今仍然被人所遵守。每隔三年，政府就会为科举考试的参加者举行一次考试，每隔五年就会对政府官员的政绩进行一次调查。后者是类似于在言论自由的国家中官员所受舆论监督的低劣替代品；但前者，正如我们在下面所有显示的那样，是完全公平的。

距上述时间一千多年之后，即在周朝建立之初的公元前1115年，政府就有了对官职候选人和官员进行考试的习惯和规定。这一次我们对考试的科目不再存有疑问。中国人已经是一个有教化的民族，我们被告知，所有官职的候选人都必须证明自己精通五艺——音乐、箭法、骑术、写作和算术；还必须在公共场合和社会生活中遵循礼仪——合乎礼仪规范被称作第六艺。"礼、乐、射、御、书、数"这六艺一起构成了那个时代通识教育的全部内容，并且使我们联想到欧洲中世纪大学中的"三艺"和"四艺"课程。①

又过了一千年，到了汉朝的时候，我们发现官员考试的科目得以大大扩展。儒学的伦理道德已经成为主流，道德标准是选拔官员的重要因素。地方官员们推荐到京师来的人选必须要具备"孝"和"廉"的名声——即"孝顺"和"廉洁"的美德。中国人恰如其分地认为个人对于家庭和社会的责任感是对公共事务忠贞不贰的最好保证。这些"孝廉"们的道德品质已经得到了充分验证，接下来要做的就是考查他们的学识才华。考试分为两个部分——首先要考他们上面已经提到过的六艺；其次是考他们对于以下话题中某一个或

---

① "三艺"（trivium）和"四艺"（quadrivium）分别是欧洲中世纪大学中的学士学位课程和硕士学位课程。"三艺"指文法、修辞、逻辑，"四艺"指算术、几何、天文和音乐。——译者注

几个题目的熟悉程度：法律、军事、农业、财政、舆地（尤其是水运）。这对于在古代考试科目贫乏的状态而言，是一个巨大的进步。

再过一千年，我们就来到了唐朝和宋朝。这一时期的文学成就蔚为壮观，水准大大提高。生员分为三等，官员列作九品——这种分类法沿用至今。

等到第四个千禧年结束时，就到了明朝和当今清朝的统治之下，我们发现由舜帝创立的简易考试制度此时已经扩展成了一个庞大的体制，这堪称是四千年来发展的结果。它仍然显示出早期的显著特征——"六艺""五学"和"三等"生员在科举制度的进步和发展中仍然是机构为重要的方面。但"六艺"已不是原来的那些科目。崇尚古风的人感叹现在的科举考试跟古代相比真是肤浅得可怜：古代的应试者还须展示自己的骑术和箭法，并且自弹乐器伴奏和演唱自创的歌曲。而在如今日益颓败的科举考试中，考官只欣赏那些赞美音乐的骈文和论述古代骑术和射艺的八股文章。

现在的所谓学问跟古代的概念截然不同。古代的时候书籍很少，学生受一些著名的大师的口传身教，并对乐器、弓箭和马鞍颇为娴熟。每一个世纪都会增加学生的学习负担。对于作为"先前所有时代学问继承者"的学生来说，每一代先人都会留下一份辛勤劳作的遗产。学生命中注定要生活在一个逝去时代的遗物的包围之中，并且要跟其他几百万考生竞争。如果不投身于长期不懈的努力学习，他就几乎没有成功的希望。的确，学生并不需要在本国文学研究范围之外做开拓性的研究，但光是这部分内容就已经是学无止境了。学生要在学习的最初阶段花上几年的时间来获得打开大门的钥匙；因为文言跟白话完全不同，而且通常被认为是最难学的人类语言。此后他必须记忆所有公认的经典作品，并要熟悉每一个时代数量可观的最优秀的作家和作品。毫无疑问，他的学习课程是纯文学的，而且只限于中文，但绝不是肤浅的。我们最近在一本题为《学生指南》的小册子中读到，那里面所列出的必读书目竟需要三十年时间才能读完！我们建议把它寄给一位在中国生活的美国青年，后者曾向我们征求阅读中文书的建议。"寄来吧，"他回答说，"但别让我母亲知道。"

现在让我们对科举考试的具体操作方式来进行一番更为详尽的考察。通过了初试的生员们按顺序分为"秀才""举人"和"进士"这三个不同的等级。其中第一等级的考试是在县城里举行的，这种地域上的划分相当于美国的县或是英国的郡。考试是由学政来主持的，后者管辖整个行省的考试，属下约有六十至七十个县，他在一年之内必须访问每一个县，而每一个县都有一位他的助手在那儿常驻，其职责就是定时考查学生的学业，并督促他们为学政大人的到来做好准备。

位于北京贡院内的望楼

北京贡院内的烧纸炉

从刚刚十几岁的早慧儿童到白发苍苍的七十老翁，大约会有两千人进入县一级考试的应试名单。他们会在狭窄的小屋里被关上一天一夜的时间，每人要写一首诗和一两篇由学政命题的策论，然后他们便返回家中，去等待考试结果张榜揭晓。学政会在文书的协助下，花几天的时间去阅读堆得像小山一样的考卷，并从中挑选出二十几份书法优美、语句典雅、文采要在其他人之上的卷子。这些考卷的作者就会获得"秀才"的头衔，并被赐戴最低一品官员在身上佩带的装饰物。

这些通过了考试的童生并不获得金钱或官职的赏赐，但是他也获得了足以补偿数年刻苦学习的奖励。作为百里挑一的文人，他被免于肉刑，而且他的地位也高于一般的俗民。社会舆论的力量使得张榜这一天对于秀才及其家人来说是非常重要的日子。

这些从县里遴选出来的秀才每三年一次去省府参加竞争第二等

级的称号"举人"的乡试。每次参加考试的人数在一万人上下，而且其中只有百分之一能通过考试，获得令人称羡的头衔。这种考试是由京师特别派遣的主考官主持的，考试的科目要比第一次考试更为广泛。考试包括三门以上的科目，每一门都要考上三天的时间。考生必须要分别用散文和骈文来写文章，题目的设计特别考虑到检验考生的阅读广度和思想学识深度。书法不在考查之列——每份考卷都标上一个暗号，由官方的誊写员另外抄写一份，这样就可以避免主考官从笔迹上认出考生的身份，从而产生偏袒的倾向。

乡试的胜利者仍然不会获得官职或薪俸，但他所得到的荣誉几乎不亚于奥林匹克运动会的冠军们。由于他在本来就百里挑一的秀才中又是百里挑一，这样他就被公认为是文人中万里挑一的佼佼者。他会用镀金的顶子来装饰官帽，并在家门前竖起一对高高的旗杆，在正门的上方挂上一块匾，以提醒路过的行人，这儿住着一位文学才华出众的举人。但这位举人还不是严格意义上的官员。他已经获得的名声只是为了激励他去为更高的荣誉去奋斗——这些荣誉会使他赢得丰厚的补偿作为回报——他以后旅行的费用将会由政府来负担。

在下一年的春天，他会前往北京，去寻求参加竞争第三等级的称号"进士"的会试，只要能通过的话就可得以进入官场。这一次他依然要跟同辈们竞争，后者跟他一样，来自帝国的各个行省。不过这一次的机会要大得多，通过考试的机会是先前的三倍。假如神灵眷顾，考生就可以如愿以偿。

尽管平时并未显得特别虔诚，但考生此时也会表现出自己特别想要得到神灵的庇护。他会去焚香和行善。假如他看到一条鱼在鱼钩上挣扎，他会付钱买下它，然后放生。他会把拼命挣扎的蚂蚁从阵雨造成的小溪沟里捞出来，散发伦理道德小册子，或甚至把印刷品的残片从泥泞的街道上拾起来，以免使它受人践踏。[①]
假如他的名字列在那些少数的幸运儿之中，他就不仅证明了自己
的学识出类拔萃，而且还稳稳地登上了仕途。虽然没有显赫的出
身和朋友的提携，他仍然有可能在军机处或内阁挣得一席之地。
所有这些晋升都是相当遥远的事，但他马上就能得到的职位也能
受人尊敬，并且可以俸禄优裕。通常是一个县的知县或是县试中
的副主考——空缺的职位是通过抽签来决定的，因此是公平地分
配给那些已经证明了自身价值的"进士"。

然而，在抽签决定去何处担任知县之前，我们这位雄心勃勃的
进士还有机会赢得加入翰林院这一更为显赫的荣耀。两三百名身经
百战的考试幸存者就是抱着这样的念头到皇宫里来参加殿试的，这
次考试的题目由皇帝本人亲自出题，而且在皇帝陛下亲自主持的殿
试中脱颖而出的人可以获得最高的荣誉。书法再次成为决定胜负的
一个因素，大约会有二十多个文体最完美、学识最渊博、书法最典
雅的进士被招入翰林院，这个皇家学院成员们的文学造诣被公认为
是一流的。这些人是天朝的御用文人和史学家，并被派到好几个行
省去担任学政和主考官。[②]

但是这个规模越来越小的升迁之路还没有到达它最后的阶
段。科举这漫长的考试过程在皇帝亲自用朱笔将某位考生点为"状
元"——即帝国的模范文人或季节中最美丽的花朵——时才算结
束。这可不像是剑桥大学每年一次、稀松寻常的数学学位考试第一
名，也不像美国学院在私立花园中举行毕业典礼时的毕业生代表演
说者。这个艳丽的花朵每三年才开放一次，而且全帝国也只开放这

———

① 这类善举对于考试结果的影响在逸闻集锦中被详加例证，并广为流传。
② 有关翰林院的细节描写，请看下章。

么一朵——这朵花是由皇帝陛下亲手摘取，而且享有他属下最优秀文人的尊敬。说到学术上的荣誉，这个东方帝国所授予这位文人的荣誉就好比西方国家的桂冠诗人。每个行省都争先恐后地想要得到这个耀人眼目的嘉奖，而状元出生的城镇将被永远载入史册。报信人快马加鞭地传递状元出炉的捷报，当地的百姓闻讯为之欢呼雀跃。我们曾亲眼看到报捷的队伍来到一个简陋的茅屋前，用飘扬的旗帜和嘹亮的号角向惊讶的屋主宣告，他们的一位亲戚已被皇帝授予当年状元的桂冠。人们对这位同乡所表现出来的热情是如此之高，就连状元的妻子也被请到了该城的六个城门处，并在每个城门前都撒上一把米，使得全城的人都可以分享她家的好运气。有一个流传很广的故事讲述一位仙女下凡，其目的就是要为帝国生一名状元。状元的地位在人们的心目中是如此地崇高，以至于在 1872 年，一个状元的女儿竟然被破格选为皇后。

我们承认，所有这些都透露出一种东方特有的炫耀和夸张。它所反映的是古代中国科举考试的艰辛和汗水，而非现代世界的思想劳动和智力胜利。但显然这样一种能引起全国上下如此大兴趣的竞争一定会产生非常重大的结果。我们已经看到，这种考试制度可以选拔出最有才华的人来为公众服务，但除了这个最主要的目标之外，它还对人民的教育和政府的稳定产生了深远的影响。实际上，这是中国在教育制度所能展示的一切。中国只有为数很少的书院，完全没有西方意义上的大学，[①] 也没有全国性的公立学校体系；然而我们可以有信心地断言，如果中国每一个皇帝都能像奥古斯都那样奖掖文学，每一位大臣都能像梅塞纳斯那样慷慨解囊，中国对

① 这篇文章是在北京京师大学堂和天津北洋大学堂成立之前写的——那两所大学都因为义和团的暴乱而被突然关闭，但并非无可救药。

于学问的赞助将会比西方更为行之有效。因为国家向所有的子民宣告："无论是公开还是私下的场合，你们竭尽所能地发奋学习吧；当你们准备好了之后，就去参加科举考试，政府会量才录用，奖励你们的成就。"

这种热情深藏于每一个渴望获得功名的人心底，没有任何东西可与之相比拟。他们不仅在学校老师的督促下勤奋学习，而且在离开学校之后，学习的热情也丝毫没有减弱。他们在孤独和贫困中学习；他们在家庭的重负下和冗杂的事务中学习；那闪亮的目标在一生中始终伴随着他们，直至他们的目光随着年龄的增长而日渐黯淡。一些抱负远大者要求自己每天读写一篇新的文章；而且在每次举行科举考试时，他们都会毫不犹豫地去报名应试。即使失败，他们也会用铁杵磨成针的典故来激励自己继续努力尝试，相信坚持不懈最终能换来成功。

我们曾遇到过一位年老的官员，他骄傲地向我们讲述自己在成为举人之后，举家从偏远的云南迁到北京，以便能参加京师的会试；以及他如何在三年一次的考试中屡屡失利，直到经过二十年的耐心等待之后，他终于在第七次会试中考上进士，当时他已经年满六十。在当上进士七年之后，他终于荣升天津府府尹。在我们的桌子上有一张成功获得举人头衔的名单，上面共有九十九人，其中十六人年逾四十，有一个六十二岁，一个八十三岁；平均年龄超过了三十岁。而进士的平均年龄自然还要相应更高一些。

想要获得成功的动机对于学生来说是如此地强大，以至于他们一旦参加过科举考试，就会把学习视作他们毕生的职业。于是我们便有了一个人数合计在两三百万的社会阶层，他们通过不间断的练习来保持学习能力，在西方任何国家中都找不到像他们那样文笔流畅和记忆力上佳的人。假如说这些人教育水准并不高，那也不是竞争制度的过错，而是要怪中国衡量思想才能的标准制定得不合理。在中国文学高于一切，而科学则什么也不是。人们一生沉溺于文字，而不是实物；对于习得能力的培养要远甚于对于创新能力的培养。

中国的教育模式跟西方的现代学校不同；但是把它跟旧的语言和哲学课程相比较时，也绝非不值得一顾。以乡试最后一天的一份试卷为例，它包括了五个论题：策论、历史、农业、兵法和财政。每个论题下面都有二十个问题，这些问题的编排方式自然并不科学，然而对考生来说比较有利的是，如果对于中国文学没有广泛涉猎的话，根本无法回答这些问题。由于篇幅的限制，我们只能在每个论题下举出一个问题作为例子。

1. 王阳明学派与清代理学在阐释《易经》的内涵和给《易经》作注等方面有何区别？

2. 史学大家司马迁以自己搜集并使用了许多为其他作者所忽视的材料为荣。这些材料得自何处？

3. 农业的改进自古就受到重视。列举几个朝代为这个目的而采取的措施。

4. 兵法产生于四千四百年前的黄帝。此后各朝都制定了不同的民兵或正规军制度。请简要陈述。

5. 说明不同朝代的钱币流通媒介，并指出宋代的纸币跟我们现在所使用的纸币有何相符之处。

在另一份乡试的试卷中，有关天文学的论题取代了农业。但是那些问题都只限于跟天文学有关的文学典故，没超出中国古典文学的范围，几乎没有为考生展示其科学素养留下任何空间。然而，科举考试接纳科学试题这一事实的本身却给人以很大的希望。它表明了，科举考试虽然还没有对引入西方科学及其相关的艺术门类敞开大门，但至少已经把门打开了一半，这些西方科学知识足以把中国人带出中世纪经院哲学的迷雾，从而进入无限光明的现代科学。假如主考官们具有科学的知识，而且科学论题在乡试和会试中占有突出地位的话，那么数百万想要参加这些科举考试的生员们很快就能成为现代科学的认真研究者，正如他们现在研习中国古典文学那样。① 通过在旧血管中注入新鲜血液的改革和创新，科举考试这个崇高的机构就会扮演起一个庞大国立大学的角色——它不是像牛津大学和剑桥大学那样只是为了训练各自的毕业生，而是（以小喻大）像伦敦大学那样，通过考试和颁发学位来推动教育事业。伦敦大学每年通过入学考试，录取一千四百名学生，只有一半的学生最后能够获得学位。中国的科举考试每年大约会接纳两百万考生，只有百分之二或三的考生能顺利通过考试。

这一考试机制的政治意义极其重要，不容忽视，但同时又因过于繁杂而无法详细阐述。它的附带益处可以从下面这三个方面来理解：

1. 它对于国家起了一种安全阀的作用，为那些野心家们提供了一种职业，从而避免了他们可能会酝酿的骚乱和煽动的革命。在民主国家中，野心家们讨好民众；而在专制国家中，他们就会向君主们献媚。在中国，他们不会求助于不光彩的手段或政治性的煽动，

---

① 为了说明在科举考试中加入使用科学的试题是可行的，我们可以从另一份试卷中再举出这样的一些问题："最早的火器是周朝（公元前1122—公元前255年）人所使用的火箭；在哪一本书中最早出现我们目前用来描述火炮的'炮'字？开封府抵御蒙古人一战是否使用火炮的最早记载？宋朝有好几种小型的火炮——它们的优点是什么？永乐皇帝的明朝军队在入侵交趾支那时的一种被称作'神炮'的火炮，你能说明它的来历吗？"

而是致力于默默学习。他们知道自己的才华将会得到公正的评判，而且假如他们具有天生的领袖气质，强调竞争性的科举考试就会为他们打开通往仕途的大门。这种竞争机制并不足以涉及所有会产生内乱倾向的力量；然而不难理解，假如没有科举考试的话，中国的动乱将会更加频繁和严重。

2. 它是一种能够制约绝对皇权的力量。如果没有这种制度，政府的权力机构就会被世袭的贵族所把持，而成千上万的次要官职就会被皇帝属意的小人所瓜分。有了科举制度，一个有才干的人可以通过自己的努力，从最卑贱的阶层跻身于权贵，最终当上总督或总理大臣。"将相本无种"这句话是每一个学童都要背诵和铭记在心的。出身贱民的高官能理解民众的感情和需求，尽管我们必须承认，他们通常是贪婪和暴虐的，这要视他们获得高位的时间长短而定。但这些官员在很大程度上依然比那些专制皇权的产物更能获得民众的支持和同情。因此，科举考试制度为了抑制皇帝封官许爵的特权而向政府引入了民众意愿的因素，对于帝国的臣民们，它起了一种宪法的作用，为普通人能在国家权力机构中享有一席之地创造了条件。

3. 它使政府得以控制受过教育的士绅阶层，并把他们跟现存的政治体制拴在了一起。它使受教育阶层变得格外保守，因为他们知道，一旦发生革命，官职就不再成为对学问的奖赏，而是为政治和军事力量所分配。因此，"文人"这个人口中最有影响力的部分也是最忠诚的部分。正是因为他们的支持，满族统治阶级的权力才能得以维持，尽管他们是异族，并遭受了长期的国内动乱，而对于"叛贼们"来说，其队伍中文人极少这一事实是他们的耻辱所在和致命要害。

在那些民众以参加科举考试的热忱而闻名的县份里，人们渴求得到的唯一补偿就是极具竞争性的考试录取人数有些许的增加。考虑到财政收入问题，政府近年来频频采用这种增加名额的措施。为了减轻疲软的财政负担，政府还允许人们花钱认捐一个学位头衔，并向捐钱者发放特许状，使他们可以跳过初级的考试，而直接参加乡试和会试。尽管政府可以通过这样的方式让货币贬值，它仍然还要小心防备伪币的流通。几年前，北京的礼部尚书柏葰因涉嫌倒卖了两三个举人、进士的头衔而被处死。这个案子本身虽然不大，但它所造成的破坏性影响却不可估量。它会动摇人们对于政府这一分支管理机构的信心，而后者是他们通往荣誉和官职的唯一途径。就连皇帝也不敢贸然在这方面徇私作弊。他也许可以根据大多数人的愿望而放低录取标准，但他却不能废黜科举考试而不引起一场暴乱，因为它是民众的投票箱和特许权利章程。

这就是中国科举考试的竞争机制，以及它的一些优点和缺点。将它的一些类似特征嫁接到美国的共和政体上难道不是可行的吗？它更符合我们自由政府的精神，因而可以期望它在这个国家结出比在中国更甜美的果实。考试制度在英属印度的实施获得了极大的成功。在英国，外交和领事部门也已经建立了竞争机制。而如果我们希望美国的国际影响与国内的伟大和繁荣相匹配的话，就必须在对外事务上采取类似的措施。我们的政府什么时候才能够认识到，一名好的领事要比一艘军舰更有效，而一名得力公使的价值要远甚于一个海军舰队？要确保能有好的领事和得力的公使，我们就必须从一批已经经过选拔和训练的人中再去挑选。

在实行这些改革时，来自罗得岛州的詹克先生所提出的法案①可作为一个切入口。它将获得人们对于下列原则的肯定，即晋升职

① 该法案于 1868 年在美国东方学会里宣读，并于 1870 年 7 月发表在《北美评论》上。

贡院内成排的号舍

务须依据业绩，这一原则肯定不能算是别出心裁。但是光有这一点还不够。他指出："它并不触动那些必须征求参议院意见和同意才能进人的职位。它也根本不会妨碍大街另一端人们争先恐后地争抢政府机关的职位，或国会山众议院挤满了走廊的急切求职者。应该记住，这个法案只跟由总统和各部部长们任命的低级官职有关。"

然而侵犯参议院的权利又会带来什么危险呢？求职者在一组考官面前为了获得他们的同意而证明自己的能力，难道还有任何其他事情能比这更有助于参议院提出"意见和赞同"的吗？了解相同的事实难道不能帮助减轻总统的负担，并把他从目前为挑选合格人才所遇到的重重困难中解脱出来吗？这样一种安排并不会取消行政任命的权力，而是调节它的具体实施。假如应用于选举机关的职位，它也不会进一步妨碍人们的选择自由。而是确保候选人具有适当的资历。要为民权至上论制订规则也许并非易事，但反观美国的官员们绝对不是社会中最有思想才华的阶层，这一点是令人感到羞愧的。①

---

① 下面这个有关美国方法的范例基本上是真实的，只有当事人的名字不是真的：

有两名男子在我的故乡，印第安那州塔罗欧特的一次大型集会上会面，以便在广大观众面前讨论大家所关心的问题，并请求公民们投他们一票，使他们能进入州的立法机构。第一个讲话的汤普金斯，我父母都知道，是一个野心勃勃，但没受过教育的年轻人——他就连公立学校都没有上过。雅各布斯是耶鲁大学的毕业生，他在答辞中成功地揭露了对手的无知。而后者在作最后陈述时，承认他从来也没有"背靠过一所学院的墙"。"我是自学成才的，并为此感到骄傲。富兰克林就是一个自学成才的人，我的公民同胞们，你们中间的许多人也是自学成才的。难道我们应该为此而被一个学院的伪君子而耻笑吗？让他拿出他的书本来，我可以跟他逐页比赛阅读拉丁文和希腊文，你们来做我们的评判。"雅各布斯婉言拒绝，认为这种比赛太荒谬了——coram non judice（在没有法官在场的情况下）——观众们"为自学成才者而欢呼"，并把他选入了立法机构。这种选举官员的方法跟中国的科举考试相比，哪一种是更文明的做法？

第十八章

翰林院

在距英国公使馆北边仅一箭之隔的御河桥附近，北京的旅游者可以看到通往一个小小衙门的入口。这儿就是翰林院所在地，即整个帝国的重要枢纽之一和文学活动的中心。

如果来访者看不懂铭文，那么他在走进这个院子时所映入眼帘的东西绝不会使他意识到这个地方的重要性：一系列的院落大门敞开，破损的走道上盖满垃圾；五间单层的低矮棚式大堂，很像是一个闲置的谷仓；这些建筑的两侧都是一些更加矮小的简陋房屋侧，后者还不如打扫干净的农场马厩来得考究——其中部分房屋已破旧不堪；满目尘土衰颓——这就是被视为中国荣耀之一的机构面貌。然而，当来访者的目光扫过墙上的题词——其中有些还出自皇帝的御笔——他就会意识到自己脚下所踩的并非平凡之地。

当来访者来到最后一间大堂时，上述印象再次得到了证实，原来这间大堂上了锁，任何试图进入的努力都是徒劳的。屋顶的黄色琉璃瓦具有暗示性；守门人不为任何游说所动，他以一种神秘的口吻宣称，这是皇帝本人才能够进去的神圣场所。这里面安置着皇帝的宝座，每当皇帝驾临翰林院时就在此处召见别人，粗俗的平民是看不到这个宝座的。

众多用镀金字体写就的铭文记录了皇帝驾临翰林院的日期和缘由，后者并非频繁得像是家常便饭。一本介绍京师主要景点的中文导游手册用多达十八页的篇幅来介绍翰林院，并特别强调了乾隆皇帝在亲政第一年就驾临翰林院时，在这儿所举行的隆重仪式。

我们从这本书中了解到，皇帝曾下旨重修过翰林院这些已废弃的房间，并通过庄严的仪式，把它们重新献给文学事业。皇帝陛下亲自出席了这一仪式，并给予了翰林院两名掌院学士前往御座大堂觐见的莫大荣耀。至少有一百六十五名翰林院的成员出席了这个仪式。"在翰林院最值得骄傲的回忆中，"史官记载道，"这样的一天可谓千载难逢。"

乾隆皇帝还赠送了两件引人注目的礼物，使得这一场合更加不同寻常。

他赠送给翰林院藏书楼的第一件礼物是一整套令人叹为观止的百科全书，名为《图书集成》。这套书是康熙年间用铜活字排版印刷的，包括精选的历代最有价值的作品，全书有六千册，其本身就构成了一个具有相当规模的图书馆。

另一件没有那么庞大但更为珍贵的礼物是出自皇帝亲笔的一篇颂词。这篇颂词是在众多翰林面前以即兴作文的形式写下的，其中有诸多预先准备的痕迹，因而谁都不会被皇帝由虚荣心驱使的小把戏所蒙蔽。这篇颂词已经依照御笔手迹铭刻在一对大理石石碑上，我们从那上面复制了一张拓片。

这篇骈体颂词的原文无愧于尊贵作者那非同寻常的诗人才华，但在翻译过程中这种韵味丧失了许多，就好像把中国精美柔滑的丝绸换成质量低劣的西服一样。我们冒着扭曲原文的危险，将它翻译如下：

昌辰天禄集鸳联，欣咏斯千小雅篇。

鸟革翚飞跻君子，诵诗讲易共高贤。

光凝黼座垂华藻，篆绕狻炉散瑞烟。

咫尺玉堂清切地，底夸瀛岛说登仙。

百年礼乐庆昭融，保泰常持惕若衷。

漫以新诗鸣豫大，谁将忠告赞钦崇。

傅严梦贲应无藉，唐室赓歌讶许同。

心喜百僚知我意，不将高议诩升中。

欢腾芸署小阳春，此日崇文引席珍。

顾我惭危房杜主，岂伊独数马邹臣。

石渠典故应增旧，壁宿光华更睹新。

影丽花砖争到八，尽教沾醉酒三巡。

瑞旭瞳昽霭扇鸾，筵开翰墨会衣冠。

五车四库从来纪，刘井柯亭取次看。

玉版挥毫盈凤沼，花瓷赐茗掰龙团。

济川自古资舟楫，便欲因寻学海澜。

　　从这位皇帝的诗才横溢再次回到他在诗歌中所颂扬的翰林院，我们问道：那些博学的书法家们是在哪里完成他们的优雅任务的呢？他们聚集在一起来处理公务的厅堂又是在什么地方？慷慨的朝廷为这些万中挑一的学者所提供的藏书楼又在哪儿？这些问题很快就有了答案，却完全出乎了来访者的意料。他们进行写作的房间就是最外面那个院子两旁低矮的厢房，其中有些房间上还挂了牌子，说明这些朝廷命官就是在这儿更换朝服；但这些房间空无一人，久未打扫，也没有任何装饰。

那些有特定职责的翰林院成员们在宫廷中工作，而一班人数更多的庶吉士们则在一个单独的学院中学习，这所学院称作庶常馆。这儿并没有通常意义上的会馆。他们也不举行任何的常务会议。他们的组织形式是专制性的；其成员的工作都是由翰林院掌院学士和副掌院学士所组成的理事会来安排。在一个偏僻的角落有一个小套间，这是高官的休息室。他们在这里饮茶更衣，准备奏章；一个月来开九次会，每次两个小时。

至于翰林院的其他成员，只是在国定宗教仪式和民事庆典时才出席集会。这两类仪式的日期（或日历）都醒目地张贴在前院的柱子上，透露出翰林院的精华已所剩无几，而那些空洞的仪式只不过是残存的空壳而已。

就翰林院所在地而言，这样的描述是真实的。因为正如我们所看到的那样，尽管翰林院精力不衰，原来要在这儿做的工作也已被转移到其他地方。除了偶尔要在这儿举行仪式之外，这儿的厅堂就像尼尼微和巴比伦的学院那样鲜有人踏足。这里举行的所有仪式之中，最重要的就是祭孔仪式。儒家弟子们在孔子神龛前按官衔排列成行，行三拜九叩之礼。有一位较为近代的圣贤韩文公①被尊为儒家正统学说的拥护者，他的主要功绩就是一篇雄辩地批评佛教的檄文，儒家弟子们另有三分之一的跪拜是给他的。

除了这些充满文学光芒的殿堂之外，还有另一间香火不灭的神龛，里面供奉着道教的神灵，其中就有北极星君。

这些相对的神龛勾画出了错综复杂的宗教观念，它甚至在知识分子阶层中也占了上风。倘若能在某处找到一个纯粹质朴，安详睿

---

① 韩文公是韩愈的尊称。——译者注

智的儒教的话，那么还能有比翰林院的殿堂更合适的地方吗？

　　说到藏书楼，至少它在乾隆盛世期间还令世人景仰——乾隆皇帝曾赠送了六千卷的书装满它的书库。乾隆统治的早期还组织编修了一部更大规模的丛书《四库全书》，它也被存放在此。另外还有一部名为《永乐大典》的浩瀚丛书。然而在中国，藏书楼并没有得到良好的维护。图书装帧简陋，书页采用线装，纸张发脆且多果蠹虫之腹，同时它们的正式看守者也常受欲望而非文学爱好的驱使而监守自盗。

　　在这些因素的综合影响下，翰林院的藏书楼日渐衰微。有两间藏书室是在御亭神圣的围墙之内，本书作者未能得到入内观看的准许。大部分书籍已被转移到了其他地方，仍保存在此的书籍状况可从唯一可以进入的藏书室里窥见几分。室内的家具只有六个书柜，一些书柜锁着，另一些书柜敞开着，敞开的柜子里空空如也；地板上散落着碎纸片，厚厚的尘土上见不到脚印，可以看出这个通往知识源泉的通道已很久无人问津了。

　　然而中国的事情不能用常理来推断。这儿建筑颓败的状况并不能说明它所代表的机构状态。中国的公共建筑同西方国家的相比，大部分都更为简陋和微不足道，但如果我们以中国的建筑状况，而非中国人，来评判中华文明（就像中国人往往用西方裁缝的卷尺来评判西方文明那样）的话，那就大错特错了。对于中国人来说，建筑算不上是一种美术。每个阶层的公共建筑物设计形式都极为单一，就连民居也没有新奇多样的设计。这两者的原有观念不可能有很大的发展空间，木结构和有限的高度使这些房屋建筑给人一种低劣的感觉，而没有窗户的墙壁按照小心谨慎或习俗的要求必须把每一个大的建筑都围起来，使得公众的视线无法看见它，因而即使没有毁掉，也会削弱对于审美效果的欲望。人们习惯于实用主义的思维方式，遵循古训的政府也会压制而非鼓励奢侈之风。中国的天才在物质艺术上并不追求卓越。由于中国比古罗马更看重礼仪，所以下面这位罗马诗人的诗句可被视为对中国的真实写照：

> Excudent alii spirantia mollies aera
>
> ... regere imperio populos ...
>
> Hae tibi erunt artes; pacisque imponere morem.[1]
>
> 有的人将铸造出栩栩如生的铜像
>
> ……用皇权来统治万民……
>
> 你的擅长当是确立和平的秩序。

因为中国人虽然在所有那些古罗马人超群出众的方面显得格外落后，但文质彬彬的他在征服国土的广度上却并不亚于后者，在保有财产的永久性上甚至超过了古罗马人。对于中国人来说，治国的艺术就是"大学"，所有其他的东西，诸如科学、文学、宗教等，都只是次要的。

除了中间有一个短暂的间隙之外，翰林院在北京城内已经有了整整六百年的历史，从这儿见证了三个王朝的创立和两个朝代的衰亡。元代的翰林院并不在目前这个位置，而是在当今的鼓楼再偏西一点。忽必烈和他的继任者为了证明自己对于翰林院的重视，把它安置在金朝的一座旧王宫内。后来有一位不得志的学者欧阳楚（Ao Yang Ch'u）在诗中提到了当时翰林院所在地的反差时，这样哀叹道：

---

① 维吉尔：《埃涅阿斯纪》第六卷，第847—852行。——译者注

　　　　昔时翰林华美屋，

　　　　金玉辉煌宫殿中。

　　明朝的皇帝把翰林院迁到了它现在的所在地——原先这儿是一个旧谷仓。清朝的皇帝把一个王府①送给了蒙古的喇嘛，却让翰林院留在原来那个狭窄的地方，并且同时就在紧挨着它的地方又为一位清朝的王爷建造了另一个王府。那个王府现在是英国公使馆所在地，那儿高耸的烟囱俯瞰着翰林院，威胁到了整个文学机构的好运和风水。假如这就是翰林院的整个历史，那么它仍然会因其历史比西方世界现存的任何一个同类机构悠久两倍以上而显得令人瞩目。然而这最后一个时期只是翰林院为数不多的变迁之一，连它年龄的一半都不到。翰林院的历史要回溯到一千二百年前，在那一漫长的时期中，数代王朝为争夺帝国的统治权而此衰彼兴。而翰林院也因其与政府联系的紧密性而随着国都南迁北徙，直到都城逐渐固定在现在的地点。15 世纪初洪武皇帝定都南京时，翰林院曾在那里停驻数年。十字军东征时期，即南宋王朝在鞑靼人的进攻下节节败退的时候，南宋统治者把它们半壁王朝的都城和翰林院一起迁到了杭州。之前的两个世纪，翰林院是在北宋的都城汴梁（开封）昭显荣耀。

　　在短暂的五代十国期间（公元 907—960 年），虽然每一个皇位的觊觎者都设立了跟翰林院职能相似的机构，以作为皇权的一个主要特征，但真正的翰林院还是在无休止的战火硝烟中销声匿迹；它最早，最辉煌，同时也是持续时间最长的一个发展时期还是在公元 627—904 年间的唐朝，或者说从穆罕默德出生到阿尔弗雷德大帝去

---

① 即雍王府，后改称雍和宫。——译者注

世这一期间。对于中国来说，这算不上一个很久远的年代，但翰林院这样一个担负着如此重大职能的机构几乎不可能出现在再早的历史时期。在之前的朝代中，文学的范畴还很有限，而文章的风格也显得粗糙。直到汉王朝漫长的统治时期，中国的文字才完全进入了成熟阶段；但即使是在那时，人们的文学趣味还很欠缺——正如中国评论家所说，当时的作家更关注内容而非形式。在秦汉之后的数个短命王朝中，权力斗争之剧烈使得文学无暇复兴。然而当长期被鲜血浸透的中华帝国终于迎来唐朝的统一时，也同时迎来了以文采四溢为标志的和平繁荣新纪元。

唐朝的创立者唐高祖在血腥的征战中度过了二十年。在那样的环境下，勇敢就是美德，而军事才能是书中唯一值得称道的才识。他在国内的征战中最得力的助手是他第二个儿子，李世民。后者注定要完成父亲开创的事业，但是他有着比父亲更为机敏的天才和更加儒雅的品位，这位年轻的皇太子跟唐高祖之间的关系，就好比亚历山大王跟菲利普，或者腓特烈一世① 跟脾气暴躁的腓特烈·威廉② 。李世民在营火旁还孜孜不倦地阅读诗人和哲学家们的作品，在毫无争议地登上皇位之后，他马上就开始致力于推动学问的工作。在这一点上，他只不过是回归了中国从一开始起就尊崇文学的传统。但是唐太宗（史书中李世民的名号）并未拘泥于传统，他发布了一道法令，网罗有才能的隐士学者加以重用。他的前辈也做过同样的事情，但唐太宗为这些人创立了一个专门的机构——文学馆，并把他们安置在宫中。历史学家告诉我们，他在公务之余和深夜经

---

① 腓特烈一世(Frederick the Great, 1657—1713)，普鲁士的初代国王。他建立了庞大的军队，在击败法王路易十四之后自立为普鲁士国王。——译者注
② 腓特烈·威廉 (Frederick William, 1620—1688)，腓特烈一世的父亲，以 "大选侯" 的头衔知名。——译者注

常跟这些才识渊博之士聊天。这样的著名学者共有十八名。在那个崇尚佛教的年代，这个数字有可能来源于追随佛祖的十八罗汉（尽管儒家学子会驳斥这种说法）。其中最为卓异的是房玄龄和杜如晦，这两人后来位至宰相。我们已经在乾隆的颂词中看到过他们的名字，他们是作为这个文学团体的鼻祖而被提及的。这就是翰林院的萌芽时期。

在先前的朝代中，文学只是在被用来辅佐政治时才受到重视，而学术不过是入仕的资格凭证。但从唐代起，文学便开始成为一种最终的目的，而做官则成了鼓励人们学习的激励因素。以前在科举考试中，考生只须写下对一系列问题的解答，以显示他们的博学和聪明；但从唐朝起，品味在这个文学竞技场上占据了决定性的地位，无论是写散文还是写韵文，风格的典雅都是主要目标，因而也成为学习课程的重要特征。这张为朝廷捕捉大鱼，同时也放过小鱼的网，在唐朝期间臻于完善，以至于在其后一千年中它没有经历过重大的改变。唐朝不负所望地成为前所未有的诗歌盛世。在唐朝最初几位皇帝统治下大放异彩的诗人有李太白（他以卓越的天才被视作金星的化身）、杜甫、韩愈和其他人。他们的作品成为后人莫敢僭越的公认诗歌范式。在唐诗这个总称下，他们为帝国的皇冠增添了一个任何朝代都未曾有过的紫红色花环。唐明皇（玄宗）御准李太白进入文学馆。根据记载，皇帝亲自给这位诗人赐宴，并不惜用执掌权杖的手来为他调拌羹汤。

在文学馆建立和科举考试转型的同时，印刷术问世了，这一事件的影响不可低估。三者源于共同的动力，它们相互作用，一起有力地推动了文化事业的发展。把字印在纸或绢帛上的做法无疑很久以前就有了，但直到这时这种方法才被应用于大规模的复制书籍。然而在唐太宗统治时期还没有这种方法。这位皇帝决心创建一座有史以来规模最大的藏书阁，但他想象不出比缓慢的誊写更迅捷，或至少是更令人满意的方法来复制书籍。因此需要有大批文人来誊抄书籍，以达到这个目的。于是唐太宗为其藏书阁的设想广罗人才，招募了一大批书法和学问均佳的文人墨客。他的一位后继者唐玄宗又增纳了另一批学者，并于公元 740 年把这三批人融为一个团体，称之为"翰林"，意为"文翰之林"。与当时还不到二十名的成员相比较，现在使用这个名称可能更为适宜。

引入手工印刷机以作为书籍制作的辅助手段大大减轻了皇家誊写人员的工作量，却没能取代他们的位置。翰林们从繁重的誊写工作中解脱出来，有了更充裕的时间来从事文学创作。8 世纪的中国正如 15 世纪的欧洲，印刷术极大地推动了当时的思想活动。

正如我们在前面所看到的那样，翰林院起源于唐太宗的全盛统治时期，不久以后就得到了充分发展。在唐玄宗统治期间，它被赋予了流传到现在的翰林院这个名字，从那时开始已经有十二个世纪，它的设立目的、人员构成、运行模式都没有任何本质上的改变，为适应现在官僚制度所作的调整不算在内。《大清会典》（一部关于清代制度的史书）中，对翰林院的制度和作用做了如下描述：

一、掌院学士两人，满、汉各一人。他们负责监督编撰史书、图册、其他书籍，起草诏书，总理有关文学事务。

二、副掌院分为两种，即侍读学士和侍讲学士。每一种都是满、汉各三人。

三、除此之外的日常人员包括三类，即修撰、编修和检讨，这三类的人员数目不限。他们和副掌院们一起负责编纂书籍，每天都在一定的时间为皇帝讲授儒家经典。

四、还有一类试用性质的候补成员称为"庶吉士"，字面意思是"幸运的学者",数目不定。他们没有特殊的职责,但要在翰林院的附属学校中学习。他们要学习满文和汉文。有满、汉教习各一人,还有从级别在侍读学士和侍讲学士以下的成员中选任的助教。他们在三年学习期满之后要参加对于赋诗水平的测试,由皇帝亲自评定他们的得分等级,之后还要参加皇帝的接见。得分在前三个等级的人可以取得正式成员的资格,第四等级,也就是剩下的人,则调任外职,或再学习三年,以参加下一次考试。

五、典记两人,满、汉各一人。负责收发文件。

六、典簿两人,满、汉各一人。负责保管书籍图册。

七、待诏四人,满、汉各两人。负责缮写、校勘史书、奏章和其他文字。

八、笔帖式四十四人,满四十人,汉旗四人。做日常的抄写和翻译工作。

九、(御)经筵宣讲官十六人,满、汉各八人。满洲讲官必须是三品以上的官员;汉讲官必须是翰林出身之三品以上官员。他们均由皇帝根据翰林院推荐而选定。经筵每年举办两次,分别是在二月和八月;每次都有满、汉讲官各一名宣讲《尚书》,满、汉讲官各一名宣讲其他经典著作,讲授内容选自翰林院开列的一个书单。每次讲授的文章义理都要提前征询掌院学士的意见,并在皇帝驾临前做好准备。皇帝驾临翰林院时,这些宣讲官和其他官员都要在石阶下朝拜,然后按照《礼记》的规定依次进退。宣讲完毕之后,他们还要恭敬地聆听皇帝的讲话。

十、日讲官有满二十八人,汉十二人。由检讨以上、掌院学士以下的翰林院成员充任,可以兼任他职。

十一、翰林院要把一些特定的祭祀仪式提交皇帝同意。包括在天坛、太庙、皇陵、先农坛的祭祀以及祭山、祭海、祭湖、祭孔庙的仪式。

十二、翰林院要为太后拟定封号，并且为驾崩皇帝之主要妃子拟定尊号；为新皇帝册立后妃；册封皇子、王公；这些文书上都要加盖玉玺，而所有这些都要首先奏请皇帝批准。

十三、翰林院要为驾崩的皇帝拟定谥号、庙号和陵地，并奏请皇帝批准。

十四、翰林院掌院要兼任编史馆副管事，次级的翰林官在这里做编纂工作，恭敬地记录（皇帝的）圣旨。

十五、规定皇帝在公共场合出现时翰林官的列席次序。

十六、规定皇帝在圆明园（夏宫）逗留期间伴驾的翰林数目和职位。

十七、掌院学士要确定皇帝到都城外出巡时伴驾的翰林人选。

十八、皇帝派钦差大臣祭祀孔庙时，翰林院的资深成员要为圣人的十二贤徒献上贡品。

十九、翰林官要协同礼部抄录乡试、会试、殿试中的最佳文章，编辑成册出版。

二十、拟定报告和推荐官员晋升时所用的奏章格式，在举行遴选御史的考试时，编修和检讨可经推荐作为候选人。

二十一、为录取庶吉士的馆选考试制定规章。

二十二、负责庶吉士三年学习后，为获得翰林院正式成员资格或其他官职的考试。

二十三、不定期为翰林院正式成员举行殿试，以避免他们怠懒无为。

二十四、负责编修和庶吉士等翰林院成员的晋升。

　　以上就是对于目前翰林院编制的官方说明；但是它传达了什么信息呢？虽然我们尽可能地做了一些解释，以及对原文做了宽泛的翻译，但它仍然是一大堆头衔和仪式的堆砌，缺乏任何秩序的原则。此外，如果没有附带的说明，其中大部分内容都将是完全无法理解的。假如被问及有关翰林院成员的数目、获取成员资格所需的证明、获得翰林院席位（这个词必须被理解为一个比喻，因为除了极少数的场合之外，翰林们都是必须要站着的）的途径等问题，史官就会像斯芬克斯那样沉默无语。如果有人怀着好奇心，试图去统计各等级或者部门的数目，更别提个别成员的数目，他一定不会成功。翰林院属下各部门中的某些人员是该团体的正式雇员而非成员，但资料中没有任何文字提及这个事实：例如待诏是翰林，而誊抄和翻译人员则不是；典簿是翰林，而典记则不是。我们会在下文里尽量简要地阐明这几点内容。

　　欧洲的学术院是在贵族或皇家赞助下自发成立的组织，但翰林院却是一个文官团体和政府组织，也是整个国家机器的一个组成部分。如这个机器的其他部分一样，皇权是它成立的主要动因。它的成员并不是为了热爱学问而试图参加这个组织，而是为了这个职位所能带来的荣耀，尤其是把它作为获得肥缺的跳板。因此，他们的仕途不断变化，有的可能在翰林院供职六到十年之后就会被派到各行省里去做三年一次的乡试考官，有的甚至会出任文职或武职，做一些跟文学没多大关系的工作。这些都丝毫不影响他们翰林院学士的称号。不仅如此，在他们向皇帝递交的奏折上，翰林院的官衔也会列于布政司或按察使等头衔之前。

　　京师还有几个衙门专由翰林院的成员供职。其中最主要的是詹事府和起居注馆，二者其实都只是翰林院的附属机构。从前者的名称中看不出其职能所在，它跟皇太子的关系就类似于翰林院跟皇帝的关系。在英国公使馆^①对面的运河岸上，可以看到官员们召开会议的简陋房屋。尽管如此，詹事府仍被视为是一个高尊贵的贵族团体，并且雇用了二十名左右的翰林。另一个起居注馆是记录皇帝日常言行的机构，又雇用了大约二十名翰林，其工作跟鲍斯威尔的工作性质类似，即事无巨细地记录在位皇帝每日所有的言谈举止。

在组成了一个特别法庭的御史中间，大多数人都从翰林学士中遴选产生，但御史并非全都是翰林，而翰林院中没有任御史的高级成员则兼任皇帝的顾问。在翰林院名册上能找到名字，并且经常参加聚会的正式成员，数目在六十到八十之间，尽管在重大场合，如皇帝驾临翰林院，那些住在京师的前任翰林也会被召回来，这样成员的总数一下子就会增加两三倍。除此之外，还有一百余名实习性质的庶吉士，他们要在翰林院学习三年，然后参加获得正式成员资格的考试。一旦考试通过，便可以在御用文人的队伍中获得一席之地，否则就会外派任地方官，如同知、知县等。无论到哪里，他们都会因曾经跟翰林院有关而令人刮目相看，尽管他们在翰林院中的时间可能很短。除去最终被翰林院挡在门外的这些身份有待商榷的庶吉士，通过了考试，货真价实的真正成员也不会少于五百人。

要成为翰林院的正式成员需要两项资格——天赋和渊博的各门汉学知识，关于这方面我们会在后文中进行介绍。翰林院的新成员既不是由会社选出，也非皇帝指定人选。这些东方奥林匹斯山上的席位是通过竞争决出来的，而这些天才的角逐者就像印度神话中的人物一样，虽然身份低微，但同样有可能在这场与神灵的较量中取胜。没有谁能凭借皇帝变化无常的专宠而进入翰林院，也不会有人因子虚乌有的偏见而被驱逐。

———

① 1900 年夏天，那儿被本地的基督徒当作了避风港。

因此，翰林院不像法兰西学院那样，有过一长串声名卓著的人物名单，后者会因遭到拒绝更加出名；也不会遭到冷嘲热讽的奚落，就像一位失望的诗人在自己墓碑上铭刻如下讽刺法兰西学院的诗句——

Ci-gît Piron, qui ne fut rien,

Pas même académicien.[①]

这儿长眠着皮隆，他什么都不是，

就连法兰西学院的院士都没当上。

翰林院的新成员都会有足够的自信，即他得到这一席之地全凭自己的努力，而不是靠同僚的殷勤或上司的恩典。

关于翰林们的职责，上述那些官方的规定已经写得相当清楚——包括了从为统治阶层选择各种奇怪的名号到组织乡试和撰写文史等各种智力活动，但推动科技进步并不在其中。他们不去尝试拓展人类知识的范畴，只是因为他们没意识到在孔子和其他先贤的成就之后，还会有任何新世界等待征服。前一任皇帝颁布了一项特殊的御旨，要求翰林院担负起为垂帘听政的那两位皇太后拟定徽号的职责。结果就是她俩从摄政职位退下来时各被授予"康颐"和"康庆"这一对悦耳动听的垂饰。我们可以想见这些博学之士是在经过艰难查找先例和详细比较每个称号下蕴藏的典故之后，才做出最终决定的。从那时起，现仍健在的慈禧太后已经又被追加了十二字的庙号。

——

① 皮隆（Alexis Piron, 1689—1773），著名的法国戏剧家。他曾于1753年被选为法兰西学院院士，却被国王路易十五所否决，其理由是皮隆年轻时曾写过一首色情诗。——译者注

撰写皇帝陛下及其代理人在各种祭祀场合所要用到的祈祷词，以及皇帝为各类寺庙题写的致谢碑文，这些都属于翰林们比较轻松的工作。然而它们并不像上面所提到的选择封号那样只是偶尔为之。由于地方上的人民都热切地想要为本地获得御笔的荣耀，所以许多县里的百姓都请求皇上为他们拜神的庙宇赐予御笔题词。他们坚称当地的土地神在过去的二十年中保佑发大水的河流没有决堤，制止了蝗虫的灾害，结束了持续的干旱，或在晚上显灵，派来阴间的鬼怪，赶走了大批造反的逆贼。百姓将这些事实报告给了知县，后者对它们予以核实，然后再将请愿禀报皇帝，而皇帝又指示翰林院的成员们去撰写那些百姓们所期望得到的题文。这样的事例在《京报》上不胜枚举。其中对于在华外国人来说，最有名的一件事就是天津的寺大王（ Sze T'ai Wang ）化身为一条大蟒蛇，阻止了1871 年的一场大洪灾，为此皇帝专门赏赐了一块由翰林院的博士们撰写碑文的石碑。

假如再加上由皇上赐给全帝国学堂和慈善机构的对联和牌匾，我们就得承认，翰林院堪称铭文学院（ Academy of Inscriptions ），尽管这个名称跟西方的铭文学会拼写相同，但意义却有点不一样。事实上，这类琐碎的小事在翰林院的日常事务中占了如此大的比重，以至于读者单从那个文件来判断，很可能会以为翰林们从来都不履行任何更为严肃的职责。但假如让他走进皇宫里的那些藏书楼之一（可惜它们还不对外国学者开放），或甚至走进中国城市的任何一家大书铺里，他一眼就能看到翰林院并非只是东方的浮华虚饰。让他要一本《诗经》看看，书铺的伙计就会端出一部二十卷本的御版《诗经》来，里面的注释和插图全都出自翰林院的博士们之手。假如他要看《礼记》或十三经中任何一本其他经典作品的话，向他展示的书都会有同样典雅的字体，同样丰富的内容，以及都是出自同样不知疲倦的校勘者之手。此外还有无数的历史书籍，它们的尊贵地位仅次于经书，但所涉及的内容广度则远远超过了十三经。

除了这些犹如时间长河那样源源不断的任务之外，翰林院还为皇帝所有的文学工程提供作者和校勘者。其中有些文学工程堪称浩瀚巨大，可以很保险地断言，只有那些修筑长城和开挖京杭大运河的人才能够承担这样的工程。中国倘若不是在京师还有一个养着一大群博学作者的永久性机构的话，是根本没有勇气来面对这样艰巨的任务的。

有两件这样的文学工程是清朝统治下最令人瞩目的，而第三件规模也许更大的文学工程则要回溯到明朝。最后提到的那项文学工程就是《永乐大典》，一套在皇家图书三十万卷收藏基础上编纂而成的百科全书式类书。为了编纂这套类书，曾经雇用了 2 169 名文书和誊抄者，并有三名总裁、五名副总裁和二十名提调。这项文学工程完成时，共包括了 22 937 卷书，大约有一万一千多册。这套书从未全部刊印出来过，仅有三套《永乐大典》的两套和第三套中大约十分之一的书籍毁于明朝灭亡期间的动乱和大火。[①]

康熙年间（17 世纪后期）进行了一项类似的图书编纂工程，用精美的铜活字刊印了六千卷的书籍，统称为《图书集成》。

大约一个世纪以后的乾隆年间，又进行了一项更大的图书编纂工程，以图补充《图书集成》，并且保存传世文学作品中最珍贵的部分。这套书是用木活字刊印，题为《四库全书》。这两套类书重现了一大部分此前的图书，然而人们还是花了很大的功夫来誊抄和保存原书。乾隆皇帝为了此书的编纂专门指定了一个由翰林院成员

---

① 这第三套《永乐大典》与翰林院藏书楼中的其他收藏几乎全部毁于 1900 年 7 月。

组成的班子，而且有一套《四库全书》据说现在成了翰林院藏书楼收藏的一部分。在这方面，我们还可以提一下其他两部在明朝完成的大型类书，它们在清朝经过删选和修改后又得以重印。假如说永乐皇帝在制定律法上是一位中国式查士丁尼一世① 的话，那么他的特里波尼安② 们就得到翰林院去找了。明朝第二个皇帝永乐统治期间由翰林院编纂的《性理大全》到了清朝第二位皇帝康熙统治下又由翰林院进行了删改。翰林院在后面这位著名统治者的命令下所做的另一项更重要的工作就是以皇帝名字命名的《康熙字典》——这项工作更加符合翰林院作为文学团体的性质。

梯也尔③ 曾发表评论，说法兰西学院具有“匡正语言进程的使命”④，法兰西学院就是通过出版著名的法语词典做到了这一点。几乎与此同时，翰林院的成员们也正通过编纂康熙大词典来为中国的文字完成一项十分相似的任务。《康熙字典》的权威性要远远高于《法兰西学院词典》。跟这些严肃工作相关的还有另一篇短小的作品值得一提，那就是以康熙的名字发布的《圣谕广训》。然而这既不是康熙的作品，也不是雍正的作品，而纯粹是出自翰林制笔的冒名作品。在《皇朝词林典故》中我们发现了指派这项任务，并限定文章式样的一个敕令：

> 圣主仁皇帝上谕十六条，乃系纲领，今欲诠解发挥，畅明意旨，以晓兵民。著修撰、编修、检讨、庶吉士等，将每条

---

① 查士丁尼一世（Justinian I, 483—565），拜占庭的皇帝。他于529—565年间主持制定了著名的《查士丁尼法典》。——译者注
② 特里波尼安（Tribonian, ？—545），《查士丁尼法典》的主要编纂者。——译者注
③ 梯也尔（Adolphe Thiers, 1797—1877），法国政治家，曾经担任过第三共和国的总统。——译者注
④ 引文原文为法语“la mission à régler la marche de la langue”。——译者注

作训诫文一篇，名曰上谕十六条广训。文体散行，字数在五百以外，六百以内。需明白条畅，勿太深奥，勿涉鄙俚。兵民并加训饬。翰林八九人，分与一条，各拟一篇，各人封进。

从这个上谕中可以看出，风格典雅并构成《圣谕广训》主体部分的"上谕十六条"原来是从一百多条警句中挑选出来的——堪称顶尖高手的精选之作。

在满族王朝的初期，翰林们更多时间是在监督把中文作品译成满文的工作，如今在北京满人中间能读懂满文的已经凤毛麟角，以致这些汗牛充栋的译作几乎已经失去了任何实用价值。本朝统治下博学翰林正从事另一种性质不甚相同的工作，这表明中国人并不像一般认为的那样缺乏革新精神。作为少数民族的满人统治者自然要找到一条获取知识捷径的需求，于是翰林院的博士们就要给皇帝陛下提供有关中国历史和经典著作的简易读本。这种做法是要把艰深的原文改写成易于理解的官话——这种风格受到这些博学翰林的鄙视，正如欧洲中世纪的学者鄙视那时的俗语。我们是否可以希望这些作品，在用于教育皇帝之后，像耶稣会士（为法国皇太子）所准备的课本那样能公开发行，以用于为他的子民带去启蒙的光明？

由于本书中主要是为了说明翰林们所做文学工作的种类，而非其广度，所以假如不提及翰林们的诗歌成就，这些评论还是不完整的。翰林们都是诗人，而且每一个是将自己的才华用于称颂皇帝的御用桂冠诗人。斯威夫特曾这样描述过一位英国的桂冠诗人：

扬不得不扭曲自己的创造才能
去恭维恶棍，否则就会失去俸禄。

在中国，桂冠诗人的职位并不是设立在这样的条件上的。贤明的皇帝们往往会用朱笔删去御用诗人所献上的最佳恭维诗句。正如我们所看到的那样，乾隆皇帝认为有必要提醒翰林们避免诗人和随从的流行弊病。中国的诗歌有更好的用途。诏令和官方的布告一般都是用韵文写成的，而梭伦正是以同样的理由用韵文来传播他的法律。韵文体的说教作品更是不计其数，绝大部分都像荷马笔下的舰队列表一样琐碎枯燥。譬如一部有二十多卷的丛书收录了用一种称作"赋"的不规则韵文体来创作题材包罗万象的作品。

既然翰林的身份被界定为誊写和编纂人员，期待他们出原创性的成果未免有点要求太高。翰林们很少能创作出原创性的作品。他们也许可以模仿孔子，把"述而不作"的信条铭刻在门楣之上。

梯也尔先生在成为法兰西学院院士的时候曾这样说道：

> 一进入这座殿堂，我就感到法国历史上最宝贵的记忆开始在我内心苏醒。高乃依、博叙埃、伏尔泰和孟德斯鸠，这些伟大的名字一个接一个出现并就座。年代较近的这儿还坐过拉普拉斯和居维叶等人……拉普拉斯、拉格朗日和居维叶这三位伟人开启了一个世纪，众多年轻而充满热情的知识分子追随他们而来。有人研究我们所居住星球的原始历史，以此来启迪作为地球居民的人类史；有人为人性之爱所驱使，努力征服自然，以改善人类的生活状况；还有人研究各个时代，游历诸国，希望能够对增加智慧和伦理哲学的财富有所贡献……站在你们这些忠诚而坚定的科学之友中间，请允许我大声宣告：参与这个时代崇高劳作的人是幸福的！

从这段文字中，我们可以看到那种能激发西方知识精英自豪感的精神的真实写照。他们是引导各个领域发展和进步的时代领军人物，他们中还有一些被一位埃及总督称之为"科学桂冠之王"（*les têtes couronnées de la science*）而非"贵族"（*peers*）的人。这跟翰林院这一汉学最高法庭中昏昏欲睡的日常气氛截然不同！对于所有这一切，中国的翰林院士均无任何概念。他是一个落伍过时的人物，他的祖国是一个落伍过时的国家，他们远远落在了世界先进潮流的后面，就像中国文学中离群索居的隐士，他们找到了一个远离烦恼和危险的避难所，从此拒绝再与外界交往，历经许多个世纪之后仍然以为自己还在汉代统治之下。

从科学的观点来看，把中国的翰林与法兰西学院院士（或甚至西方的普通平民）来做比较是不公正的，因为自然科学正好是翰林们不擅长的知识门类，基督教国家认为是一般人必不可缺的常识，在翰林看来不过是洋人的时髦玩意儿，在国内市场上并无公认的价值可言。尽管如此，我们还是要进而追问翰林几个方面的知识，仅仅是为了真实反映中国文人的思想背景。

在历史方面，他可以轻松地背诵本国数千年历史中各朝代的记载，但他从未听过亚历山大、凯撒、拿破仑一世的大名。关于拿破仑三世，他也许听说过法国在色当战役[①]溃败的片言只语，但肯定不是从蒲安臣[②]或崇厚[③]的外交使团那儿得知的——这些事件过于新近，传不到这些古文物学者的耳朵里，后者无论有多大的过失，

① 色当（Sedan）位于法国的阿登省。1870 年，法军在与普鲁士军队在此地的决战中失利，导致了大溃败。——译者注
② 蒲安臣（Anson Burlingame, 1820—1870），1861 年来北京的美国驻华公使。1867 年任满之后，他受恭亲王的聘请，作为中国的使节，率使团赴欧美各国接洽修约，1870 年病死在俄国。——译者注
③ 崇厚（1824—1893），清朝的满族高官。1870 年天津教案发生之后，他曾率领一个使团赴法国递交道歉书，是清朝第一个出洋的高官。——译者注

也不该背"追求时髦"（*rerum novarum avidi*）的罪名。

在地理学方面，他甚至不熟悉中国境内各行省的状况，对长城以北的情况更是一无所知。至于哥伦布和新大陆，他从来没听说过，也不了解作为其缔约国列强之一的美国究竟是在地球的哪个部分。英格兰和法兰西这些名字他相对比较熟悉，因为这两个国家曾强迫中国开放口岸和火烧圆明园。他会认为俄罗斯是蒙古部落中的某个半开化的民族，过去曾朝贡过中国，并且是康熙皇帝的手下败将，得胜回朝的清军还带回了俄军的俘虏。①

在天文学方面，他维护地球作为宇宙中心的尊严，而他的国家则位于适合居住的陆地中央。这一信念受到了哥白尼时代三百年之后仍在教授托勒密天体理论的那些博学的耶稣会士的确认。他对于经度和纬度没有任何概念，甚至仅仅因为古训而坚称"天圆地方"，拒绝承认地球是球形的。对于他来说，星辰是命运之书中闪光的方块字，日食或月食则预示了灾难的降临。

在动物学方面，他相信老虎跳入海中会变为鲨鱼，而麻雀接受同样的洗礼后则变为牡蛎，后一种变形的真实性得到了经书的确认，而前者则被认为是常识而毋庸置疑。他不屑于算术，认为那是店铺老板的技艺；他轻视力学，是因为它与机械有关，故而是手工艺人的玩意儿。

不过总的来说，他在物理上有某种定义不明的理论，这一理论的基础是形成宇宙的双重力量，除大气外的所有物质形式是由五行所构成的。他的教科书里对这些基本元素给出了如下的简要说明："水曰润下，火曰炎上，木曰曲直，金曰从革，土爱稼穑。"②

---

① 驻守阿尔巴津的一支俄国西伯利亚军队曾被清军押解到北京，他们的后代仍然住在那儿。

② 引自《尚书》中的《周书·洪范》。

这些句子中包含的信息是如此重要，以至于他把它们看作是一种特殊的启示、人类知识的基石，要想再往深挖的话，如果不是一种亵渎，也将会是徒劳无功的。中国的哲人从不试图探究为什么水往低处流，而火焰向高处升腾，对于他们来说，这就是最终的事实。人类智慧在此基础上建起了哲学的万神殿。它是通过把五种元素与五大行星、五种感觉、五种音调、五种颜色，还有五大名岳相联系来做到这一点的。这种以五为单位的进位制源于人们对于手有五指的敏锐观察，进而以一种美丽的质朴方式把自然间的和谐视为一个互相有关联的整体。如果谁试图想要在洪堡的宇宙学说中找到这样的观点，那将是徒劳无益的。

我们的翰林所接受的这个体系，尽管他没有宣称它是自己原创的，并非只是空想的推测，它是与人类生活用途巧妙地相结合的实用性学说。在医学上，它能使郎中根据疾病的性质来采取治疗的手段。当他在船上或是在实木地板的房屋中发烧时，他可立即认清所患疾病的来源，要不郎中会告诉他"木生火"，所以需要土来恢复平衡，也就是岸上生活或户外运动。

在处理事务时，它可以使他福星高照，而且通过钦天监的辛勤工作，它可以使他得到一本指导他如何行动的皇历，后者告诉他何时应该开始或结束某件事，何时可以安全地出门，何时应该谨慎地留在家中。它能帮助他计算未来，并能获取一种"知识媒介"（ *scientia media* ）或有条件的预知等好处；而且知道该如何根据双方的生辰八字来安排婚姻，以便能保证幸福；还能确定生者的居所或死者的安息之地，以便能给他们的家庭带来最大限度的繁荣。

翰林暗地里都相信这些神秘的学说，但他并不承认自己理解它们——认为在这些方面应该听从专家的意见。信从萨满教义，实行享乐主义，享受现世生活构成了他对幸福的最高期望，然而他从未想过要为改善民众的物质生活而设计出一种新的权宜之计。就像西方古代的某些哲学家那样，他认为从事任何政治学和伦理学之外的工作都是一种堕落，而诗歌和修辞之外的学问都不够高雅。麦考利爵士曾经说过："塞内加千方百计地想要洗刷德谟克利托修建第一个拱门和阿纳卡西斯发明陶工拉坯轮等令人屈辱的罪名。"我们这位翰林院的博士不需要这样的辩护者，因为从来也没人指控过哪位翰林会有这种不得体的行为。

"创造与完善"（*Invenit et perfecit*）这条法兰西学院的崇高院训对于中国翰林的精神和目标来说完全是格格不入的。对于他们来说，黄金时代是在遥远的过去；人类社会的所有美德都已被古人的智慧预见到了。

Omnia jam ferme mortalibus esse parata.[1]
现有的一切几乎都已经为人类准备好了。

他们什么都不用做，只需沿着他们远祖的足迹前行就可以了。

在以现代教育的尺度对翰林进行了一番审视之后，我们必须再次提醒读者，不要将其结果视为是对于智力或真实文化的测定。根据我们的标准，翰林在知识上只是一个儿童，在智力上却是一个巨人。他是一个身经百战的运动员，在上百次竞争中脱颖而出，具有惊人的记忆力和敏锐的理解力，以及细腻优雅的文学鉴赏趣味。

威廉·汉密尔顿爵士的一位博学的校勘者曾经说过："把培养我们的技能视作是隶属于知识的获取，而不是把知识视作是隶属于

---

[1] 引自卢克莱修（Lucretius）的拉丁语哲学长诗《物性论》（*On the Nature of Things*）。——译者注

对我们技能的培养。由于这种错误的缘故，人们认为那些提供大量可确定事实的学科门类要比那些能够在更高层次培养心灵高级技能的学科更为有用。"

关于翰林们所接受的特殊教育及其优缺点，我们将在别处再加以论述。但在结束这一小节之前，我们可以说，在翰林院里可以看到的这种教育的结果并不像人们一般认为的那样，只是一种无益和表面的虚饰，并不能使其接受者适应实际生活中的职责；相反，列席翰林院被公认是发挥政治功能的准备阶段，是通向朝廷最高职位的垫脚石。翰林院成员并不只局限于做文学工作；他可以是乡试主考，也可以是一省总督；可以是一位宫廷诗人，也可以做一名外交使节。

在简单浏览过翰林院成员长长的名单之后，谁都会为其中许多名字后来成为中国历史上的名人而叹为观止。

我们在前面不止一次地提到过《皇朝词林典故》这本书。不巧的是，书中只记录了清朝的内容，也就是从 1644 年开始，截止于1801 年，仅涉及了这个机构十二个世纪历史中短短的一个半世纪。这部由皇家出资，共分为薄薄三十二卷的书后来又被分成六十四卷，因为这个神秘的数字是八卦的平方数，而八卦又是《易经》的基础。

当我们翻开这本书的书页时，首先令我们印象深刻的是渗透其中的皇权意识。书中所记录的主要内容是皇帝陛下的日常情况，而翰林院成员的典礼只是偶被提及。整个机构被展现得就像是一个传送带交错和卫星林立的复杂系统，其所有的部件都是明确地围绕着中心太阳的光辉来运行的。请跳过目录部分的内容，来看一下这个概念是如何被作为一条控制性的原则体现在作品的安排之中的。

前两卷的内容称作"圣谕"，即皇帝无论巨细，对于各种社会事务所发表的旨意。其中有六卷称作"天章"（天子的修辞），也就是御笔写下的散文和诗歌作品。有八卷记载了与皇帝驾临翰林院有关的盛大典礼，有六卷记载了皇帝所赐予翰林院成员的荣耀，在剩下的四十二卷中，有十六卷的内容是皇帝驾临时有幸随侍左右，以及参与其他特殊使命的翰林院成员名录。在其余二十六卷中，我们期望能够找到与翰林院本身有关作品的范例，果不出所料；至少有三卷的内容是关于典礼的规定，即皇帝出席各种场合所必须遵循的形式，官员对话的礼节等等，这些内容在翰林院的日常事务中占据了重要地位。有十四卷是翰林院最著名成员有关骈文和诗歌的范例，有一卷是对于翰林院精美建筑的夸张描叙；其余的包含了对官员任职和文学编撰项目的不完全记录。

这是多么华丽的一幅画卷啊！它由翰林们自己描绘，展示出帝国内最高的文学机构。尽管其中充斥着言词夸张的曲意奉承，但我们也必须承认那二十二卷特别奉献给皇帝们的作品内容是书中可读性和知识性最强的实录部分。它们展现了这些帝王的个性特征，揭示了他们与臣民们交往时的交谈内容，而且说明了从官方的角度对于这些文学作品所做出的评价。

第一章是以下面这段文字开头的：

世祖章皇帝顺治十年二月。上幸内院，批阅翻译五经。谕诸臣曰："天德王道，备载于书，真万世不易之理也。"……

文中提及的五经译文是从中文译成满文的，翻译五经的目的就是为了使征服中国的满人能够更快地得到被征服的汉族人的文明。

当时只有十六岁的这位年轻君主通过下面这段短暂的文字表明，他身上所浸透的那种儒家经典的精神有多么彻底。书中是这样记载的：

是年五月。上幸内院，问翰林各官何下直太早。大学士范文程等奏曰："今日端午，是以下直较早。"

上顾群臣，曰："乘藉天休，猥图安乐，人情尽然。但欲希晏逸，必先习勤劳。俾国家大定，其乐方永，若止图安乐，嗜欲莫遏；先计身家，而后国是，其乐亦暂耳。即如朕躬所行，兢兢业业，期于尽善。故每月闻诸臣之言。但今之人，多有能言而不能行者，其故何也。今日为之，明日易之，弗克持久，是以不能行耳。夫人孰无过，知过而改，即为善士。倘自掩饰，谬以为是，过乃滋长，咎斯甚矣。朕与诸臣，果能共勤政务，禅益生民，天必眷之。若人之所行不善，弗自省改，天必降之以殃。……其有尔所行善，而天谴之者。昔商成汤为盛德之主，尤且检身不及，改过不吝。若明之正德帝，耽志嬉游，怙过不悛，徒责善于臣工。揆之修己治人之道，乌乎可。纵使臣工胥善，而君不改过迁善，何由而向化耶。"……

除了前面对于四书五经的简短称颂之外，这段说教文字可算是翰林院认为值得保存的全部顺治语录。他的儿子，即鼎鼎大名的康熙，占据了书中的很大篇幅。下面是作为范例的一些选段：

圣主仁皇帝康熙九年十月（当年他十五岁）。谕礼部："帝王勤求治理，必稽古典学，以资启沃之功。朕于政务余闲，惟日研精经史，念经筵日讲，允属大典，宜即举行。尔部其详察典例，择吉日具仪以闻。"

康熙十二年，皇帝谕翰林学士傅达礼曰：

　　学问之道，在于实心研索，使视为故事。讲毕，即置之度外，是徒务虚名，于身心何益？朕与诸臣进讲后，每再三抽绎，即心有所得。尤必考证与人，务求道理明彻乃止。至听政之暇，无间寒暑，惟有读书作字而已。

　　因御书一行赐观日。人君之学不在此，朕非专工书法，但暇时游情翰墨耳。

　　是年九月，上谕讲官熊赐履日："大学格物二字，包括无余。但其间有根本，有切要，非泛骛与气数之末，为支离无本之学也。"

　　谕日："天地古今，大本大原，只是一理。故日一以贯之。然则博文约礼工夫，合当如是。"

康熙十四年，皇帝陛下在翰林院的一篇奏文中读到自己被比作古代的三王二帝，他将这样的句子斥责为空洞的奉承，并且命令把它改掉。

康熙十六年，上谕：

　　……学问无穷，不在徒言，唯当躬行实践，方有益于所学。尔等仍愈加直言，毋有隐讳，以助朕好学进修之意。

康熙十九年，皇帝将御书的书法分赐给大学士等翰林院成员，并且说，古时候的君王和大臣之间可以互相批评，他希望他们能够自由地对他的书法发表意见，因为他知道自己的书法还没有达到完美的境地。

康熙二十一年，皇帝在对某些他正在临摹的书法古帖发表评论时，指着一张鲁公的法帖，这样评论道：

此鲁公书，严气正性，可想其临难风节也。

康熙二十八年，皇帝再次对翰林院发布谕令：

上谕讲官等曰：“经筵关系大典，比君臣交敬，上下相成，方有裨于治理。向来所拟经筵讲章，但切君身，此后当兼寓训勉臣下之意。庶使诸臣皆有所警省。”

康熙二十三年，在皇帝南巡途中，船夜泊在燕子矶，康熙读书直至三鼓。他的侍讲学士（翰林院成员）奏请皇帝陛下宜少节养，于是康熙便向他详细讲述了他的学习习惯，所有的细节都被详细记载在《皇朝词林典故》那本书中。

康熙四十三年，皇帝陛下对翰林院的掌院学士和其他成员讲了以下这段话：

上谕大学士翰林等官曰：“朕自幼好临池，每日写千余字，从无间断。凡古名人之墨迹石刻，无不细心临摹，积今三十余年，实亦性之所好。即朕亲字，亦素敏速，从无错误，凡披览督抚折子，及朱笔谕旨，皆朕亲书，从不起稿。其事之稍有关系者，虽岁月经久，亦不遗忘。故批发之旨，俱存所司，朕处全无底稿也。”

康熙五十年，皇帝陛下对大学士说：

谕大学士：“从来经筵之设，皆帝王留心学问，勤求治理之意。但当其有实益，不可止饰虚文。朕观前代讲筵，人主惟端拱而听，默无一言。如此，则虽人主不谙文义，臣下亦无由而知之。若明万历天启之时，何尝不举行经筵，特存其名耳。朕御极五十年，听政之暇，勤览书籍。凡四书五经、通鉴、性理等书，俱经研究。每儒臣逐日进讲，朕辄先为讲解一过。遇有一句可疑，一字未协之处，亦即与诸臣反复讨论，其余义理贯通而后已。盖经筵本系大典，举行之时，不可以具文视也。"

关于康熙的儿子和继位者雍正，《皇朝词林典故》中只保留了他的一段话，而且只有这段话的头一句值得在这儿引用：

谕尔等翰林，自以文章为职业，但须为经世之文，华国之文。一切风云月露之词，何所用之？

下一任皇帝乾隆在文学趣味和成就上要远胜于他的前任们，而且他的任期也很长（六十年），他驾临翰林院的次数和发表的讲话在《皇朝词林典故》中也占据了超乎寻常的比例。然而，本书的篇幅迫使我们在引用乾隆讲话时只能采用相反的比例。许多前面的、有些后面的讲话与翰林院没有直接的关系，只不过它们是对翰林学士们所讲，并被他们所记录。下面这段讲话却正好是有关翰林院的。

乾隆二年，皇帝对总理事务王大臣们说了下面这段话：

昨考翰林詹事官员，以为君难为臣不易命题，虽各就所见，敷衍成文。朕爰就其文字以定优劣。至难与不易立言之本意，原有轻重，伊等尚未见及。

于是，皇帝便用朱笔洋洋洒洒地就这个问题开始发起议论来了，但是我必须马上就此打住，尽管读者也许永远也不会明白那个重要的区别是什么。简而言之，皇帝的意思是，考卷不仅是一个学术性的练习，而应是一种政治性的教育。

乾隆五年，皇帝陛下说，翰林院经筵的讲章中颂扬之词太多，而箴规之义太少。因此他建议他们应该改变文风。两年后，他埋怨说：

> 诸臣所进，往往借经史以牵引时事，或进献诗赋于经史本题无涉，甚失朕降旨之本意。即如今日翰林周长发进呈礼记讲章，内称皇上先诣斋宫斋宿审定郊祀乐章，礼明乐备，千载一时。宜其诚敬感个，未郊之先，瑞雪屡降；斋祀之际，风日晴和。大礼既成，宜宣付史馆等语。夫郊庙礼乐，乃皇祖皇考久定之成规，朕不过略加添定，并非创为制作也。至于郊祀之时，风日晴和，亦适逢其会耳。况江南淮徐现被水灾，朕方忧劳惕惕，宵旰不遑，岂肯听受谀词，而遽以为瑞应乎？周长发著严饬行，并将此旨传谕翰林、科道等知之。

在乾隆其余的言辞中，有三条可以作为他忠于历史真相的证明。在其中一条里，他指责史官把明朝的某些后代描写成篡位者，说他们尽管不能够保住皇位，但还算是名副其实的皇帝。在另一条中他批评中国史家在撰史时对三个从前的鞑靼王朝，即辽代、金代、元代的无知和歪曲。在最后一条中，他批评清朝的史官对于已经失宠的一位有功之臣略而不记。

关于下一任皇帝嘉庆（此书截至他在位的第四年），我并没发现有什么特别值得一书的事件。

以上就是有关皇帝们的记载；翰林在与皇帝日常和正式交谈时

的内容都没有记录。但我们知道，处于其特殊的位置，翰林们可以比任何其他阶层都更直接地对皇帝的想法产生影响。他们是皇帝少年时的教师，又是他成年后的谋士，我们应该充分认识到他们对皇帝思想和性格成型所起的重要作用。

然而，假如说他们影响了皇帝，我们在前文中可以看出，皇帝要影响他们也是相当容易的。我们对翰林院复兴的希望就在于此。它如同之前任何一朝，拥有如此之多思想活跃的人士，远不会衰竭腐朽。目前他们花费很多时间去写"颂月"之类的文字，但假如皇帝愿意，他便可以在瞬息间彻底改变这种状况。他可以下令让翰林把科学知识从英语翻译成汉语，就像把文学作品从汉语翻译成满文一样。

现在并非没有这种转变的迹象。数年之前，恭亲王曾提出，翰林院中的年轻成员必须就读于同文馆，以学习欧洲的语言和科学知识。身为翰林院掌院学士之一和帝师的倭仁曾就此呈交过反对的奏折，于是该措施失败了。但是事件的进程是如此之快，同样的措施肯定还会有人提出来，可能会以修改过的形式，并将最终获得成功。

当那个时刻到来的时候，翰林院的榜样必将在帝国教育性质的彻底革命中发挥巨大的促进作用。[①]

---

① 在甲午战争之后，年轻的翰林院士们组织了一个强学会，并且开始谈论建立议会的必要性。这个强学会被下令停办，但是它的大部分成员仍然在教育改革的事业中表现得十分积极。在京师大学堂开办的时候，有些翰林院成员入学，成为学习外语的学生。

第十九章
中国一所古老的大学

可能没有多少人知道北京有一所古老的大学，因为即使与之相关的有些建筑被人们挂在嘴上，但学校本身却几乎没人注意到。事实上，它几乎没有表现出生命的迹象，所以它被忽略并不令人感到奇怪。然而在这个历史悠久的帝国里，很少有类似的学校能比它更引起人们的浓厚兴趣，作为古老历史的一个珍贵遗迹，它同时也是世风日颓的悲哀写照。

如果说学校所在的位置是构成其身份的基本因素之一，那么这所古老的大学恐怕会输给欧洲的诸多大学，因为它目前校址的历史最多也只能追溯到公元 14 世纪初的元代。然而作为皇家一所具有固定组织和明确目标的学府机构，它的历史，或至少是它的血脉，可以回溯到比修建长城还要久远得多的年代。

在周王室的统治之下，也就是公元前一千年之前，这个学校就已经发展成型，并将"国子监"（即"帝国子民的学校"）这个名字沿袭至今。在科学的曙光照亮古希腊，以及毕达哥拉斯与柏拉图向赫利奥波利斯①的祭司追问他们的谜题之前，国子监就已经闻名遐

---

① 赫利奥波利斯（Heliopolis）是埃及最古老的城市之一，其希腊语原文直译为"太阳城"，因为那儿在古代是人们祭拜太阳神瑞的地方。——译者注

迄。时至今日它依然存在，但只不过是灵魂已逝去的僵尸化身：它的殿堂是坟墓，它的官员是行尸走肉。

在《周礼》的第十三卷中对于国子监首脑的职责有非常详细的描述。

国子监的祭酒有责任提醒皇帝什么是仁慈和公正的行为，并且为皇帝解说所谓的"三纲五常"——也就是开设伦理学方面的课程。司业要及时督责皇帝所犯的错误（即履行审察督导的责任），并训练其在科学和艺术上的才能（即"礼乐射御书数"）。书中没有具体提到下级教师的官衔，不过我们可以从现有的组织体系上做出较为可靠的推断。

这个古老的课程表得以虔诚地遵守，但正如我们将看到的那样，对于"国子"现已有了更宽松的界定。在周朝时，这个称谓意味着王位继承人、嫡亲皇族和贵族后裔。而在大清帝国它是指那些没能顺利通过乡试的考生，后者可用钱财捐得功名，更为特殊的情况是北京某些赤贫的学生也能获得皇家的资助，从而完成他们的学业。

国子监坐落在北京内城的东北角，毗邻帝国最精美的一座孔庙而建。孔庙的主殿是一座单层的高大建筑，其琉璃瓦的屋顶具有帐篷般的圆弧线条。殿堂里没有任何供人顶礼膜拜的塑像，只是简单陈列着木制的神主牌位，上面镌刻着先圣及其贤徒的名讳。这里没有安置座位，因为所有访客在这位伟大的先师牌位前，只能或站或跪。在这里我们也找不到圣所通常会有的华丽装饰或昭示其整洁或趣味的陈列物。也许它空旷而布满尘土的偌大空间是有意留下的，好让这位受到举国崇敬的圣人可以静心冥思，免受外物烦扰。

殿内所能看见的仅有装饰物——历代皇帝所赐的镀金牌匾，昭示了孔圣人所受的至高礼遇。其中有一块称他为"万世师表"，另外

国子监的辟雍

明朝最后一个皇帝自缢身亡的景山

一块写着"与天地参",第三块上面是"圣神天纵"。殿宇前面的一片柏树林象征着永不磨灭的荣誉,其中一些巨柏的树龄已长达许多个世纪。

大殿旁边的一块空地上矗立着名为"辟雍殿"的楼阁,因为根据《周礼》,每位皇帝在一生中都要至少驾临此地一次,以聆听他作为天子的职责所在(因国子监的官员有劝诫其君主的义务①),并以亲自前来接受教诲的形式向国子监表示恭敬。

辟雍殿外面环绕着一条运河,河上有数座大理石桥通往辟雍殿,还有一座三拱门的琉璃牌坊,点缀着国子监的庭院。而无论是这些建筑还是辟雍殿本身都不构成这儿最吸引人的地方。

在围绕着整个庭院的回廊下有多达一百八十二座巨大的花岗岩石碑,每座石碑上都铭刻着一部分经书的内容。这些经书就是所谓的"十三经",它们构成了中国教育的主要部分,在这儿被镌刻在据信质地不朽的石料上。在世界所有的大学中,只有国子监才拥有这么一个独一无二的图书馆。

事实上,这并非唯一现存的石碑图书馆,在作为唐代古都的西安②也有一个同样规模的碑林。但在一千年之前西安作为帝国都城时,它同样也是国子监所拥有的财产。"国子监"必须要随着国都的变动而迁徙;而这个图书馆尽管费用不菲,但过于沉重,不便移动,所以人们认为最好还是用我们正在描述的新碑林来取代它。

这种分量沉重的文献的用途是一个众说纷纭的问题,其解答方法几乎跟金字塔的设计一样困难。它是否为了要给世人提供一个标准的文本——以使智慧之水通过这一安全的渠道可以流传,并不受

① 他们仍然以写书面报告的形式来发挥这一功能,他们的奏折经常出现在《京报》中。
② 当八国联军于 1900 年占领北京的时候,慈禧太后带着她的宫廷侍从逃到了这个城市。

污染？或是把这些神圣的典籍刻在石头上，以确保它们不会遭到任何现代狂人的破坏？因为他们有可能仿效秦代那位焚书坑儒和建造长城的暴君秦始皇。假如目标是前者，那这种做法是不必要的，因为对纸质版本的精心保存就同样可以有效地达到这一目的。如果原因是后者，那就是荒谬的，因为花岗岩石虽然可以防火，但并非不可毁坏；而且远在这些石碑开凿之前，印刷术的发明就已经永久性地将这些智慧的结晶保存在蛮族的火炬所达不到的地方了。这件事反映出了中国人的一个特点，即喜欢把最好的理由归结为古老的习俗。他们的祖先把这些典籍刻在石头上，所以他们也必须照样这么做。但无论其本意究竟是什么，这些奇特书籍的真正意义就在于它对保护中国文化的源泉是一个极为重要的贡献。

我在这里可以顺便提一下，韦廉臣博士① 有一次去西安的时候，看到很多人在那儿的十三经碑林上临拓。他告诉我们，一套完整拓片的价格相当昂贵。西安的碑林之所以这么受欢迎，据说是源于该城市对其所拥有古迹的钟爱，而拓片上碑文的优美字体——或更确切地说，是书法——则更是锦上添花。北京的碑林根本就不是由十三经刊印者所资助的，但如果文本的准确性是目的的话，它们作为晚近的版本，应该比西安的碑林更为珍贵。我曾经就修建这个碑林的目的征询过一位本地的向导，他天真地回答道，它们是为了"供访客游览的"。我本来会欣赏他应答的急智，假如他没有紧接着告诉我，文人和经书校勘者从未来过此地查对文本，而且也没有人来这儿做拓片。

在主殿前面还有一片几乎同样令人感兴趣的碑林。一共有

① 韦廉臣博士（Alexander Williamson, 1829—1890），1855 年来华的英国伦敦布道会的教士。他曾经做过广学会的编辑，并写过一些有关中国的书，被西方在华传教士公认为一位博学的汉学家。——译者注

三百二十块石碑，囊括了自从国子监建立之初至今的所有进士题名。平均每块石碑上刻有两百个名字，也就是说，我们在这儿竟拥有一支人数达六万多名的博士大军！（所谓博士，我是指进士以上的学位。）所有这些人都曾在国子监里被授予功名，跪拜在祭酒的脚下，成为"帝国之子"中的一员。然而他们并非——至少大多数人不是——真正意义上的国子监同窗。他们各自为学，在贡院科举考试的同场竞技中赢得自己的荣耀。

这种用花岗岩来记载的花名册可回溯有六百年的历史；尽管它的本意是为了刺激学子们的野心和使他们感到骄傲，但它也给新毕业的学生上了一堂关于谦逊的课——即告诉他们时间将怎样无情地将人类的所有荣耀遗忘。由于露天放置，那些一个多世纪前立下的石碑已经因风吹日晒而严重风化，碑文模糊难辨。

如果说国子监在授予学位这方面"天下无敌"的话，我们也应该记住，它垄断了中国授予进士学位的权力。

除了这些用于缅怀历史的部门之外，这儿还有讲演厅、考试院和学生宿舍。但是来访者通常会把这些设施的用途想象为圣迹展示，因为很少能在其间看到学生或教师的身影。通常的日子里，它们就像巴勒贝克①或是巴尔米拉②的神殿那样人迹罕至。事实上，这所专为"帝国之子"而设立的伟大学校，早就停止向学生传授知识，并已蜕化为科举考试的一个附属品，成为一个腐蚀和贬低国民教育标准的累赘，而不是起提高这种标准的作用。

为了增强国子监这一机构的重要性，曾经颁布过一项古老的法

---

① 巴勒贝克（Baalbec）是位于黎巴嫩境内的一座古城，现仍存有许多古罗马时代的遗迹。——译者注
② 巴尔米拉（Palmyra）是叙利亚古城，其历史在公元前19世纪的卡帕多西亚尼班上就有记载。——译者注

令：如果一个学生得到了国子监的奖学金名额，他就可以享有穿着秀才服饰的特权，并且可以参加竞争举人学位的乡试。这自然就使得这种奖学金名额炙手可热，最终流向了市场，就像卖国债券那样来为政府筹集资金。它们被明码标价，如教皇的赦罪券那样在全国各地出售。

它们的价格从没有高得使有志入仕的贫民望而兴叹，现在这些价格已经一跌再跌，使昔日的荣耀变成了羞耻的象征。在北京，只要出二十三两白银（大约值三十个银元）就可以买到，而在各行省的价格甚至只有它的一半。不久前，有一名御史曾就这个问题禀奏过皇帝。他言辞激烈地对村汉和骡夫都能通过这种途径出现在文人行列中的做法表示鄙夷，并竭力抨击这样廉价买卖的学位和官职。奇怪的是，他所谴责的居然并非买卖学位的原则本身，而是其不顾后果的价格贬值对市场所产生的毁灭性影响。

我们的目的并不是要责备这位爱国的御史，或是指出这种卖学位的掮客行为会怎样危害政府的信用和影响。然而这种交易跟我们正在谈论的主题有着紧密的联系，因为无论作为买卖目标的是什么样的学位，一所大学的奖学金名额都必须随着它一起买下，作为嫁接用的根部。于是，荣誉源泉的闸门被打开之后，学位证书大肆泛滥。在一两年以前，有十万个这样的凭证被一次性下发到了各个行省！

所以这所古老学府的学者在数量上要超过鼎盛时期的牛津大学或是巴黎大学。但是它也有数以千计的"养子"从未见到过北京的城墙，即使在京城内也有同样数目的学生未曾踏进过国子监大门半步。

那些没有足够耐心去等待缓慢的本县考试结果的人往往通过这种方式在国子监里得到了要考取更高学位所必需的资格证明。这其实并不是什么难事——只要少许费用就可以获得所需的考试资格。

规模宏大的会试每三年举行一次，考试的几个星期前，国子监的客房中就会挤满了为在考试中出人头地而刻苦攻读的学生。而在其他时间里，它们都空空如也，仿佛是一个被遗弃的村庄。

1644年，清政府成立之后，就在北京为满族八旗分别建立了八所学校。它们作为国子监的附属学校，修建费用不菲，其特殊目的是为了粗鲁的入侵者能提高中文和汉文化的知识修养。每所学校都有五名教习和一百〇五名学生，为鼓励这些学生接受公共服务的训练，政府每月发给他们津贴，以供他们读书。如日中天的国子监及卫星般环绕周围的八旗学校在当时备受瞩目。

然而现在这一体系实际上已被荒废了。八旗学校的建筑几近废墟，没有一个还在招收学生。已经没有什么幸存物还能作为缅怀过去的寄托，只有名不副实的科举考试仍旧定期举办，使得教习和学生还能领点钱。数年之前，曾有人试图振兴这些政府的学校，规定学生每三天要来学校一次，但是对这一提议的反对呼声异常强烈，致使该提议很快就不了了之。愿意学习的人在家里可以学得更好，而不愿学习的人为了不经常来学校，宁可不拿津贴。所以学生们都待在家里，教习们则乐得清闲，除了祭拜孔圣人外就没有什么重要的职责。国子监校长的官衔甚至叫做祭酒，表明这种空洞的仪式是他们最重要的职能。所有教习每月两次（即初一和十五）要穿上官服集中，在孔庙前的石板上行三拜九叩的大礼。

就连这个职责，那些善于投机取巧的教习们也要为了省事而请人来代为行使。每个学校只来一名教习作为代表，仪式结束之后，这位代表就把其他同事们的名字登记在一个叫做"考勤册"的本子里，以示他们全都来了。

教习们虽然漫不经心和敷衍了事，但也不能过于责怪他们，他们只是在按酬付劳。月薪二两银子（约合 1.5 美元），还有每年两套衣服、两担大米，以及每隔三年发一套皮裘——这就是他们法定的报酬。即便是如此寒酸的工资，还付的是贬值的货币，所以实际的月薪还不到一美元。政府发的大米也有类似于陈化粮的倾向，饥肠辘辘的教习们不得不将它们卖给二道贩子，而不是把大米从皇家粮仓直接运回家。至于衣服，也有理由怀疑它们是否穿在了别人身上，而不是成了教习们的财产。①

尽管如此，教习的资格仍具有独立于金钱之外的价值。这个空衔上标志着社会地位。一名教习在完成三年正常的教学任务之后，就具备了做一名知县的资格了。

为了对国子监形成一个公正的概念，我们必须研究一下它的章程。这可以让我们了解创建者的构想，并向我们展示国子监在清朝初年巅峰时期，或者是在过去三千年中统治中国的任何其他朝代初期的样子。我们在《大清会典》这本记述清代典章制度的史书中查到了它，而那个章程看起来是如此完美，我们禁不住叹服制定这部章程的古代先贤所具有的智慧和开明，无论它的现状与其原本的理念构成了多么强烈的反差。当我们从现实退回到古代的时候，我们对于中国的崇敬之情就会油然而生。身处中国这所陈旧而衰颓的学府，以及它的尘土和废墟之中时，受环境的感染而成为古文物崇拜者是可以谅解的。

根据这部权威著作的记载，国子监的官员们包括从六部尚书中选出的一名管学大臣；两名祭酒（校长）和三名司业（副校长），他们都被尊称为"大人"，他们跟管学大臣一起组成行政班子；还有两名博士，或称学业督导，两名监丞，两名典簿，一名典籍，这

---

① 这些细节是从一个教习那儿得来的，后者为了挣取额外的收入而做了我的抄写员。

些都是普通官员。下面我们来看看各堂的官员设置。

国子监下设六堂收汉族学生，分别叫修道堂、诚心堂、正业堂、崇志堂、广业堂、率性堂。每堂下各有正教习两名，副教习的数目我不大清楚。设八堂收满族学生，每堂有五名教习。最后又增设了俄罗斯学馆和算学馆（兼教天文）各一所，各有一名教习。再加上六名文书和翻译，总共有七十一人组成了国子监的教师队伍。

至于学生的课程表，从未期望超越铭刻在那些点缀着殿堂和回廊的石碑上的十三经；而其才艺和科学部分的内容也就是人们已经耳熟能详的"六艺"，它们从周朝就已经形成，假如不是从尧舜时代的话。那些流传至今的课程分别构成了中国大学的"三艺"和"四艺"。

怪罪古人按其狭隘的眼光来限制国子监的科学课程将是不公平的。真实的情况是，古人们在这方面的成就虽然有限，而他们的现代门徒并没有试图努力追赶或超越他们的祖先。据说在开罗大学，12世纪以后的科学是不允许教授的。在中国的这个"国子监"里，任何科学都不教授。

然而，这并不是要把这一缺陷完全归咎于国子监章程的限制，因为章程的条款为进一步扩充学科内容留下了足够的空间，假如学校官员有这么做的心情或能力的话，他们是有这种自由的。譬如章程中这么说："至于实用才艺，如兵学、天文、篆刻、音乐、律令等方面的内容，教习可引领学生到最初的源头一探究竟，并为他们指出每位作者的优劣得失。"

这个曾一度成为全帝国亮点的古代学府能有希望获得重生和转型，以适应瞬息万变的时代潮流吗？我们认为它的前景不容乐观。一个旅行家在进入北京城时，会因它下水系统的宏大规模和精巧土石结构而叹为观止；但是当他看到它们破旧的现状，不仅没给京城的公共卫生增添光彩，反而在散发秽气、滋养瘟疫时，他的惊讶程度绝不会亚于前者。只有当这些阴沟被疏通，清澈的山泉在所有这些大小沟渠管道中流淌时，也只有到那时，这所古老的大学才可能得以振兴，从而为整个帝国的复兴发挥作用。

有时候创造要比变革来得更容易。数年前，这个信念曾引导一些开明的大臣赞同创办一所新的学府来教授外国科学，而不是试图改造现有的机构，如国子监、钦天监或工部，以达到相同的目的。

他们的努力遭遇了一群以倭仁为首的顽固保守派的坚决抵制。倭仁为军机大臣，也是皇帝的老师。主要是在他的影响之下，文人阶层倾向于袖手旁观，宣称更愿意做西方蛮夷的老师而非向他们学习。倭仁嘲笑新学主张，声称以大清帝国辽阔的疆域，不患无才，足以满足任何一个科目中对本国合格教员的需求。

皇帝采信了他的话，命令倭仁及其追随者站出来；这样他就可以受全权委托，负责建立一所新的学校。他没有接受这一挑战，而是接受了国子监管学大臣的任命，以示折中。

我于1897年回到北京的时候，一位姓黄的国子监祭酒与我交换过几次拜访，他表达了热忱的愿望，认为中国的教育的彻底革新是势在必行的，但他对"旧式大学"的复兴不抱任何希望。第二年，京师大学堂这所新型大学的创立终于实现了这一许多人长期以来所怀有的夙愿。

第五卷

历

史

第二十章
中国历史研究

在中国文学的各个门类中，我认为最值得欧洲学者研究的就是中国的历史。然而就像备受中国人尊崇，并且据称从未被介绍到海外的《易经》那样，我们有理由担心中国的历史并不是那么容易经过翻译的包装以供出口的。

如果按它们原来的样子翻译的话，虽然能够找到译者，但很难找到读者。它的形式需要改变；它的实质性内容也需要经过一种变体，才能够适合于西方公众的趣味。除了最基础的事实以外，其他的成分几乎全都无法传递给西方世界。

在西方，历史之父，或是他的编辑们，在其不朽著作的好几个部分都以缪斯的名字来打头，以表明贯穿于全书写作过程中有关美的概念，以及对历史这门"保存艺术的艺术"的祝圣仪式全都归功于九位神圣缪斯的提携。

在中国，历史的概念就是对事实的简单记载，并非把它视为艺术作品。

在一则道家的传说中，有人问一位吃过长生不老药的老人高寿几何。"我说不上自己有多少岁，"他回答说，"我是以沧海桑田的轮回来计算年龄的。每次当大陆沉入海底，或是当一个新世界从海上崛起的时候，我就在屋里放一块小鹅卵石。聚沙成塔，这些小鹅卵石已经装满了我家里的十一个房间了。"这儿我们就有了一个对于中国历史的真正概括——并非是由一位缪斯在它的上面盖上一个神圣之美的印记，而是由一位像提托诺斯① 那样须眉交白的垂暮老人，或是一位漂泊四海的犹太人，对于遥遥无期的生活过程中所发生的变化保存一个单调的记录。

上述传说所提到的筹码积累是有关中国历史珍宝浩瀚无际的一个极其形象的象征。在这一方面，正如黑格尔在《历史哲学》中所说的那样，在两个伟大的亚洲王国之间有非常鲜明的对比，即中国人有比世界上任何其他民族都更为卷帙浩繁的历史文献，而印度人却什么也没有留下。对于这个现象的解释，假如我们要追究的话，就在于下列事实，即历史是对于民族生活的一种表达方式——即类似于活性机体，能把过去和现在都交织成一个实质性整体的一种组织。因此，中国人的历史文献，要比他们的任何其他东西，除了他们的教育体系之外，都更能够提供有关中国人民伟大之处的一个索引。对于他们来说，祭祖是他们对于团结观念的一种表达方式；而历史则是一种证据，通过这种证据他们可以把过去的遗产传给后代。

他们在得到和传递历史记载时所采取的谨慎态度证明了一种自豪感，即他们民族生活的潮流足够强大，不会被时间的流沙所吞没。这种历史记载虽然也扩展到人民，却是从帝王们开始，并以他们为中心的，至少有四个以博学的翰林院成员为首的史馆或起居院负责收集和详尽阐述每一任皇帝及最近的几个前任皇帝的史料。这四个史馆分别是起居注馆、实录馆、国史馆和兵馆。最后一个馆，

① 提托诺斯（Tithonus）是希腊神话中的一个老人。宙斯应他妻子厄俄斯的请求，赐予他永生，但忘了同时赐予他青春，所以他逐渐衰老得不成样子。——译者注

顾名思义，是专门收集国内外战争史料的。起居注馆有其代表随时跟在皇帝陛下的身边。无论是在皇宫里，还是在旅途中，或是在所谓的退隐时，皇帝都逃脱不了这些官方间谍的眼睛，正如贺拉斯笔下的那位骑兵逃脱不了紧跟在他后面的折磨者。

下面这段话是对于起居注馆史官的指令。在关注细节这一方面，它可以被视为所有这四个史馆工作的范本：

> 他们（文书们）要记录皇帝陛下的起居；并且要记下他说的每一句话和做的每一件事。在皇帝陛下上朝和接见拜谒者时；当他去天坛、历代帝王庙时；当他举办经筵或亲耕圣田的仪式时；当他视察学校或检阅军队时；当他大摆宴席，庆祝军队得胜凯旋，或决定罪犯命运时，这些文书们都必须随侍在皇帝陛下的左右。他们必须跟随皇帝去围猎；或者随他去夏宫歇息。他们将毕恭毕敬地聆听皇上的谕旨，并且在每一条记录后面都附上日期和记录者的名字。在每个月的末尾，这些记载就会被封存起来，放入一张书桌；每年年末的时候，他们就会被转交给内府保管。

皇帝的公开敕令和奏牍等都属于实录馆的管辖范围。国史馆专门负责皇族的档案，以及每一个朝代的名人传记。

这些仲裁法庭形成了政府机制中最基本的部分，对于那些不负责任和滥用职权的行为提供了一种制约——对于丑事被记录下来以后会遭到后代诅咒的恐惧，其作用就像都察院那些御史们的奏章一样有效。御史这个名称本身就意味着史官；尽管皇帝不再雇用他们来修史，但是他们习惯于从过去的历史中找出他们最有力的论点，而且他们最庄严的呼请也是为了续写将来的历史。

在周朝的鼎盛时期，当时的帝国机构尚处于襁褓期时，有一位君王提出要去郊游，其目的仅仅是为了消遣和自得其乐。一位御史在试图劝阻他出行无效之后，严肃地告诫他，说他的一举一动都会被记载下来，成为历史。这位可怜的君王吃惊地意识到，对于自己来说，没有一件事是微不足道的——他的每一个举动全都暴露在"投射在帝位上的强光"之下——于是只好长叹一声，放弃了他最初要出游的念头，其目的仅仅是要去邻近的一个湖边钓鱼。

当时中国的史官就像古罗马的监察官那样，既严厉又死板。在公元前 6 世纪，在山东有一位齐国的将军，或"右相"，名叫崔杼。他生性残暴，公开把别人的妻子抢到了自己家里。他的君主转而又剥夺了他抢来的这位绝色女子。于是，这位将军为了报复，杀死了他的君王。当宫廷的编年史家记录这件不光彩的事情时，这位将军竟将他处死，并从国家的档案馆中撕去了记载有这件事的那页纸。这位史官的一位兄弟重新记载了这件事，并且又被处死。记载有上述事件的那一页又被撕去。史官的另一位兄弟又站了出来，重写了这段故事，并用自己的鲜血在上面做了印记。那位残暴的将军被他殉道者般的勇敢所震撼，放过了他的性命，并向自己的耻辱屈服。这个事件的记载被流传了下来，以作为古代史官坚贞不屈，以及他们的叙述因此可信的一个证明。

在后来的朝代里，编年史家们并不是那么无所畏惧。有一个叫陈琳的人很有才华，当他被曹操指责为辱没其形象时，竟哆嗦着向曹操请求饶命——"大人恕罪。我被扣留在敌营，没有选择的余地，正如箭在弦上，不得不发耳。"

萨克雷这样描述他的笔：

它从未写过一句奉承的话，

也没在写满谎言的纸上签过名。

对于中国的史官来说，恐惧和奉承这两种影响要比任何其他因素都更容易使他们的指针偏离电极。为了避免这两种错误的根源，起居注被锁入一个铁柜，直到在位的君王死后才能够打开。然而这一条款并不总是有效的。奉承话对于活着的君王来说，也许会显得刺耳和令人厌恶，但是对于哀悼已故皇帝的亲属们来说，则会显得像音乐般动听悦耳。因此，正是屋达维娅①因为维吉尔描写已故将军马塞卢斯的诗句而向诗人慷慨支付了昂贵的报酬。还有，在上一位皇帝②去世的时候，皇太后欣喜地看到有一篇称颂已故皇帝的文章将那位荒淫无度的低能儿描绘成了一颗耀眼无比的大明星。古罗马的元老会难道不是惯于在已故皇帝的亲属继承皇位时，用庄严的投票来把那位已故皇帝抬到天上去的吗？中国的作家在这方面一点都不比古罗马人更加真实。但我们不时地可以看到，在中国作家中也有堪与古罗马鼎盛时期相媲美的那种坚贞不屈的例子。例如几年前，有一位叫做吴可读的御史（这个头衔的意思就是史官）对把本朝的光绪皇帝过继给咸丰皇帝的做法提出了抗议，因为这样就使得前任同治皇帝享受不到有一位儿子来祭拜他灵魂的安慰了。为了加强他奏章的分量，这位御史竟在他试图帮助的同治皇帝墓前自杀了。这位现代御史的例子难道不是使得我们前面所提到的有关那些殉道者史官们的故事更加可信了吗？

----

① 屋达维娅（Octavia，公元前69—公元前11年），古罗马的屋大维或奥古斯都皇帝的妹妹。她第一次结婚的时候嫁给了古罗马名将马塞卢斯。——译者注
② 即同治皇帝（1862—1875）。——译者注

Incedis per ignes

Suppositos cineri doloso;

他大步流星地冲向火海，

倒在了阴险的灰烬之下。

贺拉斯这样描述波利奥①，当后者提出要写新近那次革命的历史时。没有人能比中国人更清楚在一次王朝的火山喷发之后，覆盖在熔岩上的那层薄薄的壳会有多么危险。正是为了防止恐惧和奉承的变态影响，所以他们会等待皇族的最后一位子孙不再统治之后，才开始编写或出版该王朝的历史。明代的历史是直到满人登上皇位之后才出版的；负责编写明史的那些史官们花费了四十六年的时间才完成了这项任务。正史总是通过跟野史进行校勘来加以订正的，后者总是在一个王朝的太阳落下之后才像一群萤火虫般冒出来，并用它们的荧光来照亮这个时期。

　　除了这些普通的安排之外，还有一种澄清历史之源流的特别措施。它包括在经历了很长的间隙之后，又肩负神圣使命的圣贤者来拨乱反正，修改前几个世纪的编年史，并且张贴帝国的末日审判书。有四位这样的圣贤已经出现，他们分别是

　　　　公元前 6 世纪的孔子；

　　　　公元前 2 世纪的司马迁；

　　　　公元 11 世纪的司马光；

　　　　一个世纪以后的朱夫子②。

---

① 波利奥（Pollio, 公元前 76—公元 4 年），古罗马史学家，以秉笔直书而闻名。——译者注
② 即宋朝的朱熹（1130—1200）。——译者注

整个世界都在急切地期盼第五位圣人的横空出世。

当然，每一次修改都减少了史料的数量。然而在经过他们的筛选之后，仍然有数量极其庞大的史料无法进行删减，逝去的往昔被埋葬在那些史料之中，而非被它们所照亮。

上面这第一位伟大的编辑者，根据他弟子们的阐释，编辑了多达六十本的史书，或约有二十卷。第二位编辑的史书共有一百三十本。第三位所编辑的史书，数目达到了令人惊讶的三百六十本。而最后一位编辑的史书，尽管据说是剪辑本，也达到了五十五本。

二十四个朝代的历史全部加起来，总数是惊人的三千两百六十六部，或一千六百三十三个单卷本。

这个数字已经够吓人的了，可是对于那些堆积如山，尚未经过炼铁炉内的火焰熔冶的矿石，我们还能说些什么呢？提一下下面这个事实也许有助于我们对这些原始珍贵史料的广度有一个概念，即在上一个皇帝只有短短十三年任内的史料便至少已经有一百五十多卷了。此外还有这个时期与正史相平行的野史，例如两百一十一卷的太平天国史，一百六十卷的捻军史，还有在喀什、甘肃和云南分别发生的三次回民叛乱的历史，它们还没有写完，但肯定卷数还要更多。假如说以前各朝代所问世的历史著作在多产方面只及现在的一半，那么光是清朝的作品就足以装满海边那位守护神的藏书楼，更别提在二十四个朝代中所问世的所有历史著作了。

这还不是全部。要把书单列全的话，我们还要加上无数的地方志。在十九个旧行省内，每一个行省都有由翰林院史官领衔的委员会所编撰的本省正史。而且行省内的每一个府也有它自己的正史，这样我们就要再增加两百种（并非两百卷）。而且再往下，到了县一级的城镇时，我们还必须算上近两千个县，每个县都有十至二十卷的方志。其总数是如此庞大，以至于我们很难想象实际情况究竟是什么样的，正如我们很难想象各个恒星之间的距离。我们找不到一个测量的单位。如果说当哈里发奥马尔点火烧毁亚历山大图书馆时①，那儿的手抄本整整燃烧了三个月的话，那么要是把中国的史书一把火烧掉，又该烧多长时间呢！铁木真习惯于把敌人的骷髅头垒成金字塔的形状。我们可以问一下，假如用这些作为往昔枯骨的中国史书来搭建金字塔的话，那么又能建多少个金字塔呢？

面对如此庞大的积累物，我们的心里不禁有个疑问，即它们的价值究竟怎么样呢？

它们对于中国人的价值当然是不言而喻的了。它们的存在就是古代人民尊崇历史的证明，而且每一种作品中随处可见历史引喻的方式也证实了历史对于中国人思想的巨大影响。但是这些珍贵的遗存物对于我们西方人来说是否有任何价值呢？假如有的话，它们怎么才能对西方世界的文学财富做出贡献呢？

在对这个问题进行评估时，我们不能忘记，在对这些作品进行批评时，西方的价值标准与中国人的价值标准是截然不同的，其差别就如面值一英镑的金币与中国本地铸造的铜钱那么大。英国金币的铸造者是像培根勋爵那样的人物，后者把历史定义为"用实例来进行教诲的哲学"。它是哲学，而非科学，因为它的资料太不确定，无法作为科学演绎的基础。哲学并不宣称确信无疑，尽管其名称的原意即意味着探寻真理。它的首要目标是了解，它的第二个目标是教诲。假如说哲学在历史的领域内能够清理出过去的教训，那是因为它首先了解了它所要阐释的那些伟大运动的意义。

根据这个标准来判断，中国人有的是编年史家，而非历史学

---

① 哈里发奥马尔（Caliph Omar）是古代阿拉伯哈里发帝国的君主。奥马尔于公元 645 年占领了亚历山大城，并且放火烧掉了中世纪最大的图书馆，即亚历山大图书馆。——译者注

家。他们的编年史使用典雅的语言写成，并且对于书中的人物和事件有众多眼光敏锐的批评，然而他们的历史文献就整体而言，缺乏一种所谓的历史哲学。他们没有黑格尔，后者在构建了宇宙体系之后，用他的原则来解释了人类进步的法则。他们没有吉本或孟德斯鸠来追溯一个古老文明的衰败过程，他们没有基佐①或莱基②来描述一个新兴文明的崛起。他们甚至没有修昔底德和塔西佗，来由表及里地分析和描绘一个时代的全景画面。

理由是很明显的。不必假定中国人从本质上来说就缺乏哲学思维的能力，我们发现一个足以解释这种现象的理由就是中国人圣贤中最伟大的一个给他们树立了一个坏的榜样。

对于中国人来说，并非司马迁，而是孔子，才称得上是历史之父。他著名的《春秋》甚至连编年史都不是。它是一部日记，把所有事件，无论大小，都像珠子那样按日历串在了一起。这种方法，且不说其风格的极端，还使得读者很难看出事件之间的联系。儒家有三位门徒来为他的这本书作注，但是他们全都按照文本的秩序，一章章、一行行地加以注释。为他写续篇的人也这么做；还有他所有的后继者，一直到我们翰林院的史官全都是如此：他们每天记的是日记，但以为自己是在写历史。

有那么多支笔在勤勉地做记录是收集史料很好的一种方法，然而那些史料需要经过一种跟任何中国作者的做法都不尽相同的详尽阐释，才能够成为按西方标准所能够接受的历史。

另一个原因是中国的历史往往停留在一种尚未发展完整的阶

---

① 基佐（Francois Guizot, 1787—1874），法国历史学家，著有《欧洲文明史》（1828）、《法国文明史》（1832）、《法国史》（1872—1876）等著作。——译者注

② 莱基（William Edward Hartpole Lecky, 1838—1903），爱尔兰历史学家，著有八卷本《18世纪英格兰的历史》。——译者注

段，这就跟中国其他许多发源于古代的高雅艺术一样，它们发展到了一定的阶段就永远停滞不前了。

正如莱昂·普莱费尔所说，有些人"只看见树，而看不见由这些树所组成的森林"。

中国的编年史家就是这样，他专注于按时间的顺序把发生的事件都加以分门别类，但却没有注意到贯穿于整个民族和漫长世纪的巨大运动潮流。他记录每天发生的琐碎事件，这样的历史就像是天文学中每天记录对于星辰的观察。成千上万个勤勉的天文观察家们所记录的观察显然都是徒劳无益的，可是当开普勒的眼睛扫过这大量记录下来的事实之后，便从中演绎出了行星的椭圆形轨迹。我们难道不能指望将有某位大师级人物能够从这堆积如山、杂乱无章的事实中间找出某种起支配作用的法则吗？

能够为中国做到这一点的将是一位本地人，然而除了要具备翰林的文化知识之外，他还必须要有一个西方大学的专业训练。在本地学校训练出来的历史研究者是目光短浅的。他们可以用微观的洞察力来分析某个特定的事件和人物性格，但是他们完全不能够具有广博的综合能力。

为了证明这一点，我可以指出三个规模宏大的运动，其中每一个对于理解当前中国现状都是不可缺少的，就像开普勒解释太阳系的三大定律那样。然而没有一位本土的作家似乎已经懂得了它们中间任何一个运动的重要性，或者对此形成了一个概念，这三种运动分别是：

1. 中国人对于中国的征服；
2. 鞑靼人对于中国的征服；
3. 帝国内向心力量与离心力量之间的斗争。

就中国人的想法而言，有关中国被中国人征服之说无异于那个古老的政治新闻："荷兰人占领了荷兰。"对于他来说，中国人一直就拥有中国，而且据他所知，中国人是直接从地下蹦出来的。然而一位外国学者的眼睛，因接受过追溯民族来源的专业训练，可以马上就看出中国人是一个外来民族，他们大约在印欧语系的印度人征服南亚半岛的同时，凭借其发达文明的力量，对东亚流域进行了征服。他会注意到中国人迁移的第一站是在黄河流域，表明他们来自大西北，并且沿着黄河来到了中原。至于他们从哪儿来，他也许还不能够十分肯定，但是他发现中华帝国的三分之二领土，甚至到了作为典范的周朝，仍然由蛮族所控制，后者必须被视为真正的土著。

他看到这些蛮族后来逐渐被更优越的种族所同化和吸收，直到土著的残余部分被驱入深山老林，后者在那儿仍然保持了他们的独立，而且世世代代的矛盾冲突在那儿仍在继续。这种矛盾冲突史的第一回合可见于《尚书》中有关舜帝征服"三苗"的简略描述。

最近一个回合的矛盾冲突还没有被写成文字；然而有一张沾满了鲜血的纸记录了贵州苗子的臣服和日本人的力量在台湾岛上的扩展。对于一位中国学者的笔来说，这该是多么好的一个主题，只要他能够扩大他想象力的范围，以便能够把如此广阔的视野收入眼底。

从源头来说，三大运动中的第二种运动是与第一种运动几乎同时发生的，并且两者平行穿越了所有的时代，直至今日。在中国人的心里，鞑靼人的征服只是指目前的统治部族满人的成功入侵。但是对于一位进行更广泛考察的西方思想家来说，它意味着中国北方名目繁多的蛮族千百年来坚持不懈的努力，以试图夺得一个因其开化居民的勤劳而变得富裕的国家。

鞑靼人征服的第一阶段是于公元前 771 年进入中国的内地，其深入程度足以使他们摧毁位于现今西安府附近的西京。皇帝和他的妃子们在西京的废墟中丧命，这位不幸帝君的继承人把京师东迁到了帝国中部一个更为安全的地方。在稍后一个时期，东京洛阳也遭到了鞑靼人的劫掠。后来（并非按照该矛盾冲突的波动起伏），当帝国的北部被鞑靼人占领之后，皇宫从黄河岸边迁移到了扬子江的岸边，再从那儿继续南迁①，企图逃避鞑靼人，然而后者在忽必烈的率领之下，成功地首次征服了整个中华帝国。

经过一个短暂的时期，鞑靼人失去了他们难得的战利品，但是中国又重新被满人所征服。过去的两个半世纪以来，它一直被鞑靼人所拥有。

从海边一直伸展到甘肃的长城是这一殊死斗争的纪念碑，而这场斗争从一开始起就注定是一个长期的战争，只是不时地会有一次间歇性的停火。

高卢人和汪达尔人对于罗马连续不断的劫掠，北方野蛮民族对于意大利的征服，以及中国京师的东迁，这三件事在一位欧洲的研究者眼里是平行发展的，并且反映出在民族潮流兴衰中的一条法则，即在所有的时代里，位于北方的饥饿大军总是显示出一种倾向，想要侵占日照量更多的富裕地区。

中国人只是零星地提到了这个话题，但是总的来说，在中国的哲学和诗歌领域，鞑靼人征服中国将会向主管历史的缪斯提供另一个最为崇高的主题。

我在前面简单勾勒出的这两种规模宏大的运动是种族之间的矛盾冲突；第三种运动是原则之间的矛盾冲突。这儿的争斗双方分别是封建自治和中央集权。我们不必追溯到过早的历史，在周朝初

---

① 到了杭州。

年，有一位能干的君主成功地制约了作为封臣的诸侯们，然而在他
羸弱的后代统治下，诸侯们摆脱了这种制约，结果只剩下了一种表
面上的臣服。这种权力斗争持续了八个世纪，直到斗争双方被一个
新的敌人所压倒，后者是在汉人与北方的鞑靼人长期争斗中得以日
益强大的。

在这个标志性的事件中，中国的史家们只看到了粗俗野心家的
大获全胜。他们用最阴暗的色彩来描绘这一事件的主角，把他说成
是一个焚书坑儒的邪恶暴君。对于这种从未听说过的残暴行为，他
们找不到更好的解释，只能说是道教的偏见，加上一种想要摧毁
历史记载的欲望，以便他在子孙后代的眼里可以成为新时代的创造
者。他们中间没有一个人理解"始皇帝"的重要性，通过这个威严
的头衔，他宣称自己是"专制君主"这个新阶层中的"第一个"。
没有一个中国史学家认识到，秦始皇焚烧儒家书籍的动机是想把中
国人对于封建制度的记忆彻底抹去，而他杀掉那些文人则是想为了
确定那些书籍以及书中所宣扬的政治教义永远不会再出现。

那些书籍后来还是重新出现了，但封建制度一旦被埋入了那些
被杀文人的坟墓，就再也没有复活。对于中国来说，封建制度是孕
育无政府主义的温床。从那以后，中国经历了许多次革命，但由于
秦始皇的天才预见，它再也没有看到那种诸侯纷争，永无休止的局
面。秦始皇的中央集权制度仍然是维系帝国的纽带，而他首先采纳
的"皇帝"头衔也作为一个永久性的称呼流传了下来。

向心力量与离心力量之间的矛盾冲突形成了旧的史家所无法理
解，需等待一位具有更深刻洞察力和综合性理解力的新作家来发掘
的第三个大题目[①]。难道不会有某个新科翰林向世界展示，在现代

———

① 下面各章将阐述这三个题目中的两个。

欧洲发展过程中曾如此引人注目的封建主义在中国的历史上也扮演了一个同样重要的角色？

是否有人因下列原因而反对研究中国历史——即它的舞台过于遥远，无法欢迎公众的高度兴趣？埃及和巴比伦在某种意义上也很遥远，但是它们在西方相当热门。它们只是位于人类文明的上游，而这一源流后来扩展成为西方文明的宽阔大河。古代印度也很遥远，但是它与欧美同属于印欧语系，在人种上有亲缘关系，并因此激发了欧洲人的丰富想象力。中国历史独自形成了另一条大河，据说它没有以任何方式影响过西方世界的状况。

但是关于这两条穿越了时空的河流完全互不相干的说法是正确的吗？它们难道不像那些把生命与美丽带到大西洋东岸和太平洋沿岸的海底暗流？墨西哥湾流和日本黑潮，尽管一个流经南半球，另一个流经北半球，但两者并非一点关系都没有。它们被同一个潮汐的搏动所连接。所以中国和欧洲的文明正如在海底涌动的暗流那样，无论相隔有多远，确实各自都受到了对方的影响，尽管这些影响比较隐蔽。发现中国与西方的接触点，并且展示双方互动的证据，这些将是中国历史研究者所将面对的最有趣问题。

我们可以轻易地预见，两个文明之间的互相影响将来会远比过去大得多。当中国在一两个世纪之内开发出广袤国土上的自然资源，并用现代科学把自己全副武装起来，跻身于世界上三四个最强大的国家之后，难道你认为全世界还会继续对它过去的历史无动于衷吗？不仅人们会认为了解中国历史对于文科教育是必不可少的——趁我现在正灵感附身，我还要预言，中国的语言和文学也将成为西方各大学的研究科目。

但为什么我们在任何研究领域内的兴趣程度必须要用我们商业交往的广度来衡量呢？假如中国人不是住在地球（他们跟我们的后

代肯定会因这个地理区域而发生争执）上，而是从月球的表面安详地盯着我们看呢，难道这样我们就没有理由去关注他们了吗？假如通过某种尚未发明的月面学，月亮可以把生活在月球的这样一个民族的经验教训传递给我们，难道这不是给我们提供了比月光更具有实质性的东西了吗？

对于历史来说，就像人们对于名声那样——

我们对于它所知的一切，均局限于
我们的敌人和朋友这个小圈子之内。

然而，对于崇尚科学的人来说，一个可以用统计数字来得以确认的历史应该受到欢迎，哪怕它是来自宇宙最遥远的一个分支。中国的档案馆并不能真正向我们提供有列表的说明，即能够满足巴克尔[1]和卡特勒法吉斯[2]要求的那种材料，但是它们给了我们从远古所能得到信息的最佳途径。

在美国的现代天文台里，太阳每天都被科学家用照片拍摄下来！假如我们拥有不间断的一系列这样的照片，并且可以回溯到几千年之前，那么它对我们确定在那个遥远世界中起支配作用的法则将会提供一个多么珍贵的帮助！而对于中国的编年史家来说，皇帝就是太阳，他唯一的目的就是把皇帝每天生活的情况写下来。幸运的是，其他作为附加物的话题对于我们来说要比皇帝本人更为有趣。帝国的领土被描述成他世袭或后来得到的地产；人民被视

---

[1] 巴克尔（Henry Thomas Buckle, 1821—1862），英国著名历史学家，著有《英格兰文明史》（1857—1861）。——译者注

[2] 卡特勒法吉斯（Jean Louis Armand de Quatrefages de Bureau, 1810—1892），19 世纪法国著名自然科学家和法兰西科学院院士，著有《自然科学史》（1834—1836）。——译者注

为他隶属于土地的奴隶；天象——太阳黑子、星云、日蚀、月蚀，所有这些对于科学家来说都是那么珍贵——被作为皇帝命运罗盘上的预兆记录下来。只要匆匆回顾一下中国历史上那一长串接连发生的事件，我们就会吃惊地发现，中国社会的发展并非是一成不变的。而且它的变化也不像我们海边瞭望者所记录的变化那么单调。男人的身上并不总是佩戴着屈从于外国奴役那老掉牙的标志；女人们也不是从远古开始就缠小脚，一瘸一拐地行走的。那些现在每个拐角处都能看到的神仙在远古的时候还没有出现；而当时书籍、墨水和纸也不为人所知（但中国的史家们在那时就已经在做笔记，因为这些情况就是他们告诉我们的）；当时的中国只限于目前中国的一个小角，其余部分都还被蛮族们占领着。在那些原始的日子里，就连大自然的外貌都与现在不同，山上覆盖着森林，平原上也是丛林，洼地里有长满了芦苇的沼泽，那儿还有猛兽出没。

虽然中国人民已经经历了众多的变化，但是他们的发展过程并不总是在恶性循环。历史表明，他们已经在所有组成这个民族伟大之处的方面都取得了一个总的进步，虽说并不是经常的进步。所以，当中国的编年史延续到了第七十六个甲子^①的时候，中国的国土向外扩展了，中国的人口增加了，中国人的智力也要比中华民族形成以来四十个世纪中的任何一个时代都要提高了。

我们还将发现，中国人长期以来的进步，除了经历了所有的起伏之外，还局限于一个固定的和定义很明确的社会组织范围之内。在这个国家里，具有神圣权力的君主制在所有的时代里都形成了政

---

① 每个甲子是六十年，所以七十六个甲子就是四千五百六十年。这是指中国有记载的历史。——译者注

府的核心，文字本身至高无上的地位因科举考试而得到了保证。在家庭中，无限制地服从于活着的父母这一宗族原则，以及对已故祖先的虔诚崇拜，两者的起源似乎同样古老。上述这四项是如今中国社会组织所赖以生存的基石。

对于那些掌握了中文，并且有闲暇去探索中国社会源泉的人，我可以向他们推荐中国历史研究，因为它既吸引人，又令人颇受教益。有了前面这两个条件，我们就可以接触到大量的历史知识，后者我们可以比作古希腊人在劳里厄姆①的银矿里所遗留下来的一堆堆矿渣，后者虽然不是纯度很高的银矿石，但是德国人却用它们提炼出了大量的贵金属，这是古人用更为原始的方法所做不到的。或者，换一种比喻，我们可以把它们比作古罗马大斗兽场的墙壁，中世纪的教皇们从那儿取下石料来建造罗马的教堂。但是可以与古罗马大斗兽场相提并论的一门历史是需要许多学者共同努力才可以写出来的。

注

有关中国主要朝代的一个简要编年史将有助于阐明本章和后面的章节。有关中国历史的简要概况可见于《花甲忆记》②，第251—264页。

1. 三皇五帝的时期，公元前2852—公元前2205年。在蛮荒时

---

① 劳里厄姆（Laurium）是希腊的一个工业城镇，古时候这儿曾经以开采银矿而著称。——译者注
② 《花甲忆记》（*A Cycle Of Cathay*）是丁韪良于1896年出版的一部有关中国的回忆录，其中文版最初于2005年由沈弘等人翻译出版，2019年学林出版社将其修订再版。此处的页码为英文原版。——译者注

期出现了社会。自从中国人发明了文字之后，又发明了算术和编年史。

该时期最后的两位统治者，尧和舜这两人均是各种君王美德的典范。他俩充满了对人民的热爱，都认为自己的儿子不配统治帝国，因此都采纳了一位能干的继位者。这是人民利益高于帝王利益的黄金时代。这个时期的事件大部分都是传说。

2. 夏朝，公元前2205—公元前1766年。这个时代传下来的一部有关日子和礼仪的夏历显示社会和政治机构在当时正逐渐确定为永久性的形式。整个中国此前都被蛮族所占据；但是北方开始被中国人所统治。夏的原义为"夏天"；中国仍被称作夏土。

3. 商朝，公元前1766—公元前1122年。商的原义为"商人"。它也许是指随着社会风俗的演变，商业成为社会生活中一个引人注目的因素。整个帝国被分割成诸侯各国，政府的封建制度有了确定的形态。

4. 周（圆周或完整）朝，公元前1122—公元前255年。文学崛起，圣贤出现。孔子于公元前551年出生，道教创始人老子还要更早一些。中国人认为他们的文明在那时达到了顶点，直至今日，他们仍处于该时期利益规则和理想的支配之下。

5. 秦朝，公元前255—公元前206年。秦国消灭了诸侯各国，统一了整个帝国，并称之为中国。长城是他们永久性的纪念碑，但是他们也因焚书坑儒而赢得了后面所有时代的诅咒和骂名。

6. 汉朝，公元前206年—公元220年。以儒家著作的复活和文字的复兴而著称。佛教被介绍到中国，形成了道、儒、佛三教鼎立的局面。帝国的疆域扩展到了整个中国本土。为了纪念这些辉煌的成就，中国人自称为"汉人"。

7. 众多区域性的和短命的朝代，公元220—618年。这是一个分裂、战争和无政府主义的时代；在这四个世纪中，中国社会并未出现明显的进步。在该时期的大部分时间里，中国回到了野蛮状态。该时期初三国之间的战争涌现了不少英雄，其中之一是战神关羽。这是一个英雄的时代。

8. 唐朝，公元 618—905 年。从文字上来说，这是一个诗歌的时代；并以戏剧的崛起和翰林院的形成而著称。该时代更出名的是印刷术的发明和知识的传播。原来中国对于南方各省并不稳定的统治现在得到了巩固，所以至今南方各省的人仍自称"唐人"。

9. 五代，公元 907—960 年。

10. 宋朝，公元 960—1278 年。以理学的崛起和对儒家经典的注释确定而著称。以周敦颐和张载为先驱，并以一个多世纪后的朱夫子（朱熹）为殿后的一派思想敏锐的理学家成为中国注释家们的领军人物。他们显示出受到印度思想的刺激，但拒绝采纳任何外来的思想。他们无论在哲学，还是在阐释学的领域都成了一个正统的标准。还有第三件事帮助完成了国家权威对于思想的束缚，即在现有基础上重新整顿了科举考试制度。

11. 元朝，公元 1260—1368 年。不时地蚕食中国领土的鞑靼人在著名的忽必烈的率领下建立了对整个中国的统治。在他统治期间，威尼斯人马可·波罗来中国生活，并且最早写下了对这个国家所进行的详尽描述，他就像蒙古人那样把它称为"契丹"（Cathay）。

12. 明朝，公元 1368—1644 年。除了本来就已经十分庞大的中国文学仍在稳定增长，以及《永乐大典》和《大明律》的编写之外，这个时期在任何思想运动方面实在是乏善可陈。

13. 清朝，公元 1664—当前。辽东一个小小的满族逐渐拥有了这块庞大的殖民地，并进而学到了中国的文明。当明朝陷入内乱时，他们被邀请帮助恢复秩序，但他们在这么做的过程中把自己的君主推上了中国皇帝的宝座。

满人的领地可与忽必烈的皇室相媲美，统治中国的清朝皇帝们在能力和功绩上都超过了以前任何一个朝代的统治者。总的来说，他们的政府是中国有史以来最明智的政府。他们的权利还能够维持多长时间，有赖于他们如何吸收西方基督教世界的原则、技艺和方法。在满人统治下，基督教已经在中国获得了一个坚实的落脚点，而且由基督教带到中国的科学是推进思想征服过程中一个强大的助手。

第二十一章
古代中国的鞑靼人①

　　构成中国本土北部疆界的长城展示出部族之间的战争。在蒙古
高原的边缘上绵延一千五百英里的长城，在人们的心目中表现为一
种地理特征，即地球表面的一个醒目标记。它像一条巨蟒一般在山
峦的顶部曲折蜿蜒，用爱默生的话来说，正可谓——

　　　　在中国的长城上俯瞰着苍穹
　　　　就像用赞许的眼神盯着朋友，
　　　　并且认为长城的典雅和古朴
　　　　恰如安第斯山和亚拉腊山脉。

长城隔开了如今文明的两个阶段，正如它在两千年前所做的那样。
它的一边是从没被犁所碰过，只是被游牧民族所占领的无垠平原；
而另一边则是农田和花园，盛产各种农业产品。在两者之间，不可
避免地存在着一种持久的敌对状态，除非是受到某个中央政府的力
量所制约。这种自然的敌对状态在每一个接触点上都会不由自主地

———

① 鞑靼这个名称没有精确的定义。它泛指中国北部和西部的游牧民族。

显示出来，而且全世界的情况都是一样的。席勒暗示——并非在他的诗歌中，而是在他的一次讲座中——这种牧羊人与耕种者之间无休止的冲突起源于该隐与亚伯之间的矛盾冲突[①]。不幸的是，历史可以向我们提供众多这样的例子。埃及曾经遭到过许多游牧民族国王的蹂躏，而在亚洲，与在欧洲一样，自然条件恶劣的北方总是虎视眈眈地准备派掠夺成性的大军入侵更受到阳光眷顾的南方。

中国边境省份的居民们早期曾被迫一边打仗一边劳作，动辄失去他们的劳动成果。就像西方大陆的开拓者那样，他们的防御性武器从不离身，并且要在永远保持警惕的前提下才能享受生活本身。经验证明，光有一排军事哨所，无论它们之间的距离有多么紧密，在游牧民族的骚扰下都无法提供安全保障。长城的修建并非是要取代这样的哨所，而只是作为它们的补充。毫无疑问，它达到了自己的目的。实际上，它在保护和平的耕种者这方面做得如此成功，以至于有一条古老的谚语把它描述成一代人的祸根，千万代的福祉。

然而，掠夺的嗜好一次又一次地膨胀为征服的欲望，侵略大军越过长城这道巨大的屏障，就像地震造成的海啸越过一个海港的人工防御系统——或者找到打开它大门的手段。曾经有两次，整个中国都被越过长城的侵略大军所征服：成吉思汗所率领的蒙古大军在阿拉库什这位理应防守长城的鞑靼首领策应下，攻破了山西省境内的一段长城；而现在拥有中国皇位的满人则是在吴三桂的邀请下，从位于长城最东端的山海关进入了中国，吴三桂此举是为了请求他们帮助镇压一股推翻了明朝政权的叛军。

———

① 在《旧约·创世纪》中，身为农夫的该隐因上帝喜欢作为牧人的弟弟亚伯的祭品而心生嫉妒，怒而杀弟。—译者注

除了元朝和清朝鞑靼人统治下的那三个半世纪，我们还发现，在元朝之前另有三个局部征服的时期。公元907—1234年，北方诸省有一大片土地相继被契丹人和女真人^①所占领。公元386—532年，有一片广大的地区被拓跋人的军队所征服，其国号为北魏。至于这些侵略者穿越长城的方式和地点已经没有必要去深究。前面的例子已经表明，在一个无政府主义的时代，总能找到一个朋友或同盟者来为侵略者打开城门。有一句中国的成语叫做"众志成城"，即"人心的团结是最好的堡垒"。虽然长城的大部分城墙并不像我们在北京附近所看到的那么坚固，但是毫不夸张地评价长城的力量，我们仍然可以肯定，从历史上来说，如果防守长城的军队没有受到阴谋的破坏或磨擦的削弱，那么它也许足以保护中国不受侵略。如果失去了这些条件，那么这堵墙就是毫无防守能力的；尽管长城上有那么多烽火台和守军的防备，但我们仍然面对一个令人惊讶的事实，即在过去十五个世纪中，北方诸省的中国人竟然有七个世纪是处于鞑靼人征服者的统治之下。

上溯到从公元前202年至公元220年统治中国长达四个世纪的汉朝，我们发现自己的面前有着同样的矛盾冲突。对峙双方的名字有所改变，但还是中国人跟鞑靼人，他们之间的战争没有断过。中华帝国虽然没有被外族的敌人所征服，不过它始终处于一个被称作匈奴的强大部族的霸权之下。贝勒^②说他们是"改了名的"（*nomine mutato*）的蒙古人。然而在他那部学术性很强的《蒙古人的历史》

---

① 女真人又称金人。满人称他们为自己的祖先，清皇室把"爱新"（*Aischin*，金）作为他们家族的姓。

② 贝勒（Emile Vasilievitch Bretschneider, 1833—1901），俄国汉学家。1866—1883年间曾任俄国驻华公使馆医师，著有两卷本《元明人西域实地考论》（1910）等英文论著。——译者注

中，他却称他们为土耳其人，或者更确切地说是土库曼人，即如今希瓦、巴卡拉和君士坦丁堡等地居民们的祖先。由于"匈奴人"（*Hun*）这个词跟 *Hunni* 十分相近，所以他们最初还被认为是匈牙利本土的居民马扎尔人的先祖。这个信念曾经是如此强烈，以至于许多年以前，路易·科苏特①的一位追随者曾经到中国来寻找他的"血缘同胞"；显然是希望促使他们再现对欧洲的侵略，并把他们的同胞们从哈布斯堡王室家族②的奴役下解放出来。

占领着从巴尔喀什湖到阿穆尔河③河口这一片旷阔土地的众多部落操不同的语言，但具有相似的游牧习惯。他们在汉朝的时候在匈奴的霸权主义下结合在一起，组成了一个联邦或帝国，而非单独的国家。其首领在匈奴语中称为"单于"，这个词被中国的史家们解释为皇帝的同义词。毫无疑问，傲慢的汉族皇帝是被迫用这个神圣的头衔来称呼这位蛮族竞争对手的。在最近的一个时期，他们的后继者（更确切地说是单于的后继者）正在犹豫是否要将这个头衔让给至少一个欧洲帝国的君主。④在奥匈协定的谈判中，中国的公使们如此强烈地反对奥匈帝国的君主采用"皇帝"的称号，使得那位一大串神圣罗马帝国、德意志和奥地利皇帝的继承人⑤不得不只能采用"皇帝"这个称呼的第一个字，其依

---

① 路易·科苏特（Louis Kossuth, 1802—1894），19 世纪中期匈牙利财政大臣、国防委员会主席，独立运动领袖。——译者注
② 哈布斯堡王室家族（the Hapsburgs）是指欧洲最古老的一个王室，其成员在 1273—1918 年间曾经担任过神圣罗马帝国、奥地利、西班牙以及奥匈帝国的皇帝或国王。19 世纪的匈牙利属于奥匈帝国的一部分。——译者注
③ 阿穆尔河（the Amur）是黑龙江的旧名。——译者注
④ 1849 年，匈牙利在奥匈战争中战败，继而成为奥地利的殖民地。1866 年，奥地利又被意大利所击败，为了平息国内矛盾，奥地利的弗兰茨皇帝签订"1867 年奥匈协定"，宣布将帝国重组为奥匈二元帝国。——译者注
⑤ 即指哈布斯堡王室家族成员，奥地利的弗兰茨皇帝。——译者注

据的原则就是"半块面包总要比没有面包强"。假如他的公使精通这个历史的话，那么他在谈判中将会占有多大的优势！因为在中国，一个先例在两千多年中都是有效的；横扫欧洲的匈奴人（the Huns）与中国北方的匈奴人（Hsiang Nu）之间的联系虽然还没有被人种学所承认，但无论现在还是过去，这种联系用于外交目的都已经是足够充分的了。

在汉朝和随后的几个朝代中，匈奴大多数时间都是被武装力量所抑制。不过有些更为虚弱的中国皇帝，就像古罗马的那些皇帝一样，习惯于把自己的姐妹或女儿，而非将军，送到边界线的对面去，以此奉承野蛮民族的虚荣心，并用家庭联姻的虚情假意来取代军事力量。跟这些交易有关的事件为诗歌和浪漫传奇提供了丰富的素材。有一个流行甚广的悲剧讲的是昭君出塞的故事，后者是成为保障边界和平之牺牲品的众多美女之一。匈奴人的单于听说了她的美貌之后，便派人向汉元帝提亲。汉元帝不肯失去后宫中最出众的美女，便拒绝了对方的要求。所以单于便派了一支大军入侵中国，可是当这位美人被送到了他的军营之后，他便撤了军。到达了阿穆尔河之滨后，昭君纵身跳入了滚滚的黑水之中，因她不愿忍受在蛮族宫廷中的流亡生活。当时的战争为一部扣人心弦的历史提供了素材。战场有时是在长城以南，但一般都是在长城以北的大草原和戈壁滩上。

作为汉人与匈奴之间战争胜败的具体战例，我们可以提及李广、李陵、司马迁和苏武等人的名字。其中第一位曾于公元前2世纪的后半期率领汉朝皇帝的军队抗击过匈奴人许多年。据说他曾经获得了七十次战役的胜利，但是在最后一次战役中，因没有按计划捉住单于而对自己感到失望，他在战场上拔剑自刎，尽管假如我们能够相信史书记载的话，那次战役也是一场胜利。这件事使我们瞥见了匈奴人打仗的风格。他们就像安息①人一样，"在逃跑的时候最令人害怕"。至于一位将军，在跟敌人打仗时竟会因自己的第七十一次胜利而自刎，这也为我们评价另外那七十次胜利的价值提供了一个公正的标准。

李陵即那位倒霉的李广的儿子（或孙子），他似乎出生在更不吉利的扫帚星之下。在被任命接替他父亲的职位之后，他又在追逐逃跑的敌人时操之过急，结果落入了敌人的伏击圈。他手下由五千人组成的先头部队被敌人砍成了肉泥。李陵和少数几个侥幸逃生的士兵明智地选择了投降。他虽然保住了一条命，但根据他自己的描述，这样的生活就像是行尸走肉。除了自己生活在凶恶的敌人中间形同囚徒之外，他还为自己因犯叛国罪而被诛九族一事深感内疚。他还有一位好朋友因为替他的忠诚辩解而受到了十分残忍的刑罚。

这位好朋友不是别人，正是伟大的中国史家司马迁。由于为李陵所谓的叛国罪辩护，他触犯了一条残暴的法令，这位史家为了活命，只能选择接受给人带来屈辱的腐刑②。据他自己所说，这样做并非他偷生怕死，而仅仅是为了能争取几年的时间来完成一生的事业，还上欠后代的一笔债。他果然在有生之年在自己不朽的纪念碑上放置了最后一块石头，两千年来，他已在国人中赢得了"强似儿女"的美名。

苏武，四位不幸者中的最后一个，是一位外交特使。在大单于的宫廷里，由于试图用非外交手段来消灭一个敌人，苏武被投入了大牢，并因此被当作奴隶拘禁了十九年。在现存一首感情细腻的诗歌中，苏武在踏上这次危险使命的旅途时向妻子告别。她是否等到

---

① 安息（Parthia）是指公元前247—公元224年间的古代安息帝国，大致位于如今的伊朗的呼罗珊地区。——译者注
② 然而他在受此屈辱之前已经做了父亲。

了迎接他回归的那一天，我们不得而知，但假如真是如此的话，那么她一定会伤心而死，因为她会看到苏武的身旁陪伴着一位匈奴妻子。

我们不能够花更多的时间来回顾汉人文学中随处可见的这类浪漫插曲。我们必须再回溯一千年，来论述一下本章中最后一个，也是最主要的一个部分——古代中国的鞑靼部族。

我们是在中国第三个朝代，即著名的周朝刚刚崛起的时候，后者占据了中国的王位长达八百年之久（公元前1122—公元前255年）。我们是在文字刚刚问世的黎明，即在把传说时期与历史时期隔开的分界线上。长城尚无踪影，但敌对的部族早已出现——并非满人或蒙古人，也非匈奴、回纥或突厥，而是所有这些部族的祖先，他们有着不同的名称，就像猛禽一般盘旋在这个富饶而具有诱惑力的国家未设防的边界上。在那个时代，诞生于中亚某个地区的中国人人数还很少，只占据着相对很有限的领土。他们与邻居们的区别主要在于他们有了文字知识，因此拥有了一个层次较高的文明。相对于那些从四面八方包围他们，并阻止他们前进的野蛮部落，这种尚处于初始状态的文化给予了中国人巨大的优势。这些部族可以用几个综合性的术语来加以分组：那些在东方的叫做"夷"；那些位于北方的称为"狄"；那些西方的部族称作"戎"或"羌"；而南方的部族则叫做"蛮"。这些名字的最初意义用象形文字来表达似乎是这样的："夷"是著名的弓箭手，这个字之所以中间有个"弓"，是因为夷人的大弓。北方人用狗来打猎和放牧，并用火来抵御严冬的寒冷："犬"和"火"便结合成一个表意字，即"狄"字。戎人用戈来武装自己，于是他们的武器便为"戎"这个表意字提供了"戈"这个字符。"羌"这个表意字是由羊头加人腿而构成的，所以在中国人的想象中，它表示一个可怕的怪物，即潘和萨悌等古希腊神话概念的反面，其含义是"羊人""羊牧"或"牧羊人"，即与"狄"这种用狗来帮助放牧的北方游牧民族基本相同。"蛮"这个方块字结合了"虫"和"丝"，以此暗示南方的野蛮民族，后者在这么早的时期就已对丝绸文化情有独钟。

这些名称和方块字或多或少都有点带着贬义，但毫无疑问，它们的原意并不是那么容易冒犯人。马可·波罗沿用鞑靼人的说法，用"蛮"这个字把所有的中国人都称作"蛮子"。之所以会那么叫，是因为在蒙古人看来，他们都是"南方人"，同时在征服者的眼里，他们又都是值得蔑视的对象。

南方和东方的所有部族，即"蛮"和"夷"，都被作为现代中国本土居民先祖的那个强大种族所征服，并逐渐吸收和同化，只有称作"苗"的某些土著除外。苗族人通过躲入群山中人迹罕至的僻静之处，至今仍能够保留他们的独立性。

北方和西方的野蛮民族，即"狄"和"羌"，从来也没有被永久性地征服过。这仅仅是因为他们的土地从未吸引别人来征服过。他们那些风暴肆虐的草原并不能为中国人因征服和开发而面临的劳苦和危险提供适当的报酬。相反，正如我们已经看到的那样，正是中国的财富和富庶在长达八百多年的周朝中不断地引诱凶猛而饥饿的北方和西方部族来进行劫掠和入侵。这就是征服大军像戈壁滩上的黄沙那样不断崛起，去夺取部分或全部中国领土的地区。在最初的时期，中国军队的主要任务就是抗击这些肇事邻居的侵略，而如今在经历了这么多朝代之后，抗击侵略仍然是中国军队的主要任务。现存最早的中国诗歌（比任何历史著作都更早）向我们展示中国的武士们，就像神奇的格拉纳达骑士们那样，总是把他们的马头和矛头对准了北方，因为后者是危险的策源地。历史表明，只有那些能够抑制这些敌人的君王们才算是真正掌握了帝国的命运。而且就是以这种方式，北方各部族在整个第三朝或周朝期间都对中国发挥了间接但重要的影响。

请看以下两个都是出自最古老真实的历史的事例：在二十四个朝代中最赫赫有名的周王室是从西北山区中一个小小的好战诸侯国发迹起来的；他们就是在跟这些野蛮敌人的战争中不断地强大起来的，他们的首领被视为国家的中流砥柱。西伯[①]，也就是现在人们所称的周文王，因其军队力量不断增长而激起了第二朝即商朝最后一位皇帝的嫉妒，而且还被该暴君所囚禁，但是皇帝却不敢将他处死。在北方人突然发动侵略所造成的恐慌中，文王又获得了自由，而且还被赋予了以前从来没有过的权力。直到死的那一天，他仍然效忠于皇帝。但是他的儿子姬发，也就是武王，将他训练有素的军队作为双刃剑来使用，不仅打败侵略者，保卫了边疆，而且还推翻了商朝末代皇帝，夺取了他原先主人的宝座。

过了八百多年之后，周王室被秦王室所取代，后者将周王室发迹的同一个山脉作为摇篮，并且在跟同样的敌人作战中发展壮大起来。在周朝（公元前 1122—公元前 255 年）统治期间，这些野蛮部族从来也没有停止过作为影响帝国政治的一个因素；不仅仅是在劫掠之后带着战利品离开，而且还带走了中国人俘虏，并且以独立或封建国家的形式来使自己扎下根来，就像哥特人和汪达尔人在罗马帝国的疆域中所做的那样。他们之间的相似点还不仅如此。跟罗马帝国一样，中国在周朝的初期有两个京都，西京在陕西西安府的附近，位于黄河大拐弯西南面约一百英里处；东京位于河南，即现在的开封府附近。前一个京都于公元前 781 年被犬戎人所洗劫，正如罗马于公元 410 年被哥特人所洗劫那样。

———

① 孟子说西伯的祖父太王曾经向戎狄进贡。

由中国作者所描述的洗劫故事如下：周幽王有一个他溺爱的年轻妃子。有一天，他突然想要向守卫城市的军队发布一个假警报，只是为了给她提供一个好笑的场面。作为紧迫危险信号的烽火，在所有的山头上都被点着。贵族们紧急地赶来救援，每个贵族都冲在各自扈从的前面。发现原来并没有什么真正的危险之后，他们都愤懑地一哄而散。年轻的皇后看到这种情景不由地哈哈大笑。然而正如谚语所说的那样：谁笑到最后便笑得最好。不久以后，犬戎人发动了一次突然袭击。烽火再次被点着，但是被骗过一次的贵族们特意不对皇帝的召唤做出回应，以免他们再次成为一个妇人的嘲笑对象。结果京城被敌人所占领，那位愚蠢的君主和他美丽的爱妾都葬身于火海。无论这个故事含有多少传说的成分，隐藏在故事背后的一个严峻事实就是，当时存在着一个被西方人泛泛地称之为鞑靼人的凶恶敌人。

在这次灾难之后，皇位继承人把宫廷迁往东京，却把父亲的坟墓留给了野蛮人。在中原的中心部位，并且在一连串诸侯国的包围之中，皇帝的宝座被认为是安全的。但是那位难以约束的敌人正凭借武力强行向南方和东方推进，其动作缓慢，但不可阻挡。一百三十年以后（约在公元前 650 年），我们看到一支野蛮部落的大军真的占领了东京，皇帝成了一位逃难者，请求手下的诸侯们帮他重新恢复自己的皇位。就像人们所期待的那样，这次灾难的罪名再次落到了一个女人的头上。那位女子是未开化的异族人，这一事实为弄清斗争双方的立场投下了一束强光。

她的部落定居在黄河南湾口富饶的冲积平原上。作为敌人，他们对于京都构成了一个长期存在的威胁；作为朋友，他们也可以成为京都的护卫者。为了赢得他们的好感和保证他们的忠诚，皇帝把他们的一位公主娶到了自己的后宫。由于被她的魅力所倾倒，他随后便把她升任为皇后。有一位野心勃勃的表亲想要篡夺皇帝的宝座，于是便着手勾引这位异族皇后，以取代皇帝在她心中的地位。皇后的不忠被发现之后，她就被送回了娘家，在那儿她得以与情夫团聚，后者煽动那个强大的部落为这位皇后所受到的侮辱报仇。皇帝轻而易举地就被赶走，但由于缺乏贵族们的支持，这个篡位者对于京城的控制也没有维持太长的时间。

随之以后，这些野蛮部族便经常威胁京城，如果不是一直威胁的话。而天子也不止一次地被迫请求诸侯们前来救援。有一次，甚至连天子的特使也倒戈跑进了敌人的阵营，显然他是认为替一个力量日益强大的君王干事要比服侍一个日薄西山的天子更有前途。大约在上述那位皇帝被赶走的四十年前，另一位名叫骊姬的蛮族美女在最大诸侯国君主晋文公的宫廷里扮演了一个引人注目的恶作剧角色。作为战俘，她捕获了战胜国君王的心，并且先是依靠她个人的魅力，后又凭借自己的才能，一步步地奠定了她在宫廷中的地位。她促使晋文公改变继位者的顺序，把自己所生的后代排到了前面，并由此播下了家族不和的种子，使晋王室处于土崩瓦解的边缘。

关于这些迁移到中国本土定居的鞑靼部族，《春秋》中至少提到了五六个。其中有两个（分别称作赤、皎——也许就像佛罗伦萨的黑色家族和白色家族，以他们的穿着或旗帜命名）在如今的山西省境内定居；此外一个在河南，　个在直隶；还有两个在山东。他们究竟是如何得以定居的，这个问题并不难以理解。在一个无政府主义的时代，当相互竞争的诸侯国争夺霸权时，那些诸侯们认为，能得到来自北方平原的那些身经百战的骑兵部队的支持，对于自己是十分有利的，于是他们便赐给这些异族人土地，以示奖励。天子也以同样的方式来加强自己的力量和对付那些不听话的诸侯。所以到了最后，由于过分依赖异族雇佣军，周朝变得再也甩不掉它的这些帮手了。

这些异族人与中国人之间的敌对情绪究竟有多深，从下面这一两个例子中可以窥见一斑。有一次，天子准备派一支这样的雇佣军去惩罚一位桀骜不驯的诸侯，他手下的一位大臣警告说，这样的措施只会疏远自己的朋友，而长敌人的威风。"倘若，"大臣说道，"君主发现自己的道德影响力不足以维持秩序的话，那么他下一步就应该靠加强血缘的联系来解决问题。他必须充分意识到投靠外国侵略军的危险性。"这个进谏使我们想起了查塔姆勋爵在美国独立战争中反对雇佣印第安人来对付美国殖民地居民的忠告。我们还可以补充一个例子：印度和中国之所以有它们现在的统治者，都是因为依赖外国雇佣军的错误政策。

对于中国人来说，有一句实用的格言值得牢记在心，即那些侵略者是绝不会讲信用的，而且对于他们所经受的侮辱和背信弃义，有时候会引来可怕的报复。

另外还有个事实，可以用来说明蛮族的力量和人们对于他们的恐惧。在公元前 6 世纪，正在蓬勃兴起的中华文明差一点要被蛮族的力量所扼杀，幸亏有一位齐桓公在危急时刻力挽狂澜，成为中华民族的救星，就像在阿提拉屠杀匈奴人的狄奥多里克那样。当时周王朝的危险有多么紧迫，以及齐桓公的功绩有多么显著，均可见于孔子在某人认为他诋毁齐桓公时的一句回答。"我怎么可能诋毁齐桓公呢？"他叫道，"若不是因为有了他，我们所有人的衣扣都将会缝在衣服的左边。"① 也就是说，我们都将成为鞑靼人的臣民。

至此，我们都是在概述中国人与北方的部落在战争与和平时期的政治关系。有关那些部落的人种学研究现在值得引起我们的注

---

① 这句话出自《论语·宪问》："微管仲，吾其被发左衽矣。"——译者注

意，即使它只能显示祖先研究不可能达到任何令人满意的结果。我们在前面已经提到了一些最好的专家对于匈奴人的人种学关系所表达的怀疑。虽然他们自从公元纪年以来在历史上彰显了许多个世纪，但他们究竟是土耳其人、蒙古人，还是匈奴人，迄今仍未有定论。当我们回溯到古代，历史的火把只能为我们提供微弱的光亮，或者在传说和传闻的重重阴影中微光完全熄灭时，要确认这样的事情则更是难上加难。

在那些远古时代，语文学向我们提供的线索已经中断。而在稍近一些的古代文学中出现过的一些名字，如回纥和突厥[1]，暗示了这些部落与维吾尔族和土耳其人之间的关系，在早期文字记载中我们最常见到的那些名字几乎完全不能够向我们提供任何有用的信息。在"戎"和"狄"这类意义模糊的名称下所囊括的不同民族就像北美的印第安人部落一样庞杂繁多，并且总是带有某种轻蔑的口吻；这两个字中一个用"犬"作为偏旁，另一个则将"犬"合并在这个方块字里。另一个常见的名称"猃狁"在两个字中都用"犬"作为偏旁，似乎有意把这个民族错当成像狗一般卑贱的猿人。这些否定其邻居人类属性的作者绝不会有兴趣来描述他们的生活方式，或是来学习他们的语言。因此，我们在早期中文文献中怎么也找不到有关那些北方语言写成的珍贵残篇，就像普劳图斯[2]在他的一部剧本中所保留的迦太基语残篇那样。那些游牧民族自己也没有文字记载；假如有的话，他们也没有留下不朽的纪念碑和手工艺品这类文

---

[1] 匈奴、突厥、回纥、猃狁、薰鬻、北鹘、鞑靼、鲜卑、女真——这些只是用来称呼北方和西方游牧民族的一部分意义晦涩的名字。

[2] 普劳图斯（Plautus, 公元前 254—公元前 187 年），古罗马著名喜剧作家，现存戏剧作品多达二十一种。——译者注

物，因为后者目前正给埃特鲁斯坎人①的起源带来新的阐释。

在马端临②的著作中可以找到跟中世纪边疆部落有关的大量未经消化整理的信息。但是出了中文典籍的圈子之外，唯一涉及周朝的描述性地理学著作就是《山海经》，它就像是一本中文的《格列佛游记》，描述了世界上各种形式和模样的怪物。那些用一两个名称来概括众多部落的更早期作者无疑是受到了下列事实的影响，即对于他们来说，所有这些部落在有一个方面上都是一样的——他们都是流动的猎人或牧人，同样粗鲁和凶狠。

没有一个关注这些话题的人会不对在所有民族历史中，尤其是游牧民族历史中，都会发生的一种两重性过程留下深刻的印象。第一种过程我们可以称作异化阶段，每一个民族都会经过这么一个阶段，在它们仍然弱小的时候，就会使自己与邻族隔离开来；就连它们的语言也会在短时期内偏离到一个彼此无法理解的程度。第二种过程是同化的阶段，即通过战争和贸易往来所产生的碰撞，每一个民族都给予并接收各种印象，而这种印象使他们趋同于一个共同的种类。因此，中国北方的野蛮民族在早期展示了一种模糊的多样性，而随着时间的推移，这种多样性又会逐渐变成风俗习惯，甚至体貌特征的同一性。

由于他们的血液在平原上流淌，恰似海上的波涛，结果这血液都混合在一起；而且尽管他们的名称在经常地变化，他们的体貌特征也许并没有改变。人们自然就会提出下面这个问题：他们的体貌特征究竟是怎么样的？它并没有通过绘画或雕塑的形式记载下来，

---

① 埃特鲁斯坎人（the Etruscans），指曾经居住在意大利埃特鲁里亚地区的一个古代民族，其文化曾影响过古罗马人。——译者注
② 马端临（1254—1323）是跨宋、元这两个朝代的一位史学家，以编著《文献通考》《大学集注》《多识录》等书而著称。——译者注

但是我认为我们还是有可能重新把它找回来的。它现在就呈现我们的面前，就像烙印一般反映在他们的第一百代子孙的身上。如今的满人和蒙古人就是当年跟亚述人和巴比伦人同属一个时代的戎和狄。美丽的阿鲁特，即同治皇帝那位不幸的皇后，是一个蒙古人。她的爷爷，大学士赛尚阿，因没能成功地镇压太平军叛乱而被投入大牢，并判处了死刑。他的儿子崇绮乞求分享他的命运，并在牢房中温情脉脉地伺候父亲——这一孝行随后在他高中全国状元时终于得到了回报。这一成绩是如此荣耀，以至于他的女儿被认为是已故同治皇帝的合适配偶。她在皇后这个高位上只享受了短短的两年，随着皇帝的驾崩，她也以绝食的方式随他去了冥世。

两千多年以前，其他的君王们也曾被沙漠之女的美貌所俘获过。那时的野蛮部族在体型、脸部特征或自然智力上也许并不逊于中国人，正如他们的后代在这些方面也丝毫没有逊色。实际上，我们在北京城里所见到的中国人、满人和蒙古人，除了在服饰上各自有些特别之处外，并没有什么区别。

他们是否原来就属于同一个种族，或是随着时间的流逝，他们之间的特征变得越来越不明显了呢？我们认为后一种假说是正确的。我们相信，由创造中华文明的移民所引进的原始中国人种已经再也找不到了。在南方和中原地区，它到处都因跟土著居民的结合而得到了改变，从而导致了各省份人口之间的地域特征，后者可以被一双有阅历的眼睛轻而易举地辨认出来。我们认为，它在北方一带也经历了同样的改变。它在这儿遇上了跟蒙古人特征相似的部落，并且逐渐吸收了这些特征，正是这种结合也许造成了北方中国人高大和强壮的体型。

这一过程在史前时期就已经在进行。历史在其黎明之际向我们展示了在北方中国人身上所存在的那些部落尚未同化的残余特征。

它也揭示了塞外野蛮部族声势浩大的南迁运动，这一运动曾在某个时期受到长城的阻挡，但很快就以更大的规模得以延续。我们看到小的部落是如何通过每一个渠道渗透到中国本土来的；我们也看到它们如何组成了大的诸侯国，并在中国建立了长达数百年的领地。我们倾向于认为，野蛮部族在北方中国人身上打下的烙印，其深度并不亚于撒克逊人在英国人身上所打下的烙印，或是汪达尔人在西班牙的安达卢西亚人身上打下的烙印，"安达卢西亚"（*Andalusia*）这个词本身就是"汪达尔"（*Vandal*）这个名词的变体。

撒克逊人使英语实际上变成了日耳曼语言的一种方言，而中国北方的语言也已经受到了鞑靼语的深刻影响。因此我们被艾约瑟博士①告知，古代汉语的发音只能在南方省份的方言中才能够找到，而实际上我们真应该到南方受外来入侵影响最小的地区去仔细寻找这些残留的古代汉语发音。

倘若你要问，从入侵者的角度来看，他们所受到的影响是什么？我们的回答是：在所有的时代里，他们都已经用在中国人这个更有教养的民族身上所找到的文明来取代了自己身上的野蛮。

---

① 艾约瑟博士（Dr. Joseph Edkins, 1823—1905），1848 年来华的英国伦敦会传教士和早期汉学家。他对于汉语、中国文学和历史等均有深入的研究，并留下了大量的论著。——译者注

第二十二章
古代中国的国际法

　　促使中国与西方各国建立起更加紧密关系的一系列条约，尤其是通过建立永久性使馆来建立相互交往的方式，导致了中国的政治家们把注意力转向了万国公法这个话题。[1]

　　对于他们来说，这是一门新的学问，其中所涉及的概念是他们的祖先在此前两千年的漫长岁月中所不太可能想象得到的，尽管如我们所要展示的那样，中国人在其早期历史上曾拥有一些与之相近的概念。

　　中国人的现代历史始于公元纪年前两个世纪，为了使西方的读者能更好地理解，它可以被分成三个时期。第一个时期从布匿战争[2]的时代到经由好望角发现印度的时代；第二个时期包括三个半世纪有限制的贸易往来；第三个时期是从鸦片战争开始，中西订立条约并建立外交关系以来的六十年。

　　在第一个时期，中国几乎没有遭受那些震撼西方世界的政治大

---

① 惠顿、伍尔西、布伦西利和其他作者的国际法著作已经由本书作者翻译成中文，以供中国的政治家们使用。

② 布匿战争（the Punic wars）是指古罗马与迦太基之间于公元前 3 世纪和前 2 世纪期间爆发的战争。——译者注

动乱，就像它是属于另一个行星似的。在第二个时期，他们开始意识到现代欧洲几个主要国家的存在；但是他们所得到的信息仍不足以揭示那些遥远列强们的强大和重要性。在最后一个时期内，苏伊士运河的开放和穿越西伯利亚的铁路的建成把它们与强大邻国的距离拉到了一个危险的近距离。而且五次战争的粗暴经历，每一次的强度都有所增加，直到中国被逼入了与世界对抗的境地，这一切都使中国领教了欧洲国家的军事力量。

这些就是中国被迫接受在平等基础上跟各国交往的具体步骤，在此前的三个世纪中，它已经习惯于只跟自己的附庸国打交道。

它的附庸国包括东亚所有的小国。部分是受到文字和宗教社区的吸引，部分是由于商贸利益的驱使，也许更是因为中华民族在伦理道德上的博大精深，东亚各小国度自愿地向这位主人表示尊崇，后者的国土是如此地庞大，就像古罗马那样，它总是用相当于"世界"（orbis terrarum）的"天下"这一称号自诩。这些附庸国相互间很少有联系，也不能指望在跟它们交往中根本就不承认互利互惠原则的中国会从他们那儿学到有关权利平等的国家联盟这个概念。

两千多年以来，中国向自己的臣民们，以及那些依赖于它的邻国们，展示了一个在领土的广袤上无与伦比，在民族的统一上除了偶尔出现革命和无政府状态之外一直连续不断的煌煌大国形象。在这段很长的时间里，假如罗马帝国能完整无缺地保留到现在的话，那么一部国际法典在中国诞生的可能性，跟它在欧洲出现应该是相等的。出现国际法的先决条件并不存在。当这些条件存在时，一部基于惯用法，多少有点标新立异的国际法典就会因满足人类理智的迫切需要而问世。

这些条件如下：

1）有一群需要或赞成保持友好交往的独立国家的存在；

2）那些国家之间的关系应该能使它们在平等的基础上进行交往。

假如说这些条件过去在一个统一的帝国里曾明显地不存在，那么它们在更早的一个时期却是同样明显地存在，当时中国社会的每一个因素都有利于一部国际法典的产生和发展。

中国本土的广袤领土在那个时代分割成一些独立的诸侯国，这些诸侯国的臣民都属于同一个种族，并且拥有同一个已经相当发达的文明，此外还被一种共同的语言粘合在一起。

这些条件曾同时产生在古希腊，其结果就是一部早期的法典，并最终发展到近邻同盟会议①——这种解决国际争端的措施堪与欧洲列强们的"协调处"相媲美。

在古代中国，产生国际法的条件十分类似，然而活动范围却要大得多。中国的诸侯列国并不像古希腊各部落那样，是一个同时脱离了野蛮状态的部落群体，相互之间并没有定义明确的政治联系。它们是一个帝国分裂之后的残存部分，并且继承了原帝国的法律和文明，正如现代欧洲各国继承了古罗马的法律和文明那样。

这些诸侯国兴衰的时期是在周朝的后半期，与从梭伦②的诞生开始到公元 1 世纪末亚历山大王的去世结束的古希腊时代非常接近。无论在中国，还是在希腊，那都是一个政治活动十分活跃的时

---

① 近邻同盟会议（Amphictyonic Council）是大约公元前 5 世纪由古希腊十二个部落以得墨忒尔神庙为中心所组成的一个同盟，主要处理部落之间的宗教、政治和外交事务。——译者注

② 梭伦（Solon, 公元前 630—公元前 560 年），古希腊著名政治家和诗人，曾担任过雅典的执政官，并制定过新的法典。——译者注

代。周朝政府的正常形态是封建制度，这一制度的原型曾在日本极为流行，直到1868年的明治维新将它扫地出门。有几个诸侯国是由周王朝的缔造者自愿从帝国的领土上分割出去之后成立的。这位缔造者，就像查理曼大帝一样，在做出这种安排的同时，也种下了导致帝国毁灭的种子。

每一个诸侯国的王位都是世袭的，一种独立的感觉很快就滋生了出来。皇帝起初还能够用强制的办法来维持秩序。就是在他们的权力被剥夺之后，周王朝的宫廷，跟中世纪的罗马教廷那样，在很长时间内仍然发挥了调节国际纠纷之上诉法院的作用。最后，由于失去了对于权威的所有尊崇，封建诸侯们扔开了臣服的伪装，肆无忌惮地去追逐个人野心的目标。这个时期被中国史学家称作"战国"；而在这之前以按部就班与和平交往为特征的那个时期被描述为"列国"，即由"协调一致的诸侯国"所组成的大家庭。

一个由各个诸侯国所组成的大家庭，还有这样一个竞技场和这样的先例，几乎肯定会在和平和战争的交往中发展出一个习惯法的体系，这可以被视为是在为这些国家制定一整套的国际法。

因此，假如我们转向这一时期的历史，去寻找这样一种土生土长的法律体系，我们将会发现，如果不是这个法律体系本身，至少可以找到它存在的证据。如前所述，我们发现一个由各个诸侯国所组成的大家庭，其中有许多诸侯国的领土就像西欧的大国一样广阔，被种族、文学和宗教等纽带联合在一起，相互间进行着贸易和政治的积极交往。而假如说没有某种公认的"国际法"（jus gentium）的话，所有这一切将会是不切实际的。我们发现互换使团，具有礼节性的形式，暗示着一种复杂精巧的文明。我们发现盟约在庄严地签订之后，被放在一个叫做"盟府"的神圣地方加以妥善保存。我们发现一种力量的平衡受到研究和实践，导致合纵连横的形成，以阻止强国的侵略和保护弱国的权利。我们发现中立国的权利在某种程度上得到了承认和受到了尊重。最后，我们发现有一种人献身于外交事务，把它当成了职业，[①] 尽管坦率地说，他们的外交就跟马基雅弗利时代在意大利城邦之间所进行的外交活动有点相似。

没有任何记载着几千年来指导着这种复杂外交往来规则的教科书流传至今。即使这样的作品当时存在过，也很可能是在秦始皇"焚书"期间毁掉了，这一事件给人们对于长城建造者的记忆抹上了一种瘆人的色彩。然而，我们所推断的那种国际法典的"断编残简"（*membra disjecta*）却在当时的典籍文献中随处可见——在孔子和孟子的作品之中，在公元前五个世纪中其他那些哲学家的作品之中，在各种历史记载之中，尤其是在《周礼》一书之中。

或许在某一天，将会有一位中国的格劳秀斯[②] 像那位著名的荷兰人在收寻古希腊和意大利国际习惯法的痕迹时所做的那样，仔细地把这些杂乱无章的线索收集在一起。编纂一部甚至是不完整的中文作者国际法论述选集既非本章的宗旨，也超出了篇幅的限制。我给自己所定下的全部任务，除了如前所述，指明在古代中国诸侯国之间存在着一种特殊的习惯法体系之外，就是运用一些引语来证明我所表达的观点，并且为我已经提出过看法的一些更有趣的话题做进一步的阐明。

那些诸侯国在变得独立之后所承认公法的最清晰观点，无疑应该从他们在臣服于共同的宗主国国君的同时，相互之间所处的关系中去寻找。

---

① 参见下一章。

② 格劳秀斯（Hugo Grotius, 1583—1645），荷兰著名的法学家，其代表作为《战争与和平法》（1625），该书奠定了国际法的标准。——译者注

诸侯国中的大国共有十二个，长期以来，这样的领土分配被视为具有天体秩序那样的永久性。它甚至还受到了当时天文学的祝圣，有一张古代的天体图向我们展示了十二等分的星象划分法，每一个部分的星象都与其他部分明确地区分开来，以便它们能够主持帝国中与之相对应部分的命运。

这十二个大诸侯国的名称也可见被人铭刻在一个于1320年铸造的元代地平经仪的天球地平圈的上面，该仪器至今仍然被保存在北京的古观象台上。这个恒久不变的天体秩序竟然在周朝最后一个诸侯国停止存在十五个世纪以后的一个天文仪器铸造时又得以复制，还有什么东西比这样一个纪念品更能够说明人们对于这种领土划分法的感情之深呢！

孔子似乎在一段优美的文字中提到了这种领土划分法，他把皇帝或智者——因为"君子"可以有这样的双重意思——比作北极星，后者静止地停留在帝国的中央宝座之上，而所有其他的星座都围绕着它旋转。还有什么东西能比这种地理学与占星学的联盟更为有效地把好几个诸侯国的领土权利置于宗教的保护之下呢？它比古罗马把两国分界线托付给特定神祇照顾的方法更为别具一格，也许更为有效，并且在为一个本质上并不稳定的制度保持平衡上起了很大的作用。要知道，当时西方见证了巴比伦、波斯和古希腊等帝国的兴衰，造成了它们大部分次要部分的彻底毁灭。

这十二个诸侯国有大量的封邑依附于它们，其整体构成了一个跟"神圣罗马帝国"统治下的德意志政体同样多样化和复杂的政治组织。正如中世纪的欧洲，这些诸侯国的首领们也是分成五等不同爵位的贵族，即公、侯、伯、子、男等五种不同的爵位，下一等的贵族都依附于上一等的贵族，但所有的贵族都尊崇天子，这个头衔在这么早的时期就用来称呼皇帝，后者有权利为了大众利益而接受

所有人的朝拜。 在《春秋左传》中，我们发现有下面这条奇特的
记载：

> 九年……公会宰周公、齐侯、宋子、卫侯、郑伯、许男、
> 曹伯于葵丘。

我们注意到这儿提及了所有五等爵位的贵族。我们还可以补
充说明，左丘明在评注中说这次聚会的目的是"寻盟，且修好，
礼也"。

这儿所提到的"礼"，即公认的习惯法，构成了当时国际法的
基础。其中有一部分习惯法被包括在公元前1100年由周王室刊印
出版的《周礼》之中，这本书经过删减的版本如今仍然存在。这部
法典为贵族的等级进行了定义；为每一个等级的贵族都指定了制约
个人行为规范的法律，后者甚至扩展到了他们丧葬的礼仪；规定了
每一等爵位的贵族在公共祭祀仪式上所扮演的角色；并且为他们制
订了在所有公共集会上所必须遵守的礼仪形式。它详细描述了民事
和军事官职的等级制度，指出它们的功能，规定度量衡、收取赋税
的方式、惩罚的方式，所有这一切都跟无数的礼仪细节混合在一
起，在我们看来，正好是跟讲究实际的做法背道而驰。但毫无疑
问，这些做法是符合古代中国人的性格的，正如摩西注重礼仪的立
法是符合希伯来人的性格一样。

这部法典首先是周王室的直接臣民所必须遵守的；其次，它
对于帝国中所有的诸侯和扈从都是具有约束力的，所有的诸侯国臣
民都采纳了书中为礼仪所规定的每一个细节。只有位于帝国最西北
面的秦国是个例外，后者顽固地坚持奉行更早的商朝礼仪，而且怀
有一种异化的精神，成为周王室暗中的敌人，最终变成了它的毁

灭者。

除了秦国这个例外，其他好几个诸侯国的律法和习惯法都是如此地统一（因为它们都是抄自周朝这个共同的原型），以至于它们没有机会来发展国际法学这一分支，后者在现代由于"法律冲突"这一称呼而变得格外引人注目。

来自封建制度的观念与这个复杂法律的每一个部分都交织在一起，使得它的普遍接受形成了周王室的一个支柱。大诸侯们都自称为封臣，尽管他们就像现代中国的封臣们那样独立，而且就像后者那样，只是每隔五年或十年才去朝拜一次天子。[①] 因此他们只是把皇帝看作是荣誉的源泉和跟礼仪相关的所有问题，若非权利问题的最高权威。

至于这种伦理道德上的优势，恐怕没有比中世纪几乎所有基督教国家的君主们所习惯于向罗马教廷表示的尊崇更贴切的类比了。我们在《国语》中找到了一个极佳的例子。周襄王于公元前 651 年因爆发内乱而被迫流亡，他的领土是位于帝国中央的一小块地方，就像是最近被意大利王国所兼并的教皇直辖国。经过秦公的强势干预，他才又回到了皇帝的宝座上。为了对这一雪中送炭的帮助表示感激，皇帝提出要赐秦公一小块地。秦公谢绝了他的好意，[②] 转而请求皇帝准许他以帝陵的规格来建造自己的墓。皇帝把这个看似微不足道的请求视为一种危险的自负，当场就拒绝了这个请求，秦公不得不遵守得到大家公认的《周礼》。

拥有这样一个出自公认宗主国君主意愿的公共法典，对于将那些经常不和与好战的诸侯国维持了近千年这一事实起到了一种团结

---

① 缅甸在跟英国签订的一个条约中庄严承诺每隔十年将派一个朝贡的使团。
② 按照某些史家的说法，当他更高的抱负被拒绝之后，秦公最终接受了这个馈赠。

的纽带作用，这与它们向没有被包括在中华文明范畴之内的所有民族所显示的情感形成了一个强烈的反差。例如，当西北部的鞑靼人来到秦国的宫廷，谦卑地提出愿意与更为开化的秦国修好，并成为其扈从国时，秦公大声答道："和睦，他们知道什么是和睦吗？凶蛮的野人！作为我们的天敌，他们只能得到战争。"直到他手下的大臣为采纳和平政策提出了五个充足的理由以后，这位傲慢的秦公才同意接受他们作为扈从国。

在当时的历史舞台上，也出现过一个和平交往的场景，后者以许多方式暗示了一部公法的基础。商人们受到了尊重，孔子最著名的弟子中有一位就属于这个阶层，而且在好几个诸侯国之间展开了一场吸引商人去自己那儿的竞争。商人们的商品要交纳过路费和关税，但是这样做的目标是赋税，而非保护。

思想的交流揭示了性质更为亲密的一种关系。一个诸侯国的学子们经常就读于另一个诸侯国的学校，而那些学问最好的人往往很愿意到另一个诸侯国君主的宫廷中去当差。哲学家和政治改革家们从一个宫廷来到另一个宫廷，寻求诸侯们的庇护。孔子本人就走了大半个帝国，从所有大的诸侯国里吸引了不少弟子。

一个世纪以后，孟子以希伯来先知的精神，在不止一个诸侯国的首都宣告他的主张："国家繁荣的唯一基础就是正义和仁爱。"

秦在中国西北部的崛起正是依靠了这种在帝国事务中逐渐建立起来的和平交往。它的统治者采取了从邻国寻找最优秀的人才来秦国担任大臣和将军的政策，并最终使秦国的君王坐上了帝国的宝座。

诸侯们之间的私人交往形成了这个时期历史上一个鲜明的特征。他们的频繁互访说明了相互间的信任程度，而这种信任程度又会反映出公众的情绪。说真的，信任有时候是很荒诞的，这在其他国家也是一样，但是这种交往却总是以礼为特征，主要是靠讲信用。

有一次，一位势力很大的诸侯①在会盟时携带着众多随从前来拜访鲁公，时为鲁国国相的孔子预先采取了谨慎的防备措施，在两位君主会面时，他又见机行事，巧妙应对，不仅避免了人们担心会发生的危险，而且还促使那位来访的诸侯把以前用非正义手段获取的一块领土归还给了鲁国。

秦公对鲁公的拜访也应该提一下，以说明有时成为诸侯间交往特点的坦率和亲昵。主人陪伴着客人，一直来到了黄河边上。鲁公在告别宴会上得知秦公尚未受过"冠礼"②——与贵族被册封骑士相仿的一种仪式——便当场提出由自己来给秦公举行授冠礼。这个建议遭到了反对，因为这儿缺乏举行正式授冠礼的一些必要材料；由于卫国的首都离那儿要比鲁国的首都更近，所以鲁公提出前往卫国的首都去举行这个仪式。于是他们就这样做了。授冠礼在一个借来的会堂里隆重举行。

诸侯们为了结成联盟或是重续联盟经常举行这样的会盟。参加者包括了当时被认为是天下所有的主要国家，这些会议为欧洲各国元首大会提供了一种遥远的，然而并非是模糊的对应物。

跟别处一样，中国诸侯国之间更为通常的友好交往形式是通过特使来实现的。

作为特使的个人是神圣不可侵犯的；但是也不缺乏逮捕和处死他们的例子。在后一种情况下，他们被视为间谍，而给予他们的惩

---

① 即齐侯。这次诸侯会面就是著名的"齐鲁夹谷会盟"。——译者注
② 冠礼（顾名思义，就是有关帽子的礼仪）是给青年授冠，以示其达到成人年龄的仪式。它曾经是四大礼仪之一，但现在已经废止了。古书中对于它的描述使我们想起了古罗马贵族青年参加穿着"成人服"（toga virilis）仪式的壮观场面。

罚被认为是宣战和战争行为。而在前一种情况下，暴力行为往往被辩解为特使在进入邻国的领土之前没有提前获得一张护照，同时他的访问被说成是具有敌对的目的。一般来说，特使会受到无微不至的礼遇，欢迎他的礼仪会根据他自己的等级，或是他君主的等级而有所不同。有关优先权的问题经常会出现，人们会根据既定的原则来做出决定，但是这些原则肯定不会像维也纳会议所执行的原则那么清晰和简单。

两位诸侯的特使在鲁国的宫廷里曾经发生过这样的一次争执，其中一位特使宣称自己具有优先权，理由是他的国家要比另一国历史更加悠久。后一个国家的使节答道，他的君主跟周王室的血缘更近。幸运的是，这一难题在没有流血的情况下就得到了解决，而在1815年之前的欧洲，这样的争吵结果往往会导致流血。礼仪主持人提醒两位争吵的特使，确定客人位置的权力是属于东道主的，接着他就把优先权给了皇帝的亲戚。

对于特使的侮辱经常是通过武力方式来进行报复的。关于这一点，有一个值得注意的例子是齐公在同一个时间侮辱了四个诸侯国的代表。

这四位特使是同时到达齐国宫廷的，有一位伶人（也许是宫廷里的小丑）注意到，每位特使在外表上都有一点缺陷或畸形。有一位特使瞎了一只眼睛，第二位特使是个秃头，另一位是个瘸子，而最后一位是个侏儒。有人便向齐公建议，可以借这个奇特的巧合来开个玩笑逗乐。齐公听取了这个建议后，便指派身上有同样残疾的官员作为每一位特使的随同或引席人。当躲在纱幕后面偷看觐见仪式和随后宴会的宫女们看见瞎子领着瞎子，矮子领着矮子，还有秃头和瘸子成双成对地出场时，不由地笑出声来。特使们听到笑声以后，意识到他们自己不自觉地成了一场喜剧中的演员。他们在退场时发誓要进行报复。第二年，齐国的首都便被那四个诸侯国的联军所包围，后者只是在年轻的齐公做出了最令人屈辱的让步之后才撤退的，那位齐公为自己不礼貌的轻浮行为[①] 懊悔不已，但已经太迟了。

在《左传》中，我们发现了遣派特使的一条规则，后者可以在现代国家的外交习惯法找到对应物。作者在论及派往邻国的一个特使团时，这样补充道："这样做是为了遵循惯用法。无论如何，当一位新的君主上任之后，就会派特使去邻国，以确认和拓展前任所保持的友好关系。"

一位特使的最高功能就是谈判盟约。现代外交所知的各种条约在古代中国都已经得到了使用。用庄严隆重的仪式来签订条约，并且用盟誓来对它进行确认——签约双方把各自的血滴在一碗酒里进行混合，或者把他们的手放在用来作为祭品的一个牛头上——这些条约的文件被仔细地收藏在一个称作"盟府"的神圣地方。

我们可以通过下面这个样本来对郑国公与公元前 544 年侵略郑国领土的一个诸侯联盟之间的条约进行一个概述。

序——签订本条约的各方同意下列条款：

第一条：谷物的出口不能被禁止。

第二条：一方不得垄断不利于其他方的商业。

第三条：任何一方都不能为反对其他方的阴谋提供保护。

第四条：任何一方都得交出躲避法律的逃犯。

第五条：当遇到饥荒时，各方应该互相支持。

———

[①] 这个故事是根据当时三个史家的叙述对比而写成的，这三位史家只是在一些细节上有所出入。它的一个扩充版本可见于当今中国的戏剧舞台。跟希腊戏剧一样，中国戏剧对于不识字的民众来说，就是古代历史的主要老师。

第六条：当遇到叛乱时，各方应该相互支持。

第七条：订立本条约的各国将具有共同的朋友和敌人。

第八条：我们全都保证支持周王室。

盟誓——我们保证上述协议的条款将不可违背。愿群山与河流的神，已故皇帝和公爵的灵魂，以及我们七个部落、十二个诸侯国的祖先监督该条约的履行。假如任何一方没有信义，愿无所不见的上帝惩罚他，他的族人抛弃他，使他命丧黄泉，断子绝孙。

孟子也提供了一个类似条约的概况。这一次是齐桓公孝伯于公元前 651 年大会诸侯，以便实行必要的改革。由于这个条约比上一个早了一个世纪，所以若是把两个文件比较一下的话，那将会是很有启发性的。在时间较后的那个条约里，周王室的权威已经衰落，所以签订条约的诸侯们还要发誓保证支持周王室，而在时间较早的条约里，宗主国君主的权威得到了充分的承认。条约中的每一个条款都被视作是皇帝的"法令"。

然而，皇帝对于诸侯们的控制能力已经受到了很大的削弱，这一点在条款中显而易见，诸侯们在没有至少正式提到"天子"之前，便不能行使某些诸如奖励或惩罚等君主的权力。

这些规定部分是为了有利于提倡伦理道德，部分是为了方便交往，以及提升官衔等级制的名声。

第一条：惩罚不孝者；不改变（任何诸侯国）的王位继承顺序；不把妾提升为妻。

第二条：尊崇美德，珍视才能。

第三条：敬老爱幼，不忽视陌生人。

第四条：官职不能世袭；也不能允许由别人代理。注意寻找和发现合适的人才。在请示皇帝之前，不能处死贵族。

第五条：不要改变水道，也不要阻挡谷类的运输。在请示皇帝之前，不能赏赐土地，作为封地。

结论：所有签订此条约的人都同意相互间保持和平。

"这五条规则，"哲人补充道，"被当今的贵族们公开践踏。"

除了正式批准这些保证的宗教仪式之外，通常还用一些不那么感情用事的认可手段来加以保证。跟西方一样，他们也会用人质或其他物质保证来表示守信用；有时也会请第三方出面来保证，后者对此事直接或间接地有关，并保证惩罚不守信用的一方。例如，我们发现有一位诸侯要求把另一位诸侯的母亲作为人质。这个例子在好几个方面都具有启迪意义。秦公要求齐公承认他为盟主，并把母亲交给他，以作为臣服的凭证。齐公这样回答道，齐国是按照前朝皇帝们的意愿而创建，并跟其他诸侯国平起平坐的；一个蔑视皇帝特权的人是不配当盟主的。至于要求他母亲作为人质，这个提议太荒谬了；与其屈从这个要求，还不如跟敌人在城前决一死战。

正在此刻，这件事发生了一个转机，后者表明了在当时历史上经常发生的一个程序。有两个邻国的诸侯站出来作为调解人，并由此产生了一个条件不那么苛刻的通融办法。

中国古代较为开明的作者谴责交换人质的做法，因为这样做往往会造成一种半敌对和相互不信任的状态。没有任何其他国家的作者会像他们那样把守信用看作是国际交往中最重要的美德。孔子曰：

人而无信，不知其可也。大车无軏，小车无軏，其何以行之哉？①

论及国家时，他又说：

在足食、足兵和民信这三个基本要素中，民心最为重要。没有岁入和军队，国家尚可存在，但若是人民不讲信用的话，国家就不复存在了。②

还得讲一下通过战争的交往。"欺骗敌人是合法的，但不包括承诺和誓言"（*Inter hostes scripta jura non valere at valere non scripta*）③——这个原则在古代中国就已深入人心，正如在西方世界的古代国家之间那样；而在中国的战争，至少一点也不比古希腊或古罗马的战争更为残酷。

亚历山大王关于不准劫掠和焚烧诗人品达④故居的命令，假如说还显示了一点文学修养的话，它也从另一方面也表明了对被征服者的战利品主张权利的道德野蛮行为。在中国，我们发现有同样的情况；"败者为寇"（*Vae victis*）是所有辉煌战绩叙述作品中一句苦涩的潜台词，只有遇到慷慨和宽恕的杰出范例时才能够得到宽慰。我们发现一位入侵的首领以死刑作为威胁，来命令人们向一位哲人墓地上的树致敬，与此同时还悬赏要取一位作为他对手的诸侯的首级。

---

① 《论语·为政》。——译者注

② 这句话的出处是《论语·颜渊》。作者没有引原文，而是复述了这段话的大意。原文如下："子贡问政。子曰：'足食，足兵，民信之矣。'子贡曰：'必不得已而去，于斯三者何先？'曰：'去兵。'子贡曰：'必不得已而去，于斯二者何先？'曰：'去食；自古皆有死，民无信不立。'"——译者注

③ 格劳秀斯：《战争与和平法》第三卷，绪论。——译者注

④ 品达（Pindar，公元前 518/522—公元前 438 年），古希腊著名抒情诗人。——译者注

每一位军事领袖都会像阿喀琉斯那样宣称"法律对他没有约束",然而我们并没有绝望,我们还是能够显示法律无论在和平或战争中都是存在的,尽管它们总是经常不断地受到践踏。我们请读者记住这一点,并且来看一看下面这些事实:

首先,在战争过程中,非战斗人员的生命和财产必须受到保护。

关于这一点,我们可以从人们对于仁慈领袖的称颂和对于残暴者的咒骂中做出推断。

第二,正规战争的规则是在进攻敌人之前首先要敲起战鼓,给对方一点时间来准备防御。

下面这个例子超出了这个规定,使我们想到了以偷袭为耻的骑士规则。宋襄公拒绝在楚军渡河的过程中向他们发起攻击,并且一直等他们排好阵势以后,才发出进攻的信号。当他吃了败仗,手下的军官们责怪他时,他还用古代习惯法来为自己辩护:"真正的勇士,"他说道,"是不会去杀受伤的敌人的,并且总是给年老的敌人让出一条生路。在古代的时候,有法律禁止人们攻击尚未准备好抵抗的敌人。我虽然差点丢掉了我的王国,但我决不会命令我的军队不宣而战。"

我们在得知当时的军官们"嘲笑这位不幸诸侯的头脑简单"时<u>丝毫也不感到奇怪</u>。

在阿让库尔战役①之后,法军的指挥官也许因同样的原因受到过嘲笑。他不仅容许英军渡过了索姆河,甚至还派了一位传信兵去请英王定一个决战的日子。

———

① 阿让库尔战役(the Battle of Agincourt)是 1415 年英军侵入法国后,在阿让库尔跟法军举行的一次决战。由英王亨利五世率领的军队大败法军。——译者注

第三，开战至少要有一个正当的理由。

这些话实际上是对中国经常被人引用的格言"师出有名"的译文。这表明激情和贪婪是受到公共舆论的制约的，后者是按照一个公认的权利标准来做出这种判断的。

另一句同样有名的格言把一件事情的正义性视为道德力量的源泉，而这种道德力量往往可以超常地补偿实际力量上的不均衡。

"邪恶之师是虚弱的，正义之师才是强大的。"中国有一位古人这样宣称，把道德因素看得至高无上，正如英国一位著名诗人所说的那样："谁占着理儿就会气势如虹。"①

第四，一个总是被认为是正义的事业就是保持力量的均衡。

这一原则不仅号召那些战争威胁迫在眉睫的诸侯国拿起武器，而且也号召那些似乎离危险还很遥远的诸侯国也拿起武器。

不用提那些为了抵抗其他破坏公共和平者入侵而结成的同盟，我们发现，在公元前 320 年有六个诸侯国结盟，以抑制秦国的野心。这个强大的统一战线是一位个人经过二十年努力的结果，但是这位名垂青史的成功谈判者却注定最后要失败。成为公敌的秦国成功地离间了这个联盟的各位成员，并将它们各个击破。由于保护宗主国君主的主要诸侯国都被消灭，所以征服者终于抹去了对于中国各诸侯实施封建统治长达八百多年的周王室所残留的最后一点痕迹。秦公宣称自己为"始皇帝"，他废除了帝国的封建结构，与此同时，他还完成了长城的建筑工程。他的后继者至今仍然称作"皇帝"，而由他所创立的中央政府体制就像长城那样奠定了坚实的基础。

第五，在上面刚刚提到的那次革命之前，存在的权利在被周王

---

① 莎士比亚：《亨利四世》下集，第三幕，第二场，第 232 行。——译者注

室分封的大诸侯国首领眼里是神圣不可侵犯的。

这一权利经常被人所提及，并且证明在最危急的情况下，这样做往往是行之有效的。例如齐孝公率领一支强大的军队，带着明显的敌意侵入了鲁国。鲁国大臣展喜受命前去迎接，希望能阻止对方的前进。"鲁国的人民似乎对我的到来感到十分恐慌。"齐孝公说道。"是的，"展喜回答，"小民们都很恐慌，但是君王则并不恐慌。""为什么他不慌？"入侵者问道，"他的军队已乱了阵脚，他的仓库里空空如也，难道这样他还能稳坐钓鱼台吗？他究竟凭什么不害怕？"

"他凭借的是先王的命令，即昔日皇帝让齐、鲁两国的先祖缔结的盟约。"大臣回答。接着他就开始运用当时公认的周朝传统法律，来证明自己主人的权利。他的话是如此地具有说服力，以至于齐孝公打消了自己原来的念头，没做进一步的破坏就班师回国了。读者可能还记得前面在别处已经引用过的一个类似例子，即一位诸侯在反复诉求于周王室分封的神圣不可侵犯性，而对方置之不理之后，最后终于因邻国承认并决定维护这一原则而进行调解才没有遭到羞辱，或者被兼并。

第三个这样的例子是残存的周王室领地本身的存在受到了威胁。楚王有一次打了胜仗回来的时候，越过界河，进入了周王室的领地，显然是想乘机夺取周朝的王位。皇帝无法进行武装抵抗，就派了大臣王孙满携带粮食前去慰劳入侵的军队，并想弄清楚王的意图。后者想用比喻来掩盖自己的目的，故意问"九鼎的重量"是多少——暗示假如不是太重的话，他准备将它们掠走。王孙满没有直接回答这个问题，转而讲述了这些鼎的历史，提到创建夏朝的大禹是如何用青铜来铸造这些鼎，并在鼎上用帝国版图的浮雕作为装饰；以及它们如何历经十五个世纪，一直被视为皇权尊严的一个象征；同时还以巧妙的方式强调了尊重这一古老皇权，以维持各诸侯国之间秩序的必要性，最后他反问道："所有这一切都是真的，阁下为何要问九鼎的重量呢？"

在这样的危急关头，用纯粹讲历史的方法无疑是最有效的。楚王被他无可辩驳的论点所打动，取消了他邪恶的念头，率军回到了自己的领地。

第六，也是最后，保持中立的权利是可以允许，并在一定程度上受到尊敬的。

有人曾经评论说，在古希腊的战争中，没有保持中立者。即使有人想保持中立，而且对于冲突双方都有影响力的话，也总是被迫宣称自己支持这一方，或另一方。在中国，情况却并非如此。中立国经常抵制冲突双方的挑衅行为，它的领土也构成了作战双方之间的一道有效障碍。我们可以找到许多有关给军队让出通道，而不再参与冲突本身的例子，而其中有一回，一位明智的政治家提醒他的主人要提防这种鲁莽的妥协行为所带来的危险。"在前一次战争中，"他说道，"你同意这样做的后果是给你带来了伤害；假如你再这么做的话，它将给你带来毁灭。"他的主人没有听从他的劝告；而那位得到方便的诸侯在消灭自己的对手之后，又转过头去，夺走了他朋友的领土。

结论

正如我们所已经提示的那样，很可能在古代中国确实存在过有关国际法的教科书，但是没有流传到我们的时代，就像古希腊就有过这种题材的书，但现在书并未流传下来，只留下了它们的书名。无论这种推测是否有所根据，就像我们所已经显示的那样，有足够的证据证明，古代中国的诸侯国之间曾经有过一种他们在和平与战争时期都承认的法律，无论它是否写下来过，也无论它达到了何种发达的程度。《礼记》和有关这一时期的历史都证实了这一点。

在这些历史著作中，有一种书本身就构成了国际法的法典。我所提到过的由孔子编纂的《春秋》简述了鲁国两个半世纪的历史。中文作者们断言，那部书所表达的称赞或指责，通常只有一个字，被认为是无法申诉的最后裁决，并且往往比陆军或海军具有更为强大的震慑力。

中国的政治家们已经指出了那个时代的中国与现代欧洲的领土分割上具有类比之处。在中文记载中，他们发现了与西方现代国际法相对应的惯用法、词语和概念。而且由于这一事实，他们更加容易接受基督教世界的国际法法典。我们有理由相信，这样一部国际法法典将会成为世界上所有国家间和平与正义的纽带，这绝非一种乌托邦式的幻觉。

第二十三章
古代中国的外交

国与国之间的外交对于中国人来说是一门新的艺术，但却是一门能显示他们出色天才的艺术。从我们即将要进入的调查来看，我们认为它将会表明，对于中国人来说，它只是一门失传艺术的重新振兴——这是他们可以宣称先于任何现存国家而创建的一门艺术。

在圣贤们所出生的那个著名的周朝，在他们的论著统治着整个帝国思想的时候，外交活动就已经开始蓬勃发展。与战争的精神相近似，它在中央政权失去控制能力，各诸侯国在遗产分割上纷争不已的时代发展到了一个鼎盛期。①

外交可以被定义为进行国家间交往的艺术。它假定有在平等基础上进行交往的国家存在。这说明了它为什么会在战国时期蓬勃发展，为什么它会在消失了近两千年之后，又在我们的时代重新出现，就像一条河流在地下流淌了一段时间以后，又升到了地面上，

---

① 下面这三种有名的著作跟这一时期有关：《战国志》；从《战国志》基础上演绎出来的一部记载封建时代历史的传奇小说《东周列国志》；以及司马迁的《史记》。作为权威的典籍来说，《东周列国志》是没有价值的。《史记》的材料来源与其他两部作品是一样的，但是由于它们经过了那位伟大的作者司马迁的过滤和权衡，所以我把它作为史实的指南，但是我自己总是保留进行阐释的权利。

而且流量大为增加。正如礼节是从个人的聚会而产生的那样，外交就是在国家的盟约中所产生的。在一个荒凉海岛上度过一生的鲁滨逊·克鲁索恐怕不会去考虑那些显示自己具有良好教养的礼仪规则，尽管作为"视力所及范围之内的君主"，但是外交对于他来说毫无任何用处。

秦国将众多诸侯国从竞技场上清除了出去，这样的胜利对于外交而言，是一个致命的打击。

从鞑靼人的戈壁滩到云南边界，从喜马拉雅山的山脚到东海的海滨，中华帝国从那时起就变成一个不可分割的整体。在地球表面上没有竞争者和同等地位的大国存在。再也没有特使为了执行秘密使命而从一个宫廷到另一个宫廷所进行的穿梭。再也没有由国家来组成联盟，因为没有任何这种国家间的友谊可以带来力量，或是其抵制会造成危险。对于中国人来说，外部世界与蛮夷是同义词，而"内陆"则囊括了所有的人类文明。藩属国的特使到中国来朝贡，回去时满载着皇帝赏赐的礼品。任何实际意义上的外交都是不可能的。后代中国人对于外交所知的一切都是有关它过去的传说，以及跟它有关的一些如雷贯耳的名字。

研究这一课题的最佳办法就是抄录下这些名字，然后试图从这些名字上再现在一场缓慢而重大的革命中频繁出场的演员。

在这场有的人千方百计地想要推进，而另一些人则徒劳地力图阻止的革命中，有一股野心勃勃、咄咄逼人的半开化力量在大西北崛起，最终吞噬了它的对手，成为竞技场上唯一的主人。

这个驻守遥远边疆的小诸侯国是如何进化成如此强大的力量，以至于所有其他历史更悠久、文明程度更高的诸侯国要联合起来阻止它的进步——追溯这整个发展的具体步骤成为中国历史上最富有启迪意义的一章。关于这场即将开演的戏剧的早期阶段，我们只能说，就像该剧的后期阶段一样，在这支正在成长的力量这一边，其主要演员似乎都是外国人。秦国的诸侯们虽然粗鲁和缺少教养，但是在大部分情况下都显示出了伟大的天性，其中包括选择最佳工具的能力。秦孝公（公元前 368 年）意识到属下臣民的落后状态，公开宣布，任何人，无论本国人还是外国人，若是能够想出一个使秦国国富民强的新方法，他就能够得到分封土地和贵族特权的奖赏。

只要用许多例子中的一个就足以说明这种政策的有效性了。一个名叫商鞅的年轻人投身于纵横学的研究，他来到了自己所在的魏国宫廷求职。魏惠王对他的才华很赞赏，但在是否用他的问题上犹豫不决。有一位年老的大臣就对魏惠王说："王既不用公孙鞅，必杀之，勿令出境。"但是魏惠王两样都没有做到，于是商鞅便来到了秦国的宫廷，并在那儿得到了重用，开始了从整肃军队纪律到改革耕田赋税的全面变法。正是他的影响，使得秦国实力倍增，对邻国的独立构成了威胁。

正是在那个时候，外交才作为决定国家命运的主要因素登上了历史的舞台。在和平时期，它主要是关注一些礼仪方面的事情——主要是派去邻国表达祝福或哀悼的特使团；即使涉及谈判的话，也很少会超过安排婚姻的条件这类性质的事。但是现在外交家成为这个时代最引人注目的人物，他的权力大于将军，因为就连将军们也要听从他的指挥；他的影响力要大于诸侯，因为即使诸侯也要根据他外交顾问的卓识远见来决定国家所要采取的策略。朱庇特的宝座被云团雾气所遮掩，而穿着双翼飞鞋来回穿梭的墨丘利① 却占据了整个舞台。

———

① 墨丘利（Mercury）在古罗马神话中是主神朱庇特的信使，专门为后者传递各种信息，并执行各种使命。——译者注

假如我们来追踪一下其中一些特使使命的话，我们不仅能够对他们功能的重要性得到一个印象，而且还能够使我们对于这一时期的历史获得一个比任何其他立场都更为清晰的视角。

我们所注视的场景是在中国扬子江北部的一个区域，时间是亚历山大王和他的后继者正在扩展他们对西亚的征服的时期。

第一批引起我们注意的外交家们是苏秦和张仪。他们并不像塔尔梯比乌斯① 和尤利柏蒂斯②，只是传令官或信使，其职责只是传递一封信或是吹喇叭。他们都是充满了自动精力的政治家；而且相互作对，身陷于你死我活的矛盾冲突之中。就像在古希腊那样，他们是在一个专门为政治家开设的学校里学到纵横学这门艺术的。他们就读过的学校位于河南山区的鬼谷墟，而把这门艺术传授给他们的老师传世的唯一名字就是"鬼谷子"——即"鬼谷墟的哲学家"。

我看过据说是出自他笔下的那些书，但却找不到究竟是什么原因会使得他的学生们表现得如此出色，甚至找不到任何内容会导致他的学生们走上如此成功的外交生涯。事实是这位喜欢孤独的隐士并不是外交家，而是一位教育家。当时的书籍很少，即使有的话，也只是手抄本，因此人们对于文字的知识非常有限。但由此造成的后果就是老师的影响力要比现在大得多，因为现在书很便宜，而且图书馆对公众开放。

从鬼谷墟的学校出来之后，苏秦已经具备了超群的智力，他头脑里所想的只是要把他的货送到最有前途的市场上去。这个市场就是粗野的、正在崛起的秦国宫廷，那儿的君王们欢迎任何有才能

---

① 塔尔梯比乌斯（Talthybius）是古希腊传说中迈锡尼国王阿伽门农的传令官。——译者注
② 尤利柏蒂斯（Eurybates）是古希腊传说中伊萨卡国王奥德修斯的传令官。丁韪良在这个名字后面作了如下的注解："Eurybates 这个名字的原意为'在户外行走的人'。这个名字恰好与中国古代表示特使的'行者'一词相吻合。"——译者注

的人前去出谋划策，并且以前所未有的力度来奖励他们。苏秦是中原人，出生在周王室的直辖领地上；但他却毫不客气地向秦惠王这位大诸侯指出了兼并所有竞争对手，并且夺取周王室宝座的方法。"我的羽毛尚未丰满，"秦惠王答道，"还飞不了那么高。"就这样他打发了这位风尘仆仆的行者，后者在时机还未成熟时，就想使他卷入跟其他诸侯的纷争。

　　头一炮就没打响，使得苏秦有点灰心丧气，他在回家的路上暗暗发誓，秦惠王将会为拒绝了他的建议后还让他逃走这个错误而感到后悔。他衣衫褴褛地回到了家里，妻子和嫂子都以不加掩饰的轻蔑态度对待他。她们都认为他是个疯子，因为他不好好地去挣点钱，反而又满腔热情地钻研起纵横术来。

　　苏秦不仅花了很大的功夫来改进他说话和写作的风格，以便在游说时无论讲还是写都能够打动对方，他还研读了每一个诸侯国的历史，熟悉每个宫廷里的各种人物，画了整个帝国的地图，估算了每一个地区的人口和军事力量，并且起草了假想战役的计划书。

　　经过了两年的积极磨练，他便出发前往燕国的宫廷，与第一次流产的尝试相比较，这一次他有了更加充分的思想准备。燕国的首都就是如今的北京，就是在那儿苏秦开始了他成功的外交生涯，这长达二十年的外交生涯使他最终成了古今中国外交家的一个典范。然而作为他主要优点的耐心仍需要磨练。到了北京后他身无分文，举目无亲，使得他无法敲开那些大人物的家门。在整整一年的时间里，他先后给众多的侍臣打过杂，最后终于托人给他弄到了一个拜见燕王的机会。

　　那次会见具有决定性的意义。苏秦不仅是唯一能看出由于秦国的侵略，其他各诸侯国所面临危险的人，而且他还是唯一知道该如何化解这些危险的人。他以雄辩的方式论述了要立即采取行动的紧迫性，并且显示唯一能够成功抵御侵略的希望就是结盟，就是把六个诸侯国从疯狂地自我残杀转变为一个联盟，以便能齐心协力地来对付他们共同的敌人。

燕王听了他这一番话之后大喜。这个计划的可行性毋容置疑，而且假如能够实现的话，他就可以得到作为一个极其重要的爱国运动领袖的荣誉。他立即给苏秦封了特使的头衔，并正式委派他去游说其他五个诸侯国——当现代的中国大臣们委派蒲安臣[①] 作为中国使臣去出访欧美各国时，他们就回想起了这个先例——在委派一个特使去访问欧洲一般的宫廷时，他们仍在效仿这个先例。

在依次访问了赵国、韩国和魏国的宫廷之后，苏秦又接着往东去访问了齐国的宫廷，向每一位诸侯都通报了他有关联合防御的计划，并且从他们每一个人那儿都得到了参加结盟的保证，条件是其他五个诸侯国也要参加。再往南，就是作为中华帝国南部边界的扬子江中段的岸边，那儿有一个诸侯国是否答应加盟对于计划的成功甚为关键。这就是楚国，它占据了如今几乎整个湖北省的面积。

这位狡猾的特使把结盟的前景说得天花乱坠，楚王以为自己能够成为盟主，便急切地同意加盟，并让荣耀加身的苏秦踏上了归程。他长期而耐心打造的锁链终于完成了最后一个铁环——这根锁链牢固得足以让一位肆无忌惮的侵略者不再出轨，并且使一个迄今为止一直在窝里斗来斗去的诸侯国大家庭在很大程度上得到了和平的祈福。

这个成就的难度和辉煌是无论怎么估价都不会轻易过头的。构想这个计划，并且锲而不舍地将它贯彻到底的人应该得到所有加在

① 蒲安臣（Anson Burlingame, 1820—1870）原是美国驻中国公使。1867 年卸任时，他受清廷的聘请，作为中国的大使去欧美各国接洽修约，后病死在任上。——译者注

他身上的荣誉。就像俾斯曼亲王在担任德意志帝国首相期间，同时担任普鲁士王国首相那样，苏秦也担任了一个双重或多重的职务。他的主要职务是六国合纵联盟的盟长，而且为了使他能在这个联盟中发挥更有效的作用，这六个诸侯国都单独授予他一颗国相的大印。

他带着一支强大的卫队和众多的随从往北来到了他故国的边界上，十年前他就是扮成一个香客，手里拿着一根棍子离开这儿的。他在这儿遇到了国王派来的信使，后者为他设宴招待，并且代表国王欢迎他。据史书记载，国王"对他这位旧时臣民的权力和奢华感到惊恐"。一个更好的解释就是对于苏秦成功所给予的慷慨认可；或者甚至更好，即想要利用苏秦的外交胜利来恢复帝国因受到秦国不断增长权力的威胁而失落的权威。

无怪乎以前待他如此轻蔑的家人现在拼命要向他表示尊崇了！"怎么回事？"他问匍匐在他面前的嫂子，"为什么你以前对我那么傲慢，现在却这么恭顺呢？"她带着天真的坦率回答："因为你现在是大官，有很多钱。"

苏秦对他的穷亲戚们很慷慨，向他们散发了千金之后，便向赵国的宫廷进发。

他把自己的总部定在了赵国，并不是因为这个诸侯国的面积大，或是赵肃侯的影响力大，而是它的自然环境——借用一个科学术语——使得它成为政治压力的中心。据史书的记载："苏秦从这儿派了一位传信官，把合纵盟约送了一份给秦王。"想象一下，在把那个文件送给一位曾经拒绝过他的诸侯，而后者现在又受到该盟约制裁，就像锁链加身时，苏秦的心里该是多么地得意啊！"在此后十五年中，"那位史家补充道，"秦国的军队不敢出现在函谷关以外的地方。"

还有什么胜利的证据能够比这一点更具有说服力呢？毫无疑问，在这段漫长的时间里，为了控制他手下这个六国合纵联盟中的不和谐因素，苏秦一定风尘仆仆，日夜兼程，在这些国家之间的通衢大道上跑了不少的路程！

据说在非洲东海岸的某些地方，不可能派三个人同时去做一件事，因为每个人都害怕其他两个人会联手把他卖作奴隶。对于中国历史上的这些所谓"战国"来说，情况也同样如此。每一个诸侯国都对自己的近邻怀有很深的不信任和反感。

为了克服它们的这种离心倾向，并把它们联合在一起这么长的时间，这就要求苏秦身上具备一个非常罕见，也许从未有人能超过的各种意志品格的组合。

司马迁在其浩繁的《史记》中全文引用了苏秦在克服六国合纵联盟中这种离心倾向时所用的精彩辩说辞。它们既明快清晰，又雄辩有力，但是它们读起来更像是真正的国书，而非李维① 所习惯于放在他主人公口中的那种语气。

苏秦是多么善于察言观色，并根据每一位统治者的性情来改变他的说法方式啊！他在一位君王的心中煽动起野心；又在另一位君王的身上唤醒了强烈的嫉妒心，并将其引向强大的敌人；对于一位即将投靠秦国的君王（韩王），他只用了一句谚语就有效地阻止了对方这么做，并且使这句谚语变得脍炙人口、闻名遐迩——"宁做鸡头，不做牛尾"，或者正如恺撒所说，"宁在乡村当头脑，也不在罗马当副手"。

苏秦的弟弟苏代也是一位能干的外交家，并且在合纵诸侯一

---

① 李维（Livy，公元前 64/58—公元 17 年），古罗马的历史学家，著有长达 142 卷的《罗马史》。——译者注

事中给了他有效的帮助。但我现在提到他是为了想要引用他写的一篇著名的寓言。史书中没有保存他的任何长篇大论。他也许缺乏他哥哥所著称的那种高谈阔论，然而他却具有某种令人叹服的朴实机智。在跟一位诸侯论及分裂的危险时，他说道："当我在河岸上行走的时候，我看见一只鹬去啄蚌的肉，蚌合住壳，像钳子一样地夹住了鹬的嘴。就在这时，有一位渔夫正好从那儿走过，便把两者都一起抓住了。"该故事的寓言很清楚，无论那只愚蠢的鹬和同样愚蠢的蚌代表了谁，但谁是那位幸运的渔夫却是毫无疑问的。这个寓言以更为简洁的谚语形式仍然在为人传诵。[①] 它正是时间的长河在中国所留下的，散布在沙砾中众多闪闪发光的天然金块之一。

关于苏秦，我已经说了足够多的话来奠定他那些卓越的才能。六国合纵联盟本身不就是一个天才的创造吗？而它居然维持了十五年之久，难道这不是显示了一种奇异的力量吗？然而跟其他的伟人一样，他也有他的弱点。虽然善于控制别人，但他却不能控制自己的激情，而正是这一点，而非其他，导致了他倾毕生的精力所建立起来的这个联盟最终崩溃。

由于妒忌和愤怒，苏秦成了张仪的一个死敌，后者便千方百计地想要拆他的台。屈服于另一种更为微妙的激情，使他被牵涉进了一桩毫无策略性的阴谋之中，于是逃亡和被刺便成了他命运中大灾难性后果。

苏秦发现自己必须离开燕国的宫廷，以逃避他与一位公主私通所带来的后果，于是他便请求燕王派他出使齐国，并宣称他在齐国比待在家里能够更好地为燕干谋取利益。到了齐国之后，他便成了齐国的客卿；随后他反对齐国的阴谋被人觉察，他被绑在两辆战车

---

① 这个谚语便是"鹬蚌相争，渔翁得利"。

之间进行五马分尸——这是当时帝国的一个悲惨象征，即因东、西两个联盟代表的力量对峙所造成的四分五裂。

苏秦在齐国的行为举止与谢塔尔迪①在俄国宫廷的一些做法有极其相似的地方，后者险些未能逃脱一个同样悲惨的命运。②

张仪在古代国际政治家的名单上被公认为处于仅次于苏秦的位置。他的才能并不低于苏秦，可是他的政治生涯却缺乏使苏秦的成就显得格外辉煌的那种完整性。他的一生都是在国内的行政管理和国际政治之间摇摆不定。

作为国相和军事首领，他曾经轮流在三四个诸侯国任职，每次都时间不长——并不像他的对手那样一次就是干六年，而且为所有六个国家同样争取利益。

作为谈判家，张仪促成了一两个强大的联盟，但他所显示出来的主要本领就是在东部联盟的成员中播撒不和的种子，并为自己在一个背信弃义的朋友处所遭受的侮辱进行报复。

这个侮辱是他在政治生涯刚开始时所受到的。正如苏秦在大西北的秦国碰了一鼻子灰那样，张仪的第一次出马是去南方的楚国。与此同时，他的朋友已经成了一个名人，他试图在赵国的宫廷跟他见面。然而，当时苏秦正在打造他外交锁链上的第二个铁环。他要么是怕张仪的个性过于鲜明，不易驾驭，会坏了他的事；要么就是怕他的才华横溢会使自己相形见绌，所以他以鄙视的态度对待张

---

① 谢塔尔迪（Chetardie, 1705—1759），18 世纪的一名法国外交家，1740 年出使俄国。为了使俄国政府亲法，他与别人同谋，把彼得大帝的幼女叶利扎维塔扶上了沙皇的位子。——译者注

② 在德马腾《外交指南》第一卷，第 83 页的一个注解中，我们能够看到对于这个事件的一个简单描述。我在此只引用其中的两行："法国大使谢塔尔迪在把叶利扎维塔扶上了皇位的仪式上扮演了主要的角色。""谢塔尔迪深陷于宫廷阴谋之中……他很快就为之感到后悔。"——译者注

仪，找借口想把后者从他的活动范围中赶走。为了摆脱这个潜在的对手，他甚至不惜向后者提供钱和随从，把他一直送到位于大西北的秦国首都。

张仪看穿了这个计谋，并且发誓苏秦将为此感到后悔。得到了秦王的信任之后，他逐渐升到了秦国的最高官职，有时候是作为将军，有时候担任外交特使，而且还不止一次地获得了荣任国相的显赫地位。

作为一国行政机构的首脑，他发展了秦国的资源，并为它最终的胜利铺平了道路。作为军事领袖，他几乎百战不殆，但是他最引人注目的成就还是表现在第三个领域，即作为一名外交家。他千方百计地想要破坏苏秦的工作，设法使后者在一生中都处于一种长期焦虑的状态之中，并最终造成六国合纵联盟在其创始人去世之后顷刻间土崩瓦解。

他外交生涯中干得最出色的几件事都是在楚国。在前面提到过的他首次访问楚国受挫时，张仪曾经中了他敌人的计谋，并遭到毒打。当他妻子奚落他遍体鳞伤的样子时，他张开嘴巴，问他妻子自己的舌头是否还在原来的位置。在她做出肯定的回答之后，他补充道："只要舌头还在，就不怕没有出路。"——他果然没有食言。事实上，他的说服力是如此之大，使得他能够化解敌意，有时在人们曾经威胁要取他性命的地方仍能登上权力的高位。这儿只举出一个例子：秦国向楚国开战，也许是因为秦国国相憎恨这个曾经使他遭受奇耻大辱的国家。楚国军队被打败之后，作为和平的条件，秦国要求对方把一块它垂涎已久的领土跟秦国交换另一块土地。战败的楚怀王在答复时开了个恶意的玩笑："把你的国相给我，我就割让这块土地，而且不要求一寸土地作为补偿。"秦惠王把这个类似于奉承话的建议重复给他的国相听，但没想到他会同意。

令秦惠王惊讶的是，张仪回答道："我准备好了，把我带到敌人的兵营中去吧。"

到了那儿以后，张仪被关进了牢房，并随时受到死亡的威胁。但是他在楚国有一位堪称"宫中内线"（*amicus in curia*），值得依赖的熟人。通过这个人，他给王后传信，暗示秦王将会送一位美女来楚国，作为他的赎金。王后闻讯后惊恐万状，没等赎金到来，就匆忙地把他放了出来。

就在此时，苏秦去世的消息传到了他的耳朵里，向他暗示了将暂时囚禁转变成为大获全胜的可能性。他假装要当面感谢饶命之恩而请求拜见楚怀王，并试图借此机会向楚怀王提出他最好的一个建议，即楚国应该放弃六国合纵联盟，而跟其强大的邻居秦国联手。楚王想要听一下他提出这个令人惊诧的提议的理由，于是张仪便条分缕析、头头是道地将其想法和盘托出，其口才丝毫也不亚于苏秦。他在结束时还建议，为了确保和平，可以接受秦王的儿子作为人质，并以自己的儿子作为交换。而且为了进一步巩固这个联盟，还可以请求娶秦国的公主为妻。他那篇精彩的讲话很难译成英文，因为通篇提及了大量对于欧洲人来说完全是陌生的地名，还有对于许多史实的引喻，这些引喻出了中国之外，就没有人能够理解其意义。

但是这篇讲话所针对的楚怀王却能够理解它。每一个字都对他产生了影响——其效果之深远可以根据下列事实来判断，即他的同胞屈原这位极有天赋的诗人虽竭力想阻止楚王听从张仪的建议，却都无济于事。

屈原竭力劝阻楚怀王的那段话并不长，可以在此全文引录：

屈原曰："前大王见欺于张仪，张仪至，臣以为大王烹之；

今纵弗忍杀之，又听其邪说，不可。" ①

楚怀王仍然固执己见，想按张仪的建议去做。长话短说，屈原悲愤之下投江自尽，这个结局与亚希多弗②颇为相似。此后，中国人每年都用划龙船的方式来纪念屈原悲惨的命运。

在回去的路上，张仪访问了韩国的宫廷，并且成功地劝说韩王退出了合纵联盟。

回到秦国的首都之后，你们可以想象他所受到的凯旋般的热烈欢迎。他是作为一个自愿的和平信物孤单一人去楚国，以平息一个敌对国仇恨的。可是他回来的时候，身后却跟随着一队楚国的特使，而且还有来自另一个世袭敌人韩国的特使队伍。

秦惠王当然知道这一外交活动的价值，他当即将张仪封为管辖五个城市的武信君。张仪在劝说楚国和韩国退出合纵联盟一事上做得如此成功，使得他下决心要把它继续做下去，直到那个联盟彻底瓦解为止。在他的请求下，秦惠王又派他连续出访了赵国、燕国和齐国的首都。史书上记载了他跟每一位君王所说的话；以及他是如何把威胁和奉承结合起来的方式。在读完这几篇讲话之后，我们对于这些君王在听了张仪的鼓动宣传之后，出于野心或谨慎，决心遵循这个被阐释得如此充分有力的策略一事丝毫也不感到惊讶。

张仪终于能够满意地看到，苏秦曾经花了九牛二虎之力才建立起来的反秦联盟各成员国都一个个地拜倒在他主人的脚下，谦卑地承认秦国这个大西北诸侯国的霸权。只要回想一下，要把古希腊的

---

① 引自司马迁的《史记·张仪列传》。——译者注
② 亚希多弗（Ahithophel）是《旧约》中大卫王的一位谋士，他辅佐王子押沙龙叛乱，但后者又向另一位暗中忠于大卫的谋士户筛讨教，并且不顾亚希多弗的反对，采纳了许多实际上有利于大卫的计策。亚希多弗预见到大势已去，便自杀身死。——译者注

小城邦都联合起来接受斯巴达或雅典的霸权，将需要经过多么漫长的谈判，这样你就可以体会到张仪的外交胜利是多么伟大。

三百多年以来，诸侯国的盟主地位一直是各国君王所垂涎的一个大目标。有四个诸侯国曾经轮番得到过这个盟主地位，在感觉意满志得的同时并没有梦想过要夺取周王室的皇帝宝座。

秦国是最后一个成为诸侯国盟主的国家，张仪的外交活动对于使其他诸侯国臣服于秦国起了极大的影响。还需要等一个世纪以后，秦国的胆子才大得足以想要篡夺天子的宝座——这个事件是在对于周王室最忠诚的一个诸侯国被消灭之后而自然发生的。但是我们没有时间来进入这一段历史。我们也没有时间来追述张仪这位外交阴谋大师的命运，只能说他在秦惠王死了之后，便回到了魏国，被魏王封为国相，但在第二年就去世了。

在张仪死了以后，东部的各诸侯国都逐个离开了与秦国结下的同盟。一直反对张仪政策的公孙衍在张仪死后便竭尽全力，想要重新恢复合纵联盟，并且成功地做到了这一点，正如苏秦死后，张仪曾经成功地破坏了该联盟一样。通过他的努力，有五个国家组成了一个方阵，并把长矛指向了西北方。公孙衍作为苏秦的后继者，接受了合纵联盟盟长的大印。这个短暂的胜利比起他前任那坚持不懈的努力来得要容易得多，却使公孙衍成为战国时期的著名外交家之一。我们之所以在这儿简单地提及他，是因为想让读者知道，公孙衍是第二个东方联盟的盟长。

在这第二个联盟中，赵国扮演了主要的角色，正如它在第一个联盟中所做的那样。作为通往西部的一个大门，它的战略位置给人留下了深刻印象。但它之所以能在联盟中发挥这么大的影响，是因为它有幸拥有当时最能干的将军和最有天赋的政治家。这位将军就是廉颇，而那位政治家就是蔺相如，关于后者，我们将只论述他作为特使和谈判家的个性。

蔺相如一生中有两件事可以反映出他所生活的那个时代。赵王拥有一块价值连城的和氏璧，就像科-依-诺尔钻石① 那样独一无二，因而成为邻国钦羡的对象。秦王派来了一个使团，提出用十五个城池来交换这块和氏璧。赵王不敢拒绝这个提议，但同样也不敢答应，因为怕对方并没有诚意割让城池。蔺相如当时只是宫廷宦官头目的一个门下客，他对赵王说："您不必害怕会失去这块宝石；派我去送这块宝石吧，假如秦国不肯割让城池的话，我会保证将它平安地带回来。"

到了秦国的宫廷，并为奉送和氏璧一事拜见秦王之后，他发现秦王想要要赖，即在扣留宝石的同时，并不想按照原来说好的那样割让城池。在认识到这一点之后，他偷偷地把和氏璧放到一位值得信赖的仆人怀里，后者沿着一条很少有人走的小路，把它安全地带回了赵国。蔺相如本人当然还留在秦国，当真相大白以后，蔺相如提出以自己的命来抵那块宝石。秦王欣赏他的勇气和忠贞，便让他毫发无损地回到了赵国。回到赵国之后，他马上就被拜为了上卿，人们希望那位忠诚的仆人也没被忘记。有一个关于俄国沙皇皇冠上宝石之一的故事。在一个动乱的时期，它由一个仆人带到一个安全的地方去。仆人在出发时说了这样一句话："假如我在路上被人杀死的话，你们会在我的身体里发现这颗宝石。"他果然被杀害，而他的主人在找到他的尸体之后，在他的胃里找到了那颗宝石。

蔺相如生活中的另一个事件跟两个诸侯国君主的礼节性会晤有关。他们在两国共同的边界上碰头，都带了各自的外交顾问。秦土

---

① 科-依-诺尔钻石（koh-i-noor）是世界上最著名的钻石之一，最初重约 191 克拉，1852年在伦敦经过了再次琢磨加工，最终成为一颗重 109 克拉的椭圆形钻石。——译者注

以一种节日的幽默请据传喜欢弹瑟的赵王替他演奏一段音乐助兴。这个请求被毫无猜疑心的赵王应允了，但蔺相如却从中看到了秦王试图羞辱他主人的一个阴谋。他对秦王说："现在轮到您了，请您按秦国的方式击缶为我们助兴。"秦王有些犹豫不决，他又补充道："如果大王不答应，我拼着一死，也要溅您一身血，以抗议您对我主人的公开侮辱。"秦王的侍卫们听到这番话，冲上前来要杀蔺相如。蔺相如瞪着双眼，大喝一声，吓得侍卫们连连后退，傲慢的秦王不希望这次会晤有一个悲剧性的结尾，只好勉强在缶上敲了几下。于是两位国君在平等的条件下分了手，而蔺相如则因为维护了主人的荣誉而被晋升到了赵国最高的职位。

当俾斯麦在法兰克福的帝国议会上点燃雪茄烟——这被视为是专属于奥地利大使的一个特权——的时候，全德意志帝国的人都为他的胆大妄为而惊骇不已。而中国的各诸侯国在得知蔺相如强迫帝国中权力最大的秦王为他主人的音乐击缶打拍子的时候，其惊讶的程度绝不会在那些德意志人之下。在上面所举的这两个例子中，貌似琐碎的行为细节中都包含了严肃的政治意义，只有具备最佳外交才能的人才能把这种政治意义真正利用起来。

此前在赵国职位最高的著名将军廉颇，在看到这位暴发户突然被提拔到了比自己还高的职位上以后，觉得这是对他个人的一种侮辱。他忽视了政治家地位高于将军，而好的外交需要最佳的政治家等事实，公开放出话去，只要他遇见这位对手，就要当面羞辱他一番。蔺相如听说了这个威胁之后，便千方百计地避免与廉颇会面。老将军廉颇注意到了这一点，便给蔺相如送去了一封信，要他解释自己奇怪和有损尊严的行为，因为在看到了蔺相如个人勇气的证据之后，他并不认为这是因为胆怯的缘故。蔺相如回信道：

夫以秦王之威，而相如廷叱之，辱其群臣，相如虽驽，独畏廉将军哉？顾吾念之，强秦之所以不敢加兵于赵者，徒以吾两人在也。今两虎共斗，其势不俱生。吾所以为此者，以先国家之急而后私仇也。[①]

老将军在看到这封充满了爱国主义情感的回信之后深受感动，尤其是蔺相如宁肯被人怀疑自己胆怯，也不愿给国家带来灾难的道德勇气使他感到十分惭愧。于是他按照当时流行的礼仪方式，坦率地承认了自己的错误。他来到了蔺相如家的门口，手里拿着一根荆条，并非用它来打蔺相如，而是请求对方用它来抽打他自己裸露的后背。两人握手言和，发誓要成为兄弟，并且用把两人的血滴在一杯酒里，然后两人将酒一饮而尽的方式来完成这个盟誓。当人们听说了这个故事以后，谁不会想起阿里斯提得斯[②]和地米斯托克利[③]放弃他们世仇的方式——即在薛西斯一世[④]威胁到古希腊的自由时，他们意识到团结就是力量，于是他们在地上挖了一个洞，正式地埋葬了他们之间的敌意，不知这样是否意味着在危险过去之前，不让这种敌意重新复活？

假如说我在前面详细地追述了特定政治家的生涯，这是因为我认为可以用这种方式来为中国古代外交展示一个更为生动的画面。从伦理道德的观点来看，这种外交有些方面是值得批评的。它

---

① 《史记·廉颇蔺相如列传》。——译者注
② 阿里斯提得斯（Aristides），公元前 5 世纪古希腊时期的雅典政治家和将军，替罗同盟的创始人。——译者注
③ 地米斯托克利（Themistocles，公元前 524—公元前 460 年），公元前 493 年当选雅典执政官。——译者注
④ 薛西斯一世（Xexes I，公元前 519—公元前 465 年），于公元前 486 年即位的波斯国王，曾于公元前 481 年率领 500 万波斯军队和 700—800 艘战舰进攻古希腊各城邦。——译者注

与当今欧洲外交所标榜的开诚布公和刚正不阿有很大的区别。外交难道不是像其他事物那样，总是要比前一个时代的水平有所进步的吗？在我们这个开明的时代，公认的格言难道不是"诚实是最好的政策"吗？"个体利益寓于共同繁荣"难道不也是公认的格言吗？哪一个欧洲列强的代表会掩盖事实真相，或者想要利用谈判对手国的无知和弱点呢？事实上，我们所理解的外交难道不是仁慈的别名吗？

本书中所讨论的中国古代政治家还没有达到这种高尚的概念；"各尽其主"是他们公开宣称的格言——人们经常引用这句格言来为偏离政治无私的行为开脱。

特使们来来往往，在各种场合向主人表示祝贺或哀悼，我并不敢断言他们都心地高尚，绝不会利用这种机会来偷窥裸露的国土；也不敢保证习俗会禁止他们在侈谈和平的同时，又在为战争做准备。

关于用外交特使的方式来进行交往，曾经有过一部包含了公认规则的法典。我们在前一章中已经讨论过了这些规则。本章的主要目的是展示实际存在的外交活动，而非提出外交规则和理论。下面这些事实将会被证明是十分有趣的：

1）在中国古书中所记载的外交使节特权中并没有所谓的治外法权这种为方便而虚构的东西。

热情好客的西班牙人会从布宜诺斯艾利斯给你寄来一张明信片，邀请你去某某街上"你自己的房子"。所有西方人都同意，作为国宾的外交特使将被认为是在自己的家里生活和活动。有点奇特的是，中国人从未想过以类似的方式来表达外交特使那种不可侵犯的神圣性，尤其是中文并不缺乏由于礼貌或奉承的要求而导致的类似虚言。

作为一个原则，一位大使的人身不可侵犯是完全可以确认的；可是在实践中，它又是经常被践踏的。在一个视大使的主要事务为掺合于宫廷阴谋的社会里，这样做并不令人感到奇怪。

2）在古代中国的外交中，并没有诸如特命全权大使之类的东西。

一位君主总是认为自己有拒绝接受自己代表所签订法案的自由，只要这样做符合自己的政策就行。当中国人在跟西方人举行的谈判中首次碰到特命全权大使这样的条件时，他们表达了某种惊讶，并且拒绝接受它。"全帝国只有一个人才具有特命全权，"他们说道，"那就是皇帝。"只有采取像攻克中国人要塞这类措施时，才能够导致皇帝同意把"特命全权"这个头衔授予大使。

3）在古代中国的外交中，没有像常驻公使这样的东西；他们的公使们全都是"特命全权公使"（*envoyés extraordinaires*）。

但是他们有时候也会把他们住在国外的时间延长到几个月或几年；而且在大多数情况下，公使们在国内外之间来回跑的次数是如此之多，以至于他们在完成在对象国居住的目的之余，还得到了经常与上级会面的好处。

作为特使所规定要写报告的一个范例，我可以提及苏秦的弟弟苏代有一次曾经作为大使被派往齐国。回来之后，他的主人希望他报告一下那个国家的状况，以及齐王的个性，尤其是他是否想谋求霸权或是否有希望得到霸权这个问题。

作为经常出访或长期驻外使团的例子，我可以引用陈轸被派驻楚国一事。由于经常出使楚国，他被张仪指控为中饱私囊而不事主人。针对他从两个不同的国家收取酬金，而且在外国的宫廷成为一个红人（*persona grata*），却并未改善秦国与楚国之间的外交关系等罪名，陈轸成功地为自己进行了辩护。我引用他作为例子，只是为了说明手头的一个论点。

4）古代中国大诸侯国之间的政治关系为现代欧洲的那些国家提供了一个极好的类比。在古代中国，当时外交的焦点集中在是否要促进或阻止某个列强试图夺取周王室领地的计划上。谁说欧洲的形势不可以用同样的方式来加以描述呢？只要把罗盘上的指针反过来，即经过必要的变更（*mutatis mutandis*），前者的政治地图就完全可以适用于后者。谁又会去指责中国人在阐释现代欧洲的战争与联盟时参照他们自己的古代历史呢？当中国人读到许多个世纪以来，俄国人的眼睛如何紧盯着博斯普鲁斯王国的都城；^① 俄国人的推进如何于 1854 年遭到了另一位拿破仑^②与英国的联手阻止；在 1878 年的欧洲列强会议上，俄国如何被迫放弃了这个快到手的猎物；以及 1900 年俄国如何吞并满洲时——他们难道不会相信又一轮甲子已经完成，而中国古老的戏剧正在一个新的和更富丽堂皇的剧院里重新上演？

尽管中国人的外交天赋为世人所公认，但下列事实知道的人却并不多，即中国与外国列强的冲突大多数都是起源于中国缺乏外交手腕。中国人与外界的长期隔绝和由一位皇帝统治广袤帝国的方式导致了他们蔑视其他的国家，而且在与其他国家发生争执时往往诉诸武力，而非外交。

中国需要在逆境这所学校中重新学习。

---

① 博斯普鲁斯（Bosphorus）是古希腊人在刻赤海峡上建立的一个国家，其都城为潘蒂卡皮翁，即如今位于乌克兰境内的克里米亚港口城市刻赤。——译者注

② 即拿破仑一世之侄路易·拿破仑·波拿巴，后者于 1852 年登基称帝，在法国成立了第二帝国，并自封拿破仑三世；1854 年又联合英国，对俄国发动了克里米亚战争。——译者注

图书在版编目（CIP）数据

汉学菁华 /（美）丁韪良著；沈弘译. — 上海：
学林出版社，2019.10
（欧美汉学丛书）
ISBN 978-7-5486-1570-5

I.①汉… II.①丁… ②沈… III.①汉学—研究
IV.①K207.8

中国版本图书馆CIP数据核字（2019）第221541号

本书据1901年Fleming H. Revell版翻译

丛书策划　李声凤

责任编辑　许钧伟　李声凤　汤丹磊

封面设计　魏　来

汉学菁华

著　　者　［美］丁韪良
译　　者　沈　弘

出　　版　学林出版社
　　　　　（200001　上海福建中路193号）
发　　行　上海人民出版社发行中心
　　　　　（200001　上海福建中路193号）
印　　刷　上海商务联西印刷有限公司
开　　本　890×1240　1/32
印　　张　13.25
字　　数　32万
版　　次　2019年10月第1版
印　　次　2019年10月第1次印刷
ISBN 978-7-5486-1570-5/K·156
定　　价　68.00元